Harz

Lisa Aigner

GPX–Daten zum Download

www.kompass.de/gpx

Kostenloser Download der GPX–Daten der im Wanderführer enthaltenen Wandertouren.

AUTOR

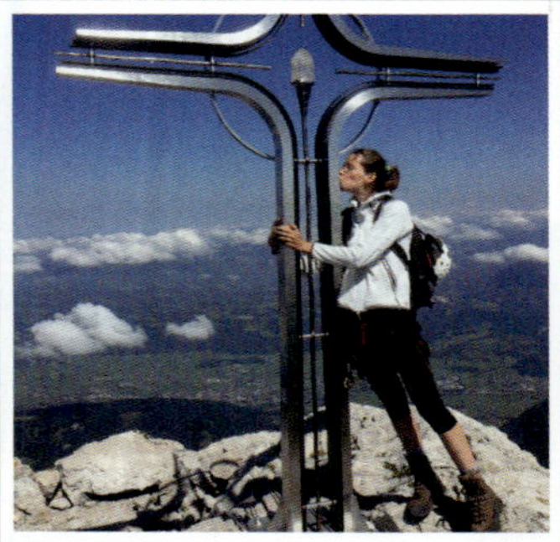

Lisa Aigner, geboren in München, ist in und mit der Natur aufgewachsen. Mit den Bergen vor der Haustüre war sie schon früh auf Schusters Rappen unterwegs. Während des Studiums der Ethnologie und Wirtschaftsgeographie hat sie dann die Leidenschaft für lange Wanderungen für sich entdeckt – sowohl in kleineren als auch größeren Gebirgen. Als freiberufliche Autorin für den KOMPASS Verlag entdeckt sie für ihre Projekte immer neue Gegenden, auf die sie ohne ihre Arbeit nie gestoßen wäre.

VORWORT

Vielseitig, spannend und voller Höhepunkte – so lassen sich Nationalpark Harz und Naturpark Harz gut umschreiben. Sie bestechen durch landschaftliche, kulinarische und kulturelle Vielfalt und sind ein herrliches Terrain zum Wandern. Der Harz ist das höchste Bergland im Norden Deutschlands und liegt am Schnittpunkt von Niedersachsen, Sachsen-Anhalt und Thüringen. Der Brocken hat sich einen ganz besonderen Ruf gemacht, gilt er doch als der Tanz- und Begegnungsplatz der Hexen. Nun, wenn man mal auf diesen sagenumwobenen Berg gestiegen ist, dann sind solche Mythen gar nicht mehr so weit entfernt: Die Landschaft ist geheimnisvoll, rau und einfach nur wunderschön.

Die höchsten Gipfel rund um den Brocken wurden als Nationalpark unter Schutz gestellt. Doch es gibt außerhalb dieser zauberhaften Landschaft noch viel mehr zu entdecken: Im Westharz zum Beispiel finden wir die Kaiser- und Weltkulturerbestadt Goslar. In der Mitte und im Süden erwarten uns diverse Stollen und Gruben, die noch aus der Bergbauzeit berichten, sowie die leuchtenden Gipslandschaften der Karstlandschaft Südharz. Im Osten dann streifen wir durchs urromantische Selketal. Auch hier gibt es – wie am Brocken die Brockenbahn – eine anmutige Schmalspurbahn, die uns dampfend durchs Selketal bringt. Gewiss auch was für Eisenbahnfans!

Doch auch kulturell hat der Harz Einiges zu bieten: Es gibt Burgen, Schlösser, Ruinen und Kirchen zu sehen und zu bestaunen. Fachwerkstädte wie Wernigerode, Quedlinburg, Goslar oder Ilsenburg laden zum Bummeln und Genießen ein. Darüber hinaus gibt es einige touristische Attraktionen, denen man sich auch zwischendurch mal zuwenden kann, wie das Brockenbad in Wernigerode oder der Baumwipfelpfad und die Baumschwebebahn in Bad Harzburg. So bietet der Harz mit Natur- und Nationalpark für jeden etwas. Das macht die Regionen für viele Touristen wohl auch so attraktiv. Umso besonnener sollte jeder Besucher mit der Natur umgehen. Die Wege nicht verlassen, keine Blumen rupfen, im Wald nicht herumschreien, seinen Müll wieder mitnehmen – einfach ein wenig achtsam mit seiner Umwelt umgehen, das sollte für jeden Besucher selbstverständlich sein. Dann werden wir auch noch weiterhin Freude an den selten gewordenen Tier- und Pflanzenarten haben, die in den vielen Schutzgebieten innerhalb der Region einen Rückzugsort gefunden haben.

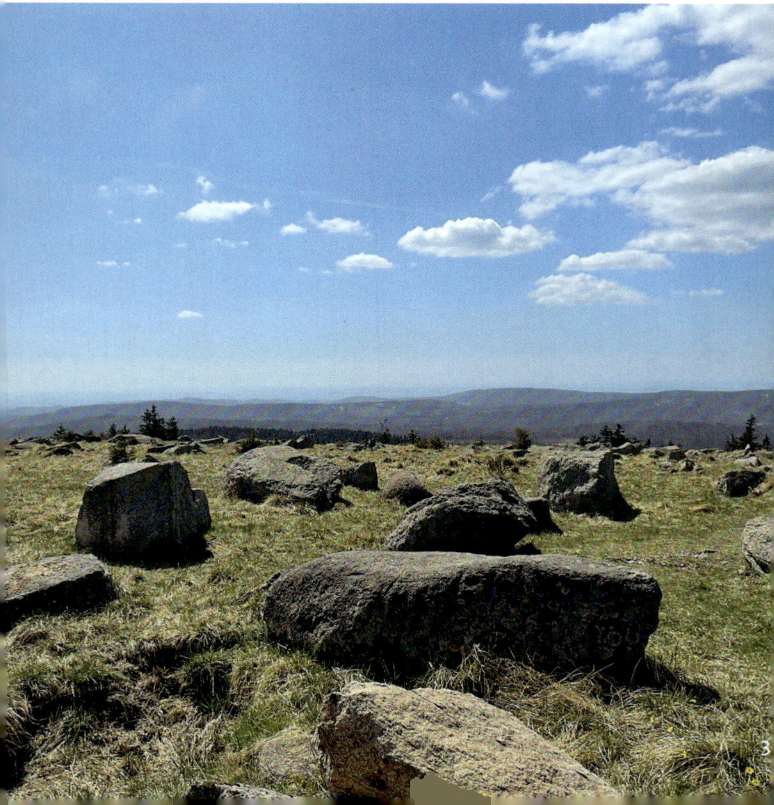

INHALT UND TOURENÜBERSICHT

AUFTAKT

Vorwort 2
Inhalt und Tourenübersicht 4
Gebietsübersichtskarte 10
Das Gebiet 12
Allgemeine Tourenhinweise 20
Meine Highlights 26

ANHANG

Alles außer Wandern 216
Übernachtungsverzeichnis 224

Tour		Seite
01	Von Romkerhall auf die Kästeklippe	30
02	Von Bad Harzburg auf den Brocken	33
03	Basteborn und Marienteich	37
04	Über den Eckerstausee zum Radauwasserfall	40
05	Von Molkenhaus um den Eckerstausee	43
06	Von Bad Harzuburg zur Rabenklippe	46
07	Von Wernigerode nach Ilsenburg	50
08	Zum Kaiserturm bei Wernigerode	53
09	Ilsetal, Ilsefälle, Ilsestein	56
10	Von Ilsenburg auf den Brocken	59
11	Aus dem Ilsetal auf den Scharfenstein	62
12	Von Darlingerode ins Große Sandtal	66
13	Zu den Rennefällen	69
14	Von Drei Annen Hohe zur Steinernen Renne	72
15	Zu Leistenklippe und Trudenstein	75
16	Brockenrunde	78
17	Ins Torfhausmoor	82
18	Von Altenau nach Torfhaus	84
19	Von Torfhaus nach St. Andreasberg	87
20	Über die Hammersteinklippe zum Sperberhaier Dammhaus	90

Naturpark- und
Tourismusinformationen 226
Register 230
Impressum 232

km	h	hm	hm	P							
8,9	2:25	340	340	✓	✓		✓				
20,5	5:40	850	380	✓	✓		✓				
11,5	3:10	180	180	✓			✓				
12,2	3:20	265	265	✓			✓				
14	3:50	290	220	✓	✓		✓				
16,8	4:40	320	320	✓	✓		✓				
11,6	2:40	227	255	✓	✓		✓				
8,5	2:30	280	280	✓	✓		✓				
13,6	3:40	360	360	✓			✓				
22	6:15	890	890	✓			✓				
17,2	4:45	400	400	✓			✓	✓			
13,6	3:45	405	405	✓	✓		✓				
10	2:45	300	300	✓	✓		✓				
12,1	3:25	370	590	✓			✓				
9,7	2:40	340	340	✓	✓		✓				
16,4	4:15	580	580	✓	✓						
9,1	2:25	135	135	✓	✓		✓			✓	
9,2	2:25	422	77	✓			✓				
13	3:30	70	260	✓	✓		✓				
12,9	3:30	351	351	✓	✓		✓				

INHALT UND TOURENÜBERSICHT

Tour		Seite
21	Von Oderteich nach Sonnenberg	93
22	Von Oderteich nach Oderhaus	96
23	Von Oderbrück auf die Achtermannshöhe	99
24	Rund um St. Andreasberg	102
25	Von Königskrug nach Braunlage	105
26	Von Braunlage auf den Wurmberg	108
27	Klippenlandschaft rund um Schierke	112
28	Von Elend auf den Brocken	115
29	Von Schierke auf Brocken und Wurmberg	118
30	Von Goslar auf den Rammelsberg	122
31	Über den Granestausee nach Hahnenklee	126
32	Runde um Lautenthal	130
33	Rund um Hahnenklee	133
34	Über Bad Grund zur Iberger Tropfsteinhöhle	136
35	Buntenbocker Teiche	140
36	Von Buntenbock nach Lerbach	143
37	Von Riefensbeek nach Osterode	146
38	Von Sieber auf die Hanskühnenburg	150
39	Zur Ruine Scharzfels	153
40	Von Bad Lauterberg auf den Großen Knollen	156
41	Von Wieda auf den Stöberhai	159
42	Von Bad Sachsa nach Ellrich	162
43	Durch die Wälder bei Ellrich	166
44	Um die Mandelholztalsperre	169

km	h	hm	hm								
15,7	4:15	218	218	✓	✓						
9,4	2:30	20	307	✓	✓		✓				
11,5	3:15	275	275	✓			✓				
17,6	4:40	470	470	✓	✓						
14,2	4:00	304	304	✓	✓		✓				
17,4	4:45	503	503	✓	✓	✓					
13,9	3:45	470	470	✓	✓		✓				
10,8	2:50	768	123	✓	✓		✓				
21,9	5:45	766	766	✓	✓		✓				
12,4	3:20	335	335	✓	✓		✓				
21,9	5:50	505	505	✓			✓				
15,5	4:20	360	360	✓			✓				
12,2	3:20	325	325	✓	✓		✓				
12,4	3:15	400	400	✓			✓				
13,3	3:30	234	234	✓	✓						
13,2	3:40	339	339	✓	✓						
16,8	4:45	414	615	✓	✓						
11,5	3:00	479	479	✓	✓						
12,4	3:20	349	349	✓			✓				
16,4	4:25	690	690	✓	✓		✓				
15,3	4:00	475	475	✓			✓				
15,8	4:30	230	230	✓			✓				
12,6	3:15	330	330	✓	✓						
12	3:30	155	155	✓	✓		✓				

INHALT UND TOURENÜBERSICHT

Tour		Seite
45	Von Hasselfelde zum Stemberghaus	172
46	Durchs Steinmühlental	175
47	Aus dem Brandesbachtal zum Poppenturm	177
48	Burg Hohnstein bei Neustadt	180
49	Von Kalkhütte nach Rottleberode	183
50	Sandsteinhöhlen Blankenburg	186
51	An der Teufelsmauer	189
52	Von Rübeland nach Altenbrak	192
53	Von Treseburg nach Thale	195
54	Von Neinstedt zum Kloster Wendhusen	198
55	Zur Ruine Stecklenburg	200
56	Von Gernrode zum Schloss Ballenstedt	203
57	Zu den Gegensteinen	206
58	Burg Falkenstein im Selketal	208
59	Aus dem Selketal zum Bismarckturm	211
60	Durchs Selketal zur Ruine Anhalt	214

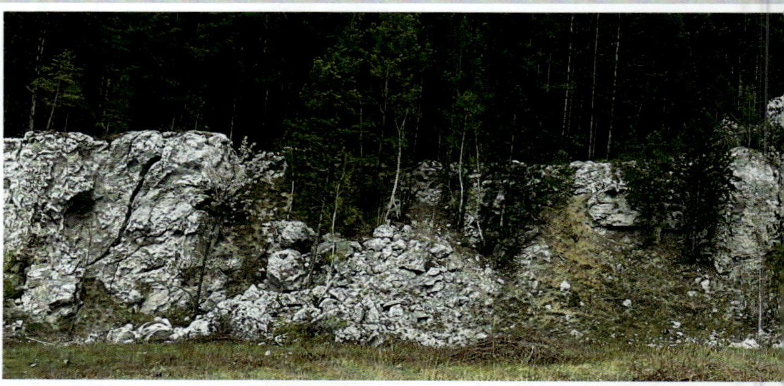

Gipskarstfelsen der Sachstensteinklippe

km	h	hm	hm								
6,8	1:45	86	68	✓	✓		✓				
10,2	3:00	238	238	✓							
11,2	3:00	425	425	✓			✓				
8,7	2:20	160	160	✓			✓				
17,2	4:40	320	320	✓			✓				
7,1	2:00	120	120	✓							
7,7	2:20	150	150	✓	✓						
15,2	4:00	270	390	✓	✓		✓				
9,2	2:30	160	250	✓	✓		✓				
8,1	2:10	50	50	✓	✓						
9,8	2:50	205	205	✓							
16,2	4:25	240	240	✓							
8,2	2:10	75	75	✓			✓				
11,4	3:15	200	200	✓			✓				
14	3:50	270	270	✓			✓				
12,1	3:30	311	311	✓							

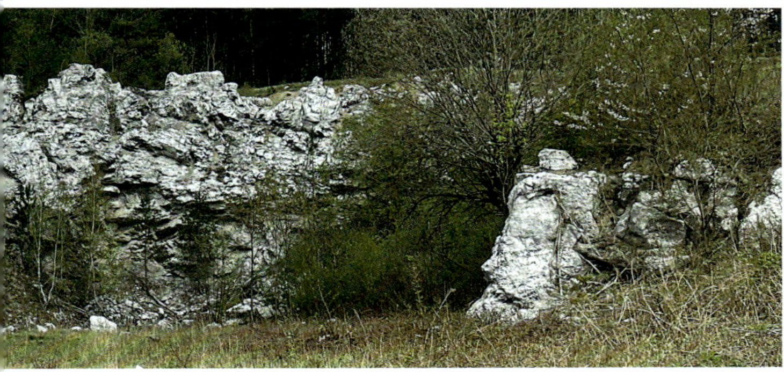

GEBIETSÜBERSICHTSKARTE

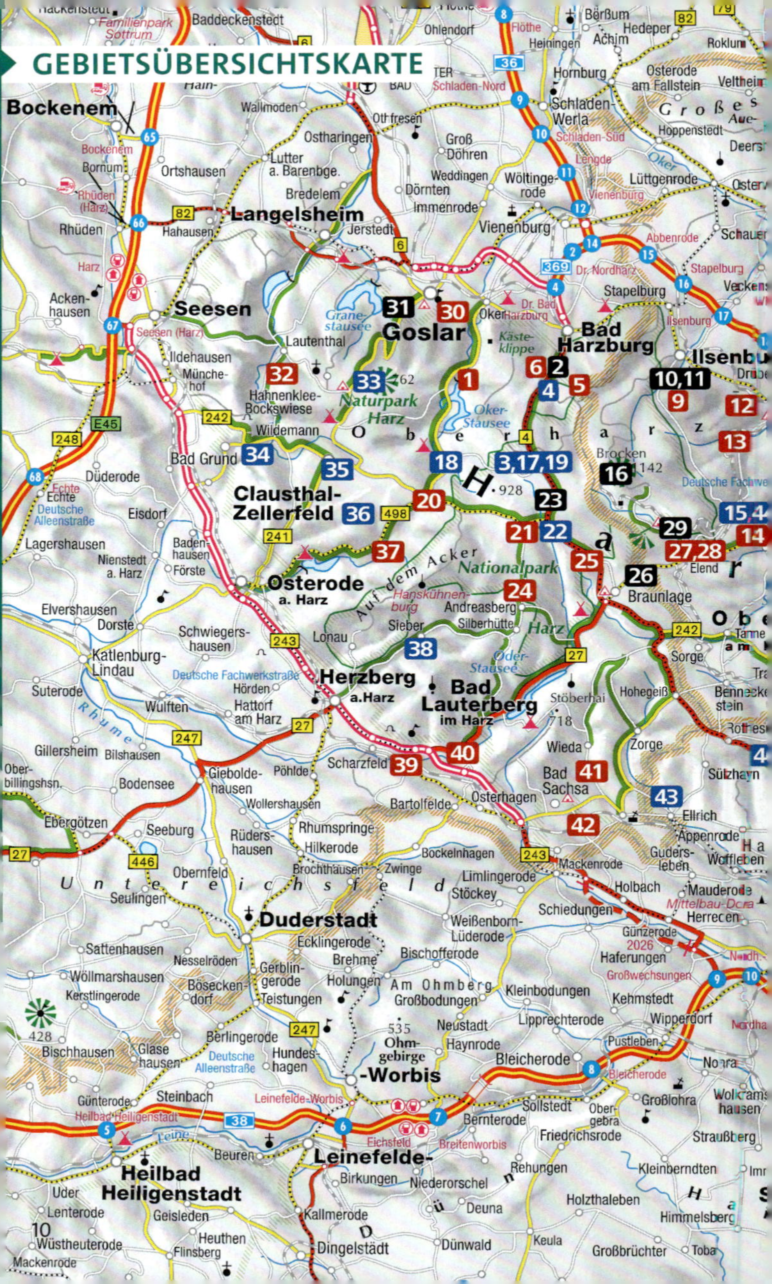

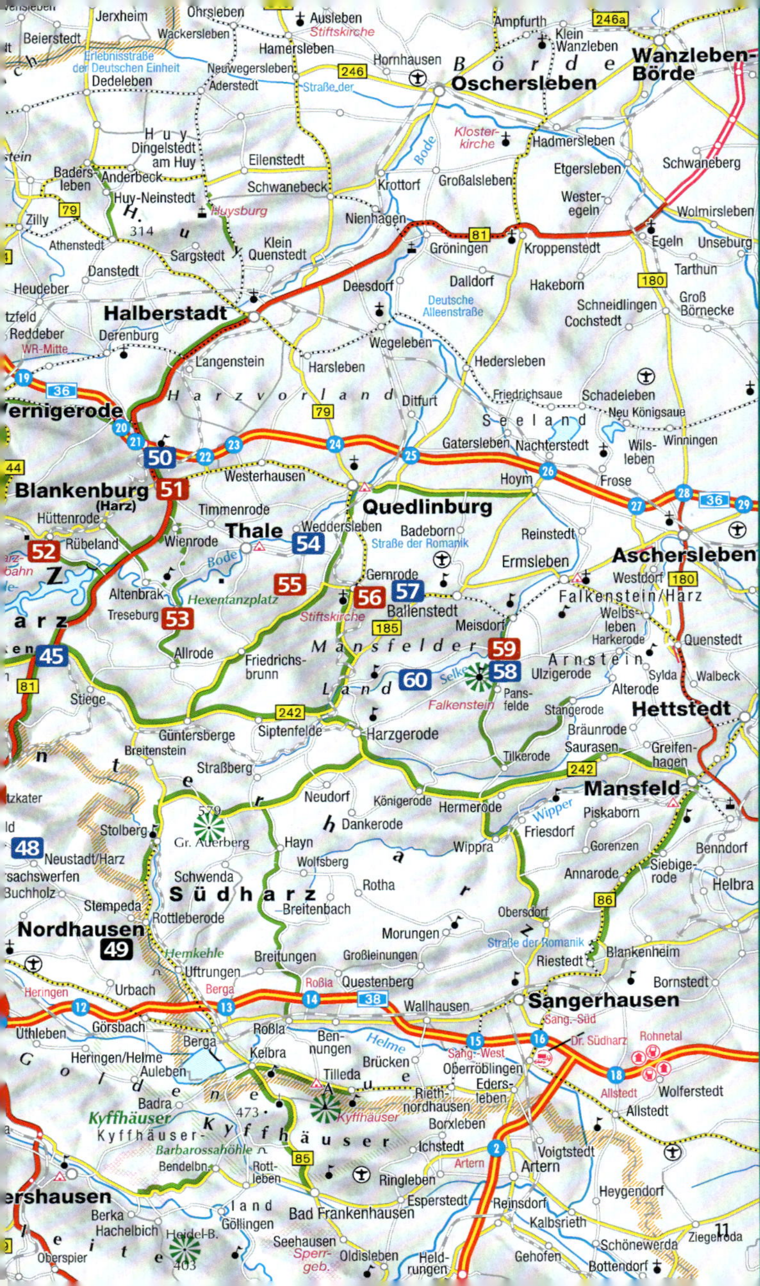

Jerxheim
Ohrsleben
Ausleben
Stiftskirche
Ampfurth
246a
Klein Wanzleben
Wanzleben-Börde
Beierstedt
Wackersleben
Hamersleben
Erlebnisstraße der Deutschen Einheit
Dedeleben
Neuwegersleben
Aderstedt
246
Straße der
Hornhausen
Börde
Oschersleben
Kloster-kirche
Hadmersleben
Bode
Huy
Dingelstedt am Huy
Eilenstedt
Badersleben
Anderbeck
Schwanebeck
Krottorf
Großalsleben
Etgersleben
Schwaneberg
Huy-Neinstedt
Huysburg
Wester-egeln
Wolmirsleben
Zilly
79
314
Nienhagen
Gröningen
81
Kroppenstedt
Egeln
Unseburg
Athenstedt
Sargstedt
Klein Quenstedt
Tarthun
Danstedt
Deesdorf
Dalldorf
Hakeborn
180
Heudeber
Deutsche Alleenstraße
Schneidlingen
Groß Börnecke
Halberstadt
Cochstedt
Reddeber
Derenburg
WR-Mitte
Wegeleben
Langenstein
Harsleben
Hedersleben
19
36
Harzvorland
Ditfurt
Friedrichsaue
Schadeleben
Neu Königsaue
Wernigerode
79
Seeland
20
21
Gatersleben
Nachterstedt
Wils-leben
Winningen
50
22
23
24
25
Hoym
26
Frose
28
36
29
44
Westerhausen
Blankenburg (Harz)
51
Quedlinburg
27
Timmenrode
Hüttenrode
Thale
Weddersleben
Badeborn
Reinstedt
52
Rübeland
Wienrode
54
Straße der Romanik
Aschersleben
Bode
Ermsleben
Westdorf
180
Gernrode
55
56
57
Falkenstein/Harz
Altenbrak
Hexentanzplatz
Ballenstedt
Welbs-leben
Treseburg
53
Stiftskirche
185
Meisdorf
Harkerode
Quenstedt
45
Allrode
Friedrichs-brunn
Mansfelder
59
Arnstein
81
Land
60
Selke
58
Ulzigerode
Sylda
Walbeck
Alterode
Stiege
Falkenstein
Pans-felde
Stangerode
Hettstedt
242
Güntersberge
Siptenfelde
Harzgerode
Bräunrode
Breitenstein
Saurasen
Greifen-hagen
Tilkerode
242
Straßberg
Mansfeld
Neudorf
Königerode
Hermerode
579
Wipper
Piskaborn
Stolberg
Dankerode
Friesdorf
48
Gr. Auerberg
Hayn
Gorenzen
Benndorf
Neustadt/Harz
Wippra
Wolfsberg
Siebige-rode
Schwenda
Annarode
Helbra
Buchholz
Rotha
Südharz
Breitenbach
86
Stempeda
Obersdorf
Rottleberode
Nordhausen
49
Morungen
Hemkehle
Straße der Romanik
Blankenheim
Breitungen
Großleinungen
Riestedt
Uftrungen
Bornstedt
Heringen
Urbach
Berga
Roßla
Questenberg
12
13
14
38
Wallhausen
Sangerhausen
Sang.-Süd
Görsbach
Uthleben
Roßla
Ben-nungen
Helme
15
16
Dr. Südharz
Rohnetal
Berga
Sang.-West
Heringen/Helme
Kelbra
Brücken
Oberröblingen
18
Auleben
Tilleda
Eders-leben
Allstedt
Wolferstedt
Goldene Aue
Rieth-nordhausen
Badra
473
Kyffhäuser
Allstedt
Kyffhäuser
Borxleben
Kyffhäuser-
Kyffhäuser
Barbarossahöhle
Ichstedt
2
Voigtstedt
Bendelbn.
Rott-leben
85
Artern
Artern
Ringleben
Heygendorf
Esperstedt
Reinsdorf
Berka
Bad Frankenhausen
Göllingen
Hachelbich
Kalbsrieth
Heidel-B.
403
Seehausen
Schönewerda
Ziegelroda
Sperr-geb.
Oldisleben
Held-rungen
Gehofen
Bottendorf
Oberspier

Der Harz – Nationalpark, Naturpark und Biosphärenreservat

Das Gebirge des Harzes erstreckt sich über eine Fläche von 2.226 km² mit einer Länge von 110 km und einer Breite von ca. 40 km. Es liegt in den Bundesländern Sachsen-Anhalt, Niedersachsen und Thüringen. Im Harz gibt es neben dem Nationalpark vier rechtlich eigenständige Naturparks und ein Biosphärenreservat. Seinen Namen hat der Harz vom mittelhochdeutschen Wort „hart", was so viel bedeutet wie „das bewaldete Bergland". Der Nationalpark Harz ist einer der größten deutschen Waldnationalparks und der erste länderübergreifende Nationalpark in Deutschland.

Dabei bedeckt der Wald 97% der Nationalparkfläche und bietet über 10.000 Tier- und Pflanzenarten Schutz. Die Fläche um den Brocken herum bildet das größte, zusammenhängende Bergfichtengebiet Mitteldeutschlands. Der Brocken ragt als höchster Gipfel mit 1.141 Metern empor. Er trägt seinen Namen nach den weitflächigen Bruchgebieten. Wurmberg (971m) und Achtermannshöhe (925m) sind die zweit- und dritthöchsten Berge im Nationalpark. Auf vielen unserer Touren durch den Park wandern wir an aussichtsreichen Klippen und oft ganz außergewöhnlichen Felsformationen vorbei, die sich zudem als fantastische Aussichtspunkte entpuppen. Die typischen Wollsackverwitterungen an den Granitfelsen sind keine Seltenheit. Ecker, Ilse und Oder haben tiefe Täler ins Gebiet geschnitten. Und auch die jahrhundertelange, wirtschaftliche Nutzung hat ihre Spuren hinterlassen: So wurden Wassergräben wie der Rehberger Graben oder der Abbegraben geschaffen, um mit ihrem Wasser

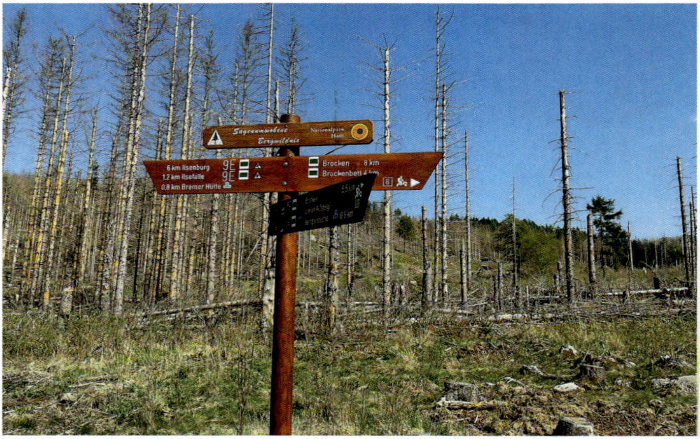

Wegbeschilderung im Nationalpark

die Antriebskraft für die Bergwerke zu gewährleisten. Sie stehen als Kulturdenkmal unter Schutz. Oder Torfhaus, das aus einer Hütte für Torfstecher hervorging (hier befindet sich das Torfhausmoor). Die natürliche Waldgrenze liegt im Harz bei 1.100 hm. Sechs Vegetationszonen reihen sich vom Tiefland bis zur Brockenkuppe aneinander, die man bei einer einzigen Wanderung erleben kann.

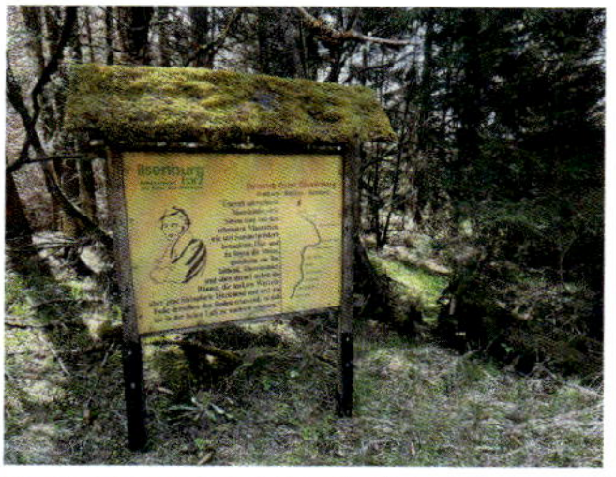

Der Heinrich-Heine-Weg ist dem Dichter gewidmet

Der niedersächsische Naturpark Harz wurde 1960 gegründet und umfasst ca. 79.000 ha in den niedersächsischen Landkreisen Goslar und Göttingen. Er grenzt direkt an den Nationalpark an. 2003 kam dann der 166.054 ha große Naturpark Sachsen-Anhalt der Landkreise Harz und Mansfeld-Südharz dazu. Er enthält Teile des Nationalparks. Der Naturpark Südharz, 2010 gegründet, breitet sich mit 26.700 ha im thüringischen Landkreis Nordhausen aus. Schließlich wurde 2012 der Naturpark Harz Sachsen-Anhalt/Mansfelder Land 2012 ins Leben gerufen. Er umfasst eine Fläche von ca. 256 km² im Unterharz und östlichen Harzvorland.

Das Biosphärenreservat schließlich beeindruckt uns als Karstlandschaft Südharz mit seinen Höhlen, Erdfällen, Dolinen, Bachschwinden und Karstquellen und stellt damit ein krasses Gegenteil zum grauen Granit dar. Auf einer Fläche von 30.034

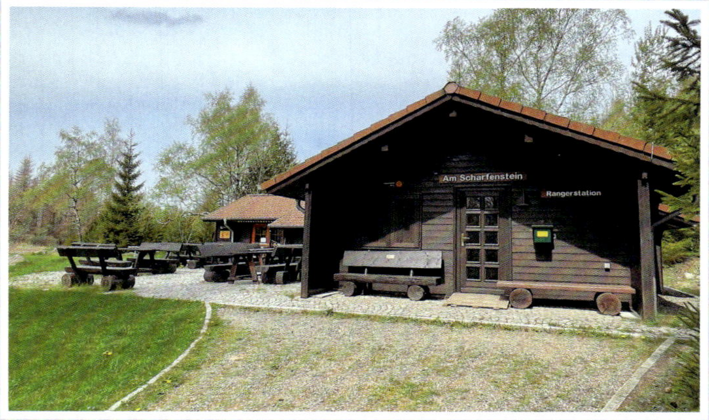

Rangerstation am Scharfenstein

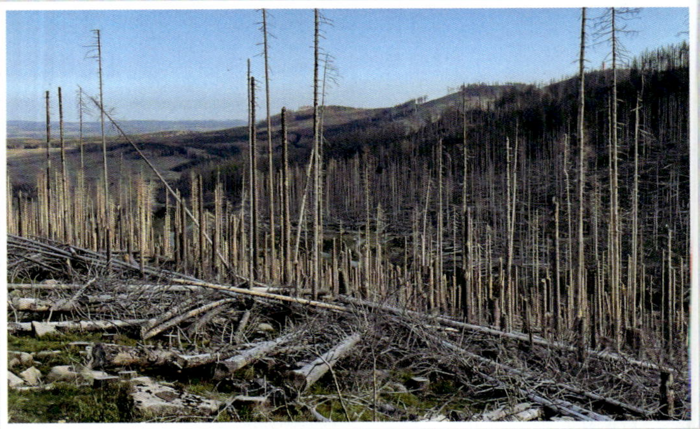

Borkenkäfer und Klimawandel haben dem Wald arg zugesetzt

ha erstreckt es sich am Südrand des Harzes von der Landesgrenze zu Niedersachsen bis zu den Südausläufern des Mansfelder Berglandes in Pölsfeld. Ein großer Anziehungspunkt sind hier die über 200 Höhlen, einige als Schauhöhlen zugänglich (z.B. Einhornhöhle, Hermannshöhle). Zu Fuß kann man diese beeindruckende Landschaft gut über den Karstwanderweg erkunden.

Der Wald verändert sich

Wer dieser Tage das erste Mal in den Harz kommt, der wird sicherlich recht verwundert oder entsetzt auf die vielen absterbenden oder bereits toten Bäume und die abgeholzte Landschaft blicken. Graue Silhouetten abgestorbener Fichten ragen auf, auf manchen Flächen liegen sie kreuz und quer mit wildem Geäst durcheinander. Wenn man ein wenig in die Geschichte zurückblickt und die heutigen Umstände dazu berücksichtigt, dann ist es aber kein Wunder, dass sich der Wald im Harz gerade so verändert; jahrhundertelang wurde der Harzer Wald intensiv von den Menschen genutzt und somit auch verändert. Für den Harzer Bergbau und auch die Reparationshiebe der Nachkriegszeit wurde er größtenteils abgeholzt. Dann wurde mit der schnell wachsenden Fichte wieder aufgeforstet – auch in über 700 Meter Höhe, in einer Lage, in der normalerweise keine Fichten mehr wachsen. Durch den Klimawandel bedingte Hitze- und Trockenperioden sowie Stürme setzten den Fichten während der letzten Jahre arg zu. So vorgeschädigt und gestresst, wurden sie anfälliger für den Buchdrucker. Er ist der häufigste Fichten-Borkenkäfer im Nationalpark Harz und hat sich munter durch den Wald gefressen. Zwischen Bad Harzburg und Braunlage, ebenso wie auf dem Weg zur Achtermannshöhe und auf dem Brocken, lässt sich der monotone Forst beobachten. Wer jedoch genauer hinschaut, der kann erkennen: Da tut sich was unter den wild durcheinander liegenden Stämmen und Ästen. Hier beginnt schon der dynamische Waldwandel, eine neue Waldgeneration wächst heran. Und man darf nicht vergessen, dass Totholz eine wichtige Nahrungsquelle und Lebensraum für zahlreiche Pilze, Insekten und Mikroorganismen darstellt. Auch andere Nationalparkbewohner wie Amphibien, Reptilien, Wildkatzen oder Luchse finden Unterschlupf. Junge Bäume wachsen nach und die Zahl der Tier- und Pflanzenarten steigt. Zwar darf im Nationalpark die Natur Natur sein, d.h. der Mensch greift nicht ein. In einigen Bereichen wie an besonderen touristischen Zielen oder entlang öffentlicher Verkehrswege und der Schmalspurbahnen wurden die abgestorbenen Bäume dennoch umgerissen oder am natürlichen

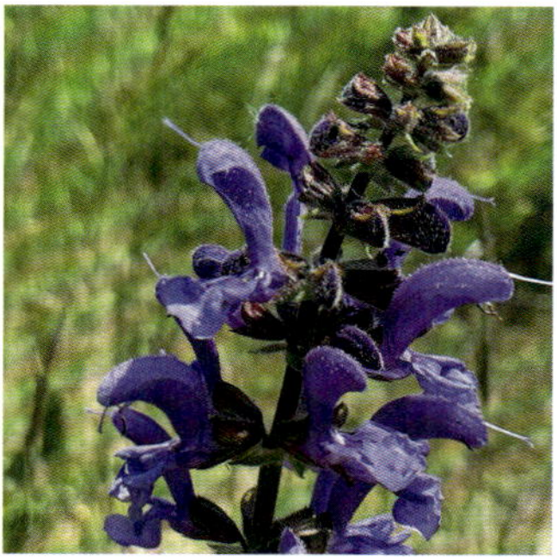

Wiesensalbei im NSG Schierberge

Bruchpunkt gekappt. Da Samenbäume oft fehlen, wird die Rückkehr ursprünglich heimischer Laubbäume durch Pflanzung unterstützt. In den Wirtschaftswäldern jenseits der Nationalparkgrenzen wird die Situation jedoch zu Rechts als Problem erkannt. Daher wurden an den Außengrenzen des Nationalparks

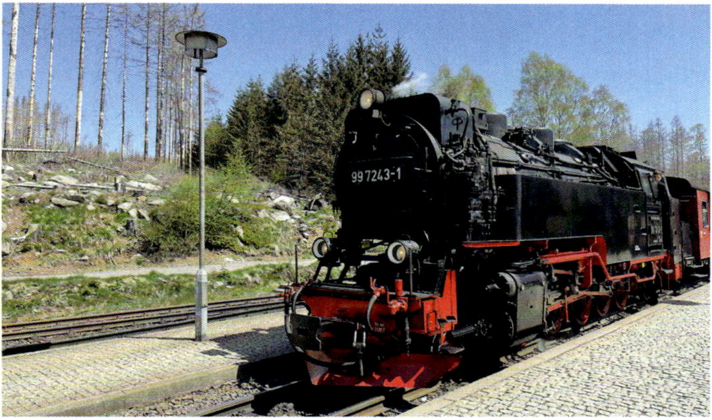

Die Brockenbahn ist bereit zur Abfahrt

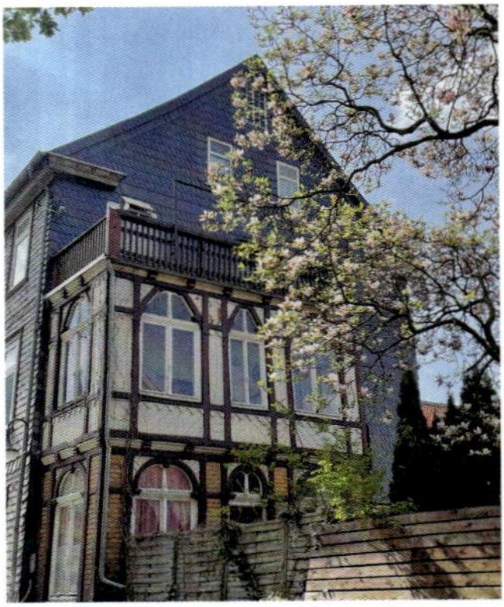

Goslarer Fachwerk

500 Meter breite Sicherheitsstreifen eingerichtet. Die vom Borkenkäfer befallenen Bäume werden konsequent gefällt und abtransportiert, um angrenzende Wirtschaftswälder zu schützen. Wer sich genauer informieren möchte, es gibt einige Themeninseln und den Urwaldpfad an der Brockenstraße sowie den Themenpfad WaldWandelWeg nahe des Besuchernationalparkzentrums Torfhaus mit Hintergrundinfos. Der Nationalpark veranstaltet auch Führungen zu diesem Thema.

Bergbau im Harz

Der Harz ist seit jeher reich an Bodenschätzen und allerlei Gesteinsarten. So erstreckte sich im Westen die größte und älteste Bergbauregion für Silber, Kupfer, Blei und Zink in Europa. Silber, Blei, Eisenerz und Gold – der Abbau dieser Schätze machte den Harz zu einer der reichsten und blühendsten Kulturlandschaften Deutschlands. Sogar schon in der Bronzezeit begann die Verwendung von Goslarer Kupfer, wie wissenschaftlich nachgewiesen werden konnte. Die Anfänge des Harzer Bergbaus lagen somit vor über 3000 Jahren am Rammelsberg. Er ist das einzige Bergwerk der Welt, das über tausend Jahre ununterbrochen in Betrieb war. Montanarchäologen finden noch heute Spuren des mittelalterlichen Arbeitsalltags unter Tage. In vielen weiteren Museen und

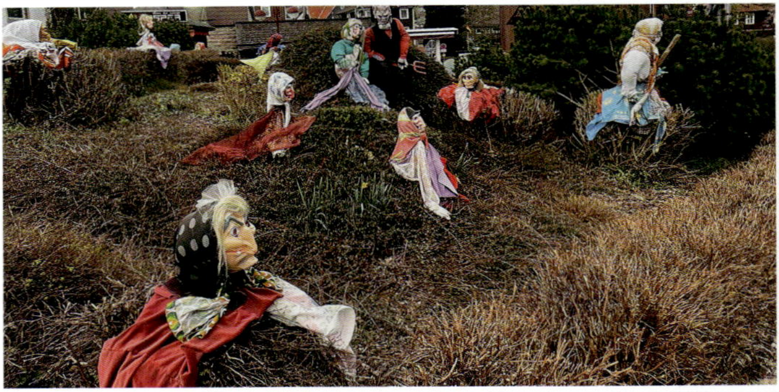

Hexen und Teufel an Walpurgis in Braunlage

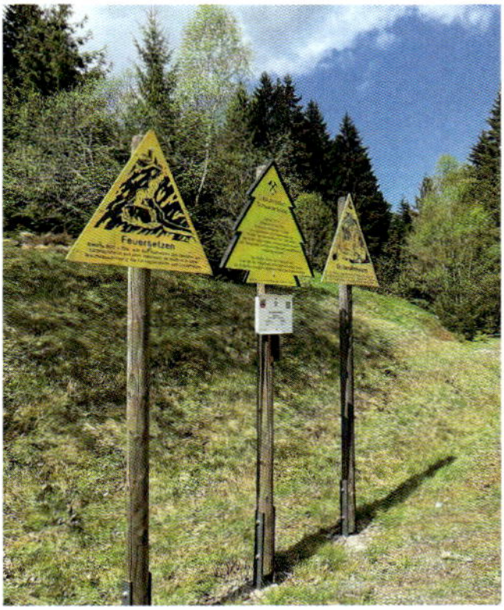

Schautafeln erzählen über die Bergbauzeit

Besucherbergwerken informieren Ausstellungen oder Ausflüge unter Tage über diesen traditionsreichen Wirtschaftszweig.

Goslar

Goslar – auch bekannt als tausendjährige Kaiserstadt oder die Stadt der Kaiser und Kumpel – liegt am nördlichen Rand des Harzes. Durchflossen wird sie vom Fluss Gose, woher auch ihr Name rührt. 922 gegründet, wurde die Stadt gut 100 Jahre später zur Kaiserstadt und zu einem der bedeutendsten Machtsitze des Römischen Reiches. Bergbau und Zugehörigkeit zur Hanse spielten ebenfalls eine wichtige Rolle in der Entwicklung der Stadt. Besonders prägend sind die vielen Fachwerkhäuser. Sie besitzen ein tragendes Holzgerüst aus senkrechten Säulen, waagerechten Riegeln und schrägen Streben. Die Hölzer übertragen dabei die Druckkräfte. Zwischen den Holzbalken entstehen freie Flächen, die so genannten Gefache bzw. das Fachwerk. So leitet sich der Name dieser Bauweise ab. Ihr besonderer Erhaltungszustand mit über 1500 Fachwerkhäusern unterschiedlicher Epochen, die sich im Altstadtkern innerhalb der früheren Stadtmauer befinden, brachte Goslar den Titel als UNESCO-Weltkulturerbe. In seiner Altstadt findet sich die Geschichte und Tradition vergangener Zeiten wieder. In der ca. einen Quadratkilometer großen Altstadt stehen rund zwei Drittel der Gebäude unter Denkmalschutz. Weitere Infos unter www.goslar.de oder www.welterbe-beimharz.de.

Walpurgisnacht und weitere Feste im Harz

In der Nacht vom 30. April auf ersten Mai wird in Gedenken an die heilige Walpurga traditionell der Frühling begrüßt. Besonders um den Brocken herum wird dieser Brauch ausgelassen gefeiert. Denn nach mündlichen Überlieferungen tanzten die Hexen

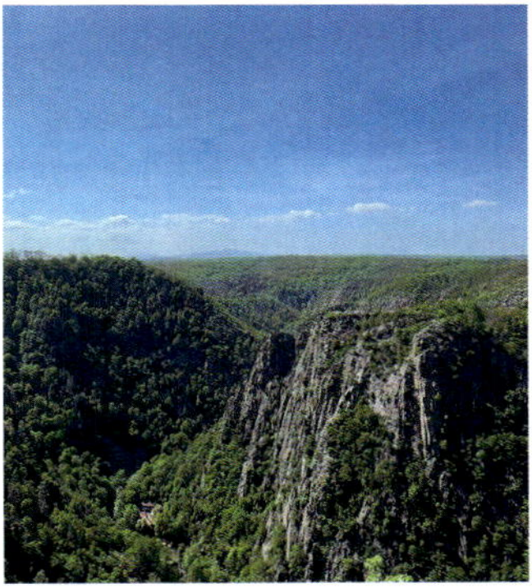

Die Roßtrappe bei Thale

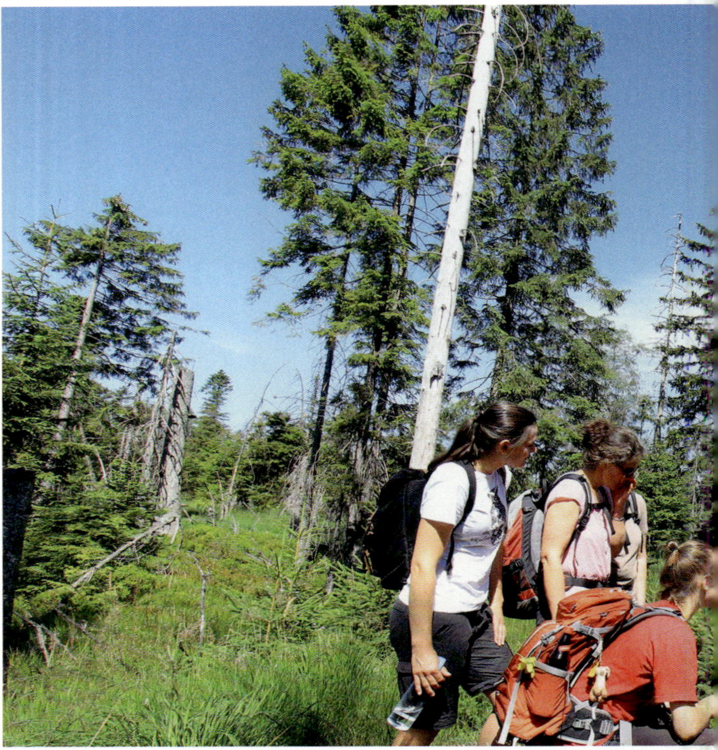

Unterwegs mit dem Nationalparkranger

ihr größtes Fest auf dem Brocken. Gerade in den Nationalparkgemeinden Braunlage, St. Andreasberg, Schierke, Elend oder Altenau verwandeln sich die Ortszenten in einen quirligen Hexenkessel. Lichterloh brennen die Höhen des Harzes zu Ostern; nach alter Tradition werden bei Einbruch der Dunkelheit an Ostersamstag oder Ostersonntag auf den Wiesen oder Hängen in vielen Harzorten Osterfeuer entzündet, die zahlreiche Zuschauer anlocken. Bereits Tage zuvor werden die Fichtenmeiler von „Heckenholern" kunstvoll aufgeschichtet. Am Pfingstsonntag kann man in Wildemann dem Viehaustrieb beiwohnen. Er eröffnet die Weidesaison; dabei werden die Rinder unter dem Gebimmel von 12 verschiedenen Klangglocken auf die Weide außerhalb des Ortes getrie-

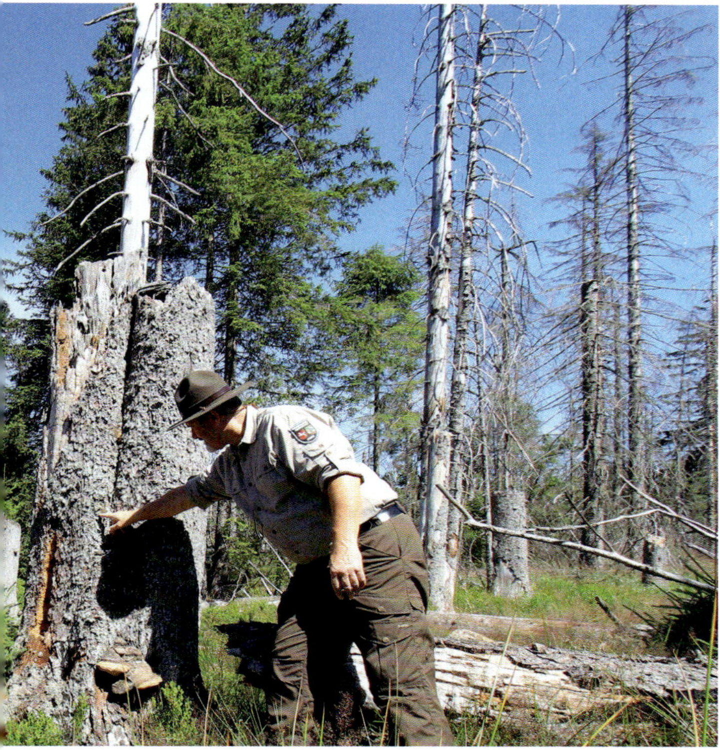

ben. In Altenau und auch Thale, Hohegeiß, Benneckenstein, Tanne und St. Andreasberg findet zu dieser Zeit das Finkenmanöver statt. Es ist ein seit dem 15. Jahrhundert überlieferter Brauch; dabei treten Buchfinken in einem Wettstreit an. Der schönste und längste Vogelgesang wird prämiert. Seit 2014 ist dieser Brauch immaterielles Kulturerbe der UNESCO. Die Finken hatten eine besondere, man kann schon fast sagen lebensrettende Bedeutung im Harz: Als Begleiter der Bergleute unter Tage signalisierten sie mit ihrem Verhalten, ob im Stollen etwas nicht stimmte. Jedes Jahr am ersten Wochenende im August findet das Köhlerfest in Hasselfelde statt. Dabei wird die schwere Arbeit der Köhler gezeigt. Zu den Höhepunkten gehört ein vielseitiges kulturelles Programm.

SCHWIERIGKEITSGRADE

Der Harz ist ein Mittelgebirge in Deutschland und das höchste Gebirge Norddeutschlands. Ein häufiges Auf- und Ab ist daher bei den allermeisten Touren keine Seltenheit. Die Höhenprofile erleichtern jedoch die Einschätzung für den Wanderer, ob er dieser oder jener Tour auch gewachsen ist. Manch kleinere An- und Abstiege sind aber auch aus dem Höhenprofil nicht ersichtlich, der Höhenunterschied ist aber ein guter Richtwert, um den Wanderer zu informieren, was ihn erwartet. Die allermeisten Wege, die in diesem Wanderführer beschrieben sind, sind ausgeschildert. Es gibt jedoch – wenn auch sehr selten – auf machen Touren kurze Teilabschnitte, die nicht markiert sind. Nicht so im Nationalpark, hier bleiben wir durchwegs auf den beschilderten Wegen und bitten auch die Wanderer im Namen der Natur, die beschilderten Wege nicht zu verlassen. Das Büchlein richtet sich an Familien mit Kindern. Die Touren sind daher oft ohne größere Klettereien oder technischen Schwierigkeiten zu bewältigen. Sie sind jedoch von ganz unterschiedlichen Längen, wobei hier die Eltern am Besten wissen sollten, welche Wegstrecken sie ihren Sprösslingen zumuten können. Das Alter spielt dabei sicherlich eine Rolle, so kann man sich für Wanderungen mit kleineren Kindern getrost an den blauen Touren orientieren. Grundsätzlich gilt wohl, je älter die Kinder sind, um so mehr kann man ihnen abverlangen. Die Wege selbst sind zum Großteil gut begehbar; jedoch sollte man bei aller Einfachheit auch hier bedenken, dass man in einem Gebirge unterwegs ist und nicht am Strand. Ordentliches Schuhwerk ist also eine Selbstverständlichkeit. Im Charakter einer jeden Tour wird nochmals auf die Schwierigkeit und Begehbarkeit des einzelnen Weges hingewiesen. Die Richtungsangaben verstehen sich im Sinne der Gehrichtung. Fast alle Wanderungen sind Rundwanderungen.

Info

Im Harz verändert sich seit einigen Jahren der Wald rapide. Das wird keinem der engagierten Wanderer entgehen. So findet man immer häufiger an manchen Wegen in den Wald Warnhinweise, auf Grund der Brüchigkeit der Bäume, auf den ausgeschilderten Wegen zu bleiben und bei Sturm den Wald zu meiden. Wir möchten an dieser Stelle nochmals darauf hinweisen.

■ LEICHT

Diese Touren sind gut markiert und führen zum Großteil auf breiten, gut erkennbaren und bequemen Wegen mit nur mäßigen Steigungen. Die Gehzeit hält sich bei drei Stunden, es sind nicht mehr als 13 km zu bewältigen.

■ MITTEL

Auch diese Wege sind zumeist gut zu gehen, manchmal braucht man auf Grund fehlender Markierungen ein wenig Orientierungssinn. Hier kann es auch mal länger und steiler bergauf oder bergab gehen. Schmale, wurzelige Pfade machen die Touren schwieriger. Die Länge schwankt hier zwischen 12 und 17 km und kann eine Gehzeit von bis zu 5 Stunden erreichen.

■ SCHWER

Diese Touren zeichnen sich vornehmlich durch lange Strecken aus, oft ab 17 km. Dementsprechend verlängern sich die Gehzeiten. Sollte die Strecke doch mal kürzer sein, dann besticht die Tour durch steile An- und Abstiege oder enthält Wegabschnitte, die auf Grund ihrer Beschaffenheit die Tour als eine schwarze Tour auszeichnen.

Zeitangaben

Die Zeitangaben sind Richtwerte, die sehr stark variieren können. Sie orientieren sich an einem durchschnittlichen Wanderer, Pausen sind berücksichtigt. Die Zeitangaben sind also KEINE REINE GEHZEIT! Generell und gerade auch mit Kindern sollte immer mehr Zeit eingeplant werden – besonders bei schönem Wetter, da es bei nahezu allen beschriebenen Touren wunderschöne Plätze gibt, an denen sich auch mal ein längeres Verweilen lohnt. Am Besten ist es, die eigene Kondition bzw. die Kondition der Gruppe vorher abzuschätzen und sich dann lieber ein bisschen mehr Zeit zu nehmen, bevor man sich am Ende hetzen muss.

Wanderzeit und Ausrüstung

Die schönste Jahreszeit zum Wandern – nicht nur im Harz – ist von Frühsommer bis Spätherbst. Mitte Mai, wenn der Frühling bereits alles erblühen lässt, hat ebenso seine Reize wie Mitte Oktober, wenn der Herbst die Umgebung in goldene Farben taucht. Viele Wege kann man aber auch im Winter gehen, wenn es allerdings noch nicht allzu viel geschneit hat. Bei unsicheren Wetterverhältnissen ist es immer angebracht, auch wenn die Sonne noch so schön vom Himmel lacht, Regenausrüstung einzupacken. Denn auch in den Mittelgebirgen kann einen schnell einmal ein Schauer überraschen. Wir sprechen hier aus eigener Erfahrung. Ein Rucksack mit Getränken ist auch nie verkehrt – auf einigen Touren gibt es keine Einkehrmöglichkeit. Zudem laden oft Sitzgelegenheiten am Wald- oder Wiesenrand zu einer schönen Pause ein.

Beschaffenheit der Wege und Orientierungshilfen

Wie bereits erwähnt, kann man den Großteil der Wege gut begehen. Was jedoch unbedingt immer dabei sein sollte, ist eine Wanderkarte des Gebietes. Die Wege sind zwar sehr gut beschrieben und meistens auch gut ausgeschildert, doch im Laufe der Zeit ist es immer möglich, dass sich ein Weg ändert oder aufgegeben wird. Die meisten Gemeinden haben solche kleinen Wanderkärtchen von ihrem Gebiet für eine geringe Gebühr oder sogar kostenlos vorrätig. Trotz guter Ausschilderung kommt es gerade hierzulande öfter vor, dass mal durch Wind und Sturm oder Holzarbeiten ein Wegschild verschwindet. Da hilft dann der kurze Blick auf die Karte, um sichergehen zu können, dass man sich noch auf dem rechten Weg befindet. Alternativ machen natürlich auch in bestimmten Situationen gpx-Geräte das Wanderleben leichter. Mit entsprechenden digitalen Karten kann man sich die Tracks vor der Tour aufs Handy laden. Sollte man mal wirklich nicht weiterwissen, ist somit ein Verlaufen ausgeschlossen.

Anreise und öffentlicher Nahverkehr

Eine Anreise mit dem Auto gewährt im Harz zwar eine größere Flexibilität, da nicht alle Ausgangsorte mit den öffentlichen Verkehrsmitteln erreicht werden können, das öffentliche Verkehrsnetz ist jedoch auch sehr gut ausgebaut. Von Süden erreichen wir den Harz über die A9 und weiter über die A36 oder A38. Vom Norden fahren wir ihn über die A7 oder die A36 an. Alle Städte am Rande des Harzes sowie viele Orte in der Mitte werden vom Verkehrsnetz der Deutschen Bahn bedient. Es gibt zahlreiche Busverbindungen der Harzer Verkehrsbetriebe (https://hvb-harz.de) und sogar eine Buslinie durch den Nationalpark. Die Nationalparkbusse fahren von Bad Harzburg von April bis November. Infos unter www.kvg-braunschweig.de/Fahrplan/Linien sowie www.hatix.info. Durch den Harz fahren drei Schmalspurlinien: Die Harzquerbahn verkehrt zwischen Wernigerode und Nordhausen. Die Brockenbahn verzweigt sich am Bahnhof Drei Annen Hohe. Von hier aus fährt die Harzquerbahn ins Harzer Vorland. Die Brockenbahn kämpft sich übrigens auch im Winter auf den Brocken, so lange nicht zu viel Schnee liegt. Die Selketalbahn schließlich fährt von Gernrode los und verzweigt sich in Alexisbad nach Harzgerode und Straßberg. Infos unter www.harzbahn.de und www.hsb-wr.de.

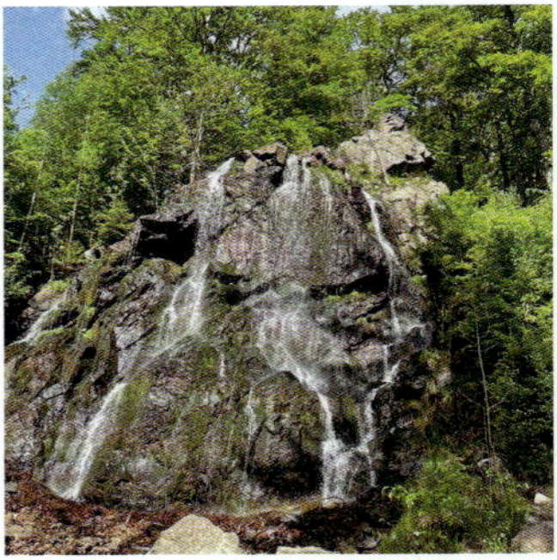

Der Radauwasserfall bei Bad Harzburg

Schließlich gibt es noch diverse Seilbahnen, die uns bequem auf den Gipfel bringen. Die bekanntesten sind wohl die Wurmbergbahn bei Braunlage, die Gondelseilbahn zum Hexentanzplatz bei Thale oder auch die Kabinenseilbahn auf den Bocksberg in Hahnenklee.

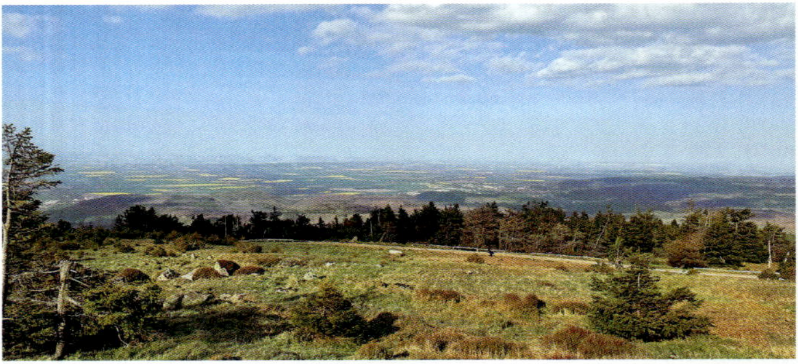

Abendstimmung auf dem Brocken

Qualitäts- und Weitwanderwege im Naturpark und Nationalpark Harz

- Der Karstwanderweg führt über 233 km durch die mitteldeutsche Karstlandschaft der Landkreise Mansfeld-Südharz in Sachsen-Anhalt, Nordhausen in Thüringen und Göttingen in Niedersachsen. Markiert wird er durch den weißen Anfangsbuchstaben K auf einem roten Querbalken über weißem Grund.
- Der E11 ist ein insgesamt 4700 km langer Ost-West-Weg. Bei Seesen erreicht er den Harz und läuft dann überwiegend am Nordrand des Harzes entlang, wobei er die höchsten Berge umgeht. Nach Goslar führt er dann über Bad Harzburg, Ilsenburg, Wernigerode, Blankenburg bis zur Rosstrappe und Hexentanzplatz bei Thale. In Wippra endet der Harzabschnitt des E11.
- Der Harzer Baudensteig wurde 2010 geschaffen und verläuft von Bad Grund (Harz) bis zum Kloster Walkenried durch die Berge und Wälder des Südharzes. Seine Etappen führen über diverse Bauden (Berggasthöfe).
- Der Kaiserweg ist ein thematischer Fernwanderweg, der auf einer Gesamtlänge von etwa 110 km erst den Harz und schließlich auch das Kyffhäusergebirge quert. Er läuft auf alten, historischen Spuren von Kaisern und Königen.
- Der Harzer Grenzweg wurde 2006 angelegt und führt über 91 km entlang der innerdeutschen Grenze. Er erschließt einen Teil des etwa 1400 km langen Naturschutzprojekts Grünes Band Deutschland. Ausgeschildert ist er mit einem grünen G für Grenzweg auf weißem Grund.
- Der Selketalstieg beginnt in Stiege an der Selketalbahn und leitet den Wanderer über 74 km abschnittsweise an der Selke entlang. Nach seinem höchsten Punkt, der Wasserscheide zwischen Hassel und Selke, führt er über mehrere Orte bis nach Quedlinburg.
- Der Harzer Hexenstieg führt über 100 km von Osterode nach Thale. Dabei quert er den Brocken. Teils führt er an bedeutenden historischen Kulturgütern entlang wie dem Rehberger Dammgraben oder über herrliche Naturstiege wie im Bodetal. Zusätzlich werden zwei Alternativrouten angeboten: zum einen die Brockenumgehung ab Torfhaus über St. Andreasberg und Braunlage sowie der Köhlerpfad südlich der Rappbodetalsperre ab Königshütte über Hasselfelde.
- Der Teufelsstieg führt von zwei Seiten auf den Brocken. Zum einen kann der höchste Berg des Harzes von Bad Harzburg aus erklommen werden. Über Elend kommt er aus der anderen Richtung herauf. Insgesamt weist der 2006 ins Leben gerufene Steig eine Länge von rund 26 km auf.
- Der Harzer Försterstieg wurde 2010 angelegt. Er erschließt über 60 km den Naturpark Harz in den Landkreisen Göttingen und Goslar. Dabei tangiert er drei wichtige Talsperren des Westharzes: die Granetalsperre, die Innerste-Talsperre und die Sösetalsperre.

Reiseinformationen

Harzer Wandernadel
Bei der Harzer Wandernadel lautet das Motto: Sammeln, was das Zeug hält – und dabei mit Spaß und auch ein bisschen Ehrgeiz den Nationalpark und Naturpark Harz erkunden. Die Stationen der Harzer Wandernadel führen den ambitionierten Wanderer zu den schönsten Orten des Harzes und verbinden dabei bekannte und beliebte Wanderwege miteinander. Es gibt insgesamt 222 Stationen, an jeder Station befindet sich eine Stempelstelle. Für die erwanderten Leistungen wird man dann mit verschiedenen Wandertiteln belohnt. Den Stempelpass und auch die Auszeichnungen erhält man in allen Tourismusinformationen.

Harzcard
Mit der HarzCard erhält der Besucher freien oder ermäßigten Eintritt zu über 120 Kultur- und Freizeiteinrichtungen im gesamten Harz. Darunter sind Burgen, Schlösser und Klöster, man kann Schaubergwerke und Bergwerksmuseen erkunden oder Aufenthalte in Thermal-, Freizeit- und Erlebnisbädern genießen. Darüber hinaus gibt's „freie Fahrt" mit historischen Bahnen und Seilbahnen. Wahlweise gibt es die 48-Stunden-Harzcard oder die 4-Tages-Harzcard.

Nationalpark
Ein Nationalpark ist eine großräumige Naturlandschaft mit hohem ökologischen Bildungs-, Erholungs- und Erlebniswert. Die ausgedehnten Schutzgebiete unterliegen der natürlichen Entwicklung und werden durch spezielle Maßnahmen vor nicht gewollten menschlichen Eingriffen und vor Umweltverschmutzung geschützt. So kann sich die Natur ohne menschliche Eingriffe entwickeln. Unterschiedlichste Naturräume entfalten sich dann frei und reagieren in einem ungestörten, natürlichen Prozess miteinander. Der Nationalpark Harz bildet somit eine ökologisch hoch komplexe Landschaft, die unterschiedliche Biotope und Ökosysteme beherbergt.

Moore
Die Harzer Moore und Moorfichtenwälder zählen zu den besterhaltenen in Deutschland. Rund 2.000 ha des Nationalparks sind vermoort. Davon sind 500 ha heute besonders seltene, weitgehend waldfreie Hoch- und Niedermoore. Die jährlichen Niederschlagsmengen erreichen im Harz bis zu 1500 mm, im Hochharz liegen sie sogar zwischen 1500 und 2000

mm. Auch rund um den Brocken wandern wir immer wieder durch diese besondere Moorlandschaft. Der Bruch als mooriges und sumpfiges Gebiet findet sich so auch in seinem Namen wieder. Feucht-kühles Klima und nicht oder nur kaum durchlässiger Untergrund ließen nach der Eiszeit manche Bereiche vernässen; ideale Bedingungen für Torfmoose. Die Moore öffnen sich als baumfreie Flächen zwischen den Wäldern und weisen eine besondere Vegetation aus, unter anderem Torfmoosen, Wollgräsern, Moosbeeren oder Rosmarienheide.

Mit den Rangern im Nationalpark

Die Ranger sind die offizielle Nationalparkwacht; sie sorgen dafür, dass die Regeln im Nationalpark eingehalten werden. Darüber hinaus sind sie aber auch Ansprechpartner bei Fragen zu den Wegen oder über Themen, die den Nationalpark betreffen. Auf den geführten Rangertouren kann man die wunderschöne Naturwelt des Harzes entdecken und alles rund um die Brockenrippekuppe oder über den Urwald von morgen erfahren. Der Nationalpark bietet regelmäßig Rangertouren zu besonderen Themen und weitere Erlebnisangebote an. Eine Übersicht gibt dabei die Broschüre „Unterwegs im Nationalpark". Dabei kann man auch individuelle Führungen für Gruppen jeden Alters buchen. Die Termin- und Themenwünsche sollten aufgrund der hohen Nachfrage möglichst frühzeitig mit dem Nationalpark bzw. den Rangern abgesprochen werden. www.nationalpark-harz.de

Deutsche Dichter im Harz

„Auf die Berge will ich steigen,
Wo die dunklen Tannen ragen,
Bäche rauschen, Vögel singen,
Und die stolzen Wolken jagen."

So nahm Heinrich Heine den Harz auf seinen Spaziergängen wahr. Diese Zeilen treffen (abgesehen von den Tannen) es recht gut, wenn man per Pedes den Brocken erklimmen möchte. Nicht nur Heinrich Heine wurde schon von der sagenumwobenen und mystischen Landschaft des Harzes inspiriert, auch Goethe kam gerne hierher.
Er beging seine Reisen allerdings vornehmlich als Forschungsreisender. Zu Ehren der Dichter wurden zwei Wege auf den Brocken nach ihnen benannt: Der „Goetheweg" führt von Torfhaus über den Westanstieg zum Brocken, der „Heinrich-Heine-Weg" zieht sich durchs Ilsetal an der Ilse entlang und erklimmt den erhabenen Berg über dem Nordanstieg.

MEINE HIGHLIGHTS

MEINE LIEBLINGSTOUR

1: Die Runde um den Brocken, so wie wir sie gegangen sind, ist wohl eher ungewöhnlich. Aber sie vermittelt ein ganz neues Gefühl einer Brockentour: Die Auffahrt auf den Brocken stimmt schon ein wenig auf das ein, was uns erwartet. Natürlich leider der mitgenommene Wald, aber auch die mystische Gegend, die wir auf der Ostflanke über ein paar spektakuläre Klippen erkunden. Übrigens, auf dieser Runde haben wir einen Luchs gesehen. Vielleicht ist sie auch deshalb zu unserer Lieblingstour geworden.
→ Tour 16, Seite 78

1
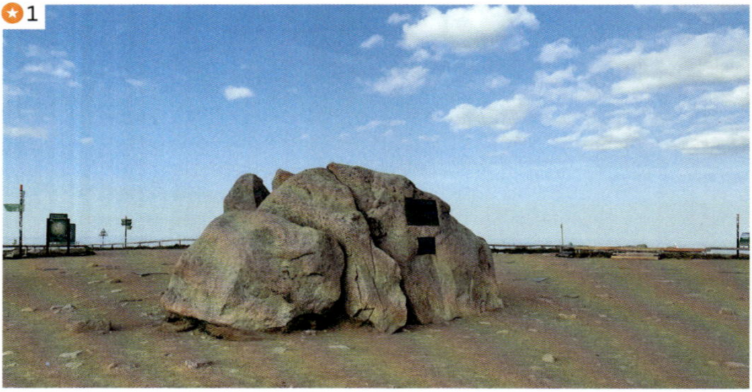

2
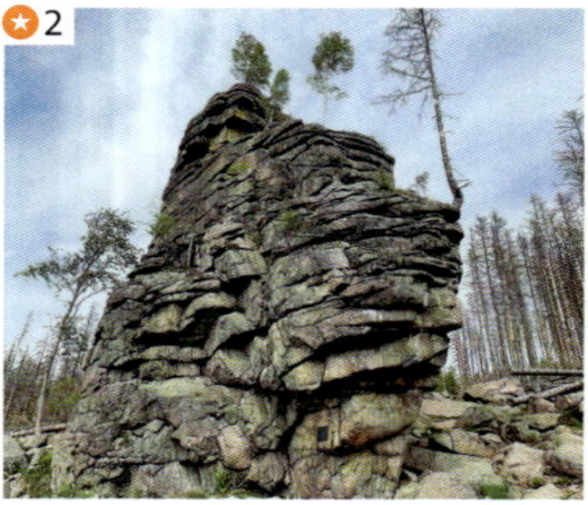

2: Auf dieser Runde werden wir zu einigen, aber komplett unterschiedlichen Klippen und Aussichtspunkten an der Südostflanke des Brocken entführt. Zwischendurch gibt's tolle Rastplätze im Wald, an denen man auf jeden Fall etwas verweilen sollte.
→ Tour 27 , Seite 112

3: Im Vergleich zum rauen Brocken muten die Sandsteinhöhlen bei Blankeburg recht sanft an. Umringt von Kieferwäldern kann man sich gut vorstellen, dass hier einst Versammlungen stattge-

3

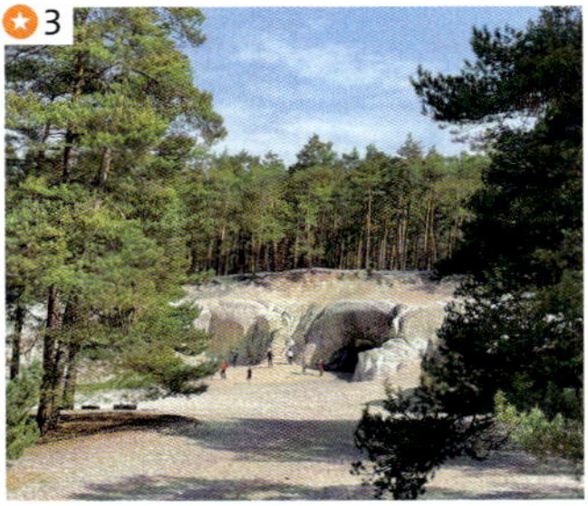

4

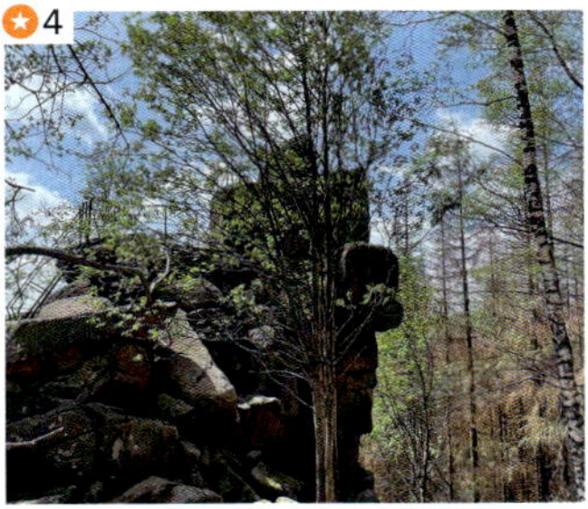

funden haben.
→ Tour 50, Seite 186

4: Der Weg zur Leistenklippe führt durch kleine Hochmoorlandschaften und über herrliche, felsdurchsetzte Pfade. Der Ausblick ist grandios. Einfach eine Genießertour.
→ Tour 15, Seite 75

5: Die Wege auf dieser Tour sind eher einsam. Bringen uns aber durch herrliche Laubwälder und einen schönen Aussichtsfelsen. Sehr interessant ist auch das letzte Wegstück zum Maaßener Gaipel: Hier braucht man auf dem Bergbaulehrpfad schon ein bisschen Zeit.
→ Tour 32, Seite 130

6: Auf der Streckentour erwarten uns viele, abwechslungsreiche Begegnungen wie die Kranichteiche, die Zwergenschmiede, der Karstwanderweg über die Höllsteinklippen oder Kloster Walkenried. Man weiß garnicht, wo man anfangen soll.
→ Tour 42, Seite 162

5

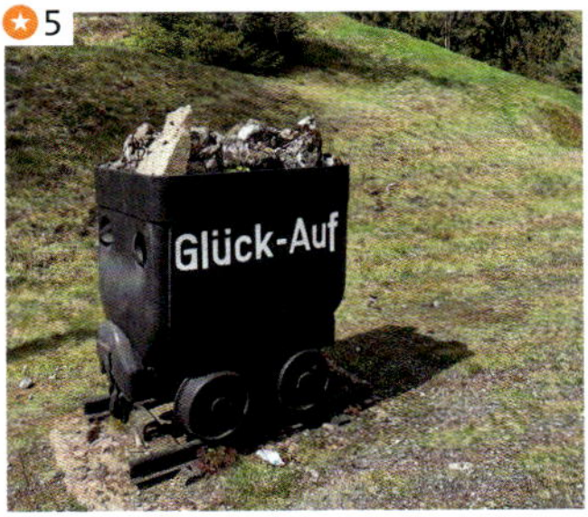

6

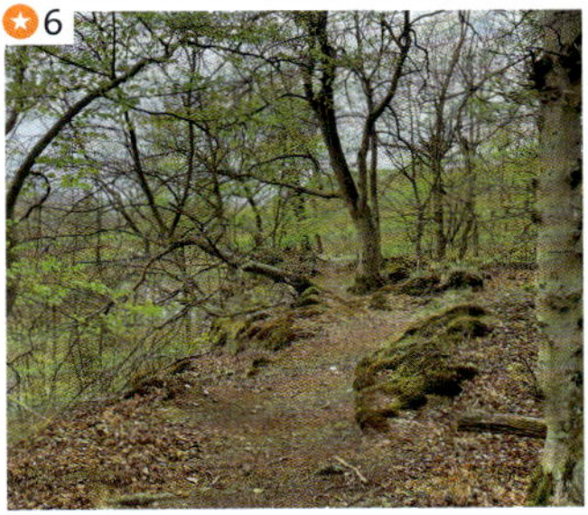

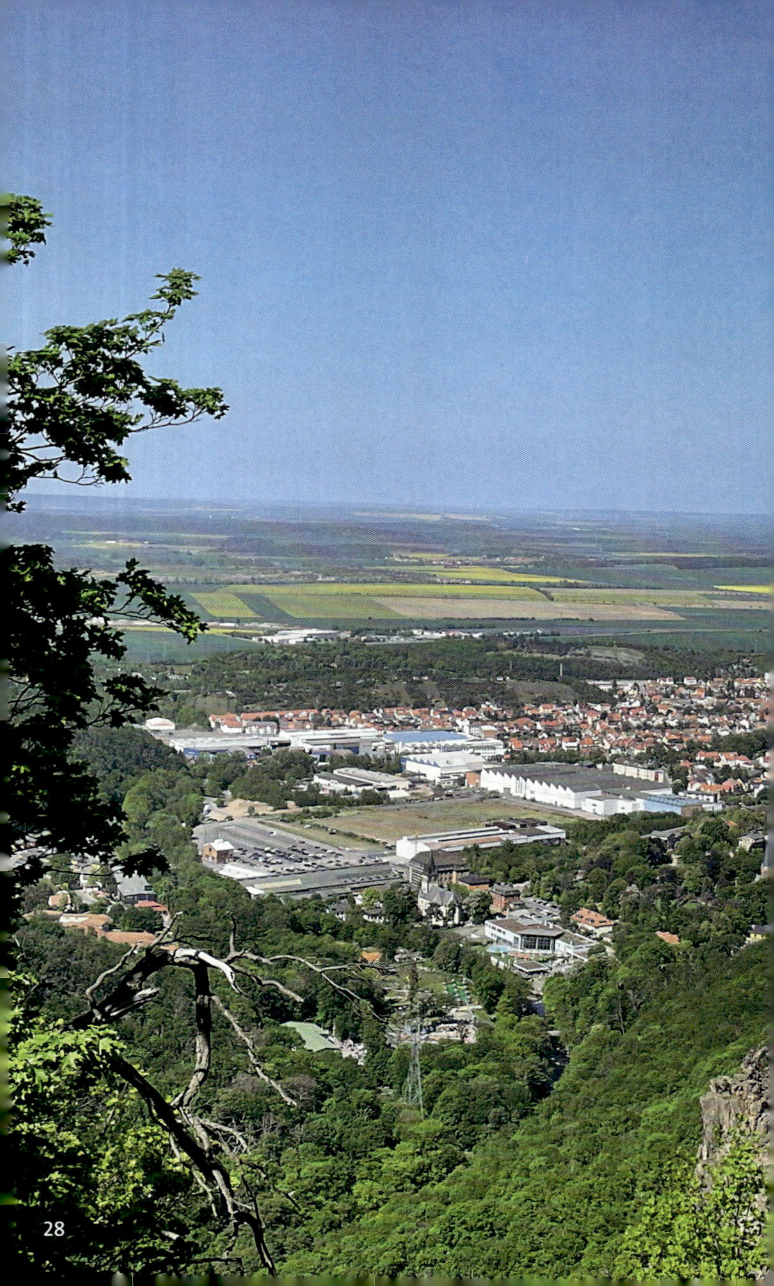

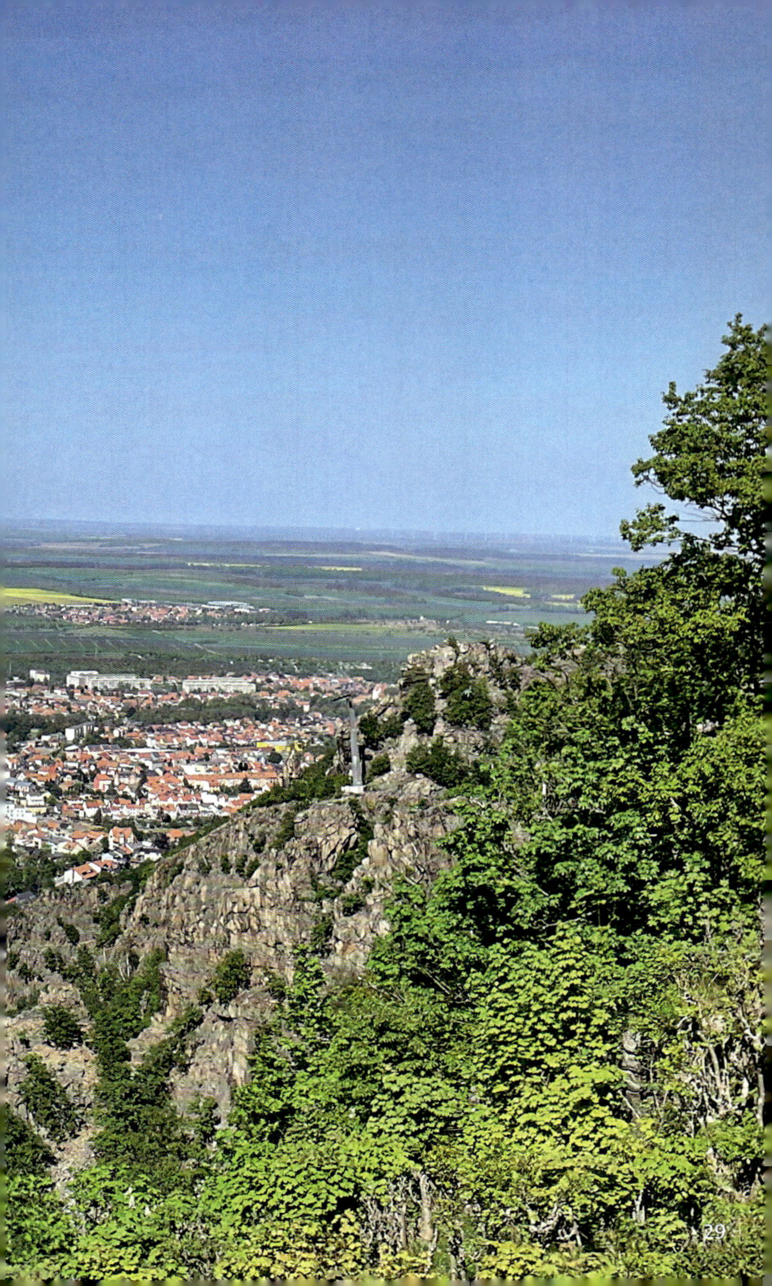

1 VON ROMKERHALL AUF DIE KÄSTEKLIPPE

Runde in mystischen Klippenlandschaft oberhalb des Okertals

8,9 km | 2:25 h | 340 hm ↗ | 340 hm ↘

START | Parkplatz Romkerhalle. Von Okertal auf der B498 Richtung Schulenberg. Kurz vor dem Gasthaus Romkerhall befindet sich der Parkplatz auf der rechten Seite.
[GPS: UTM Zone 32 x: 601307.584 y: 5746298.873]
CHARAKTER | Trittsicherheit gleich zu Beginn um den Wasserfall herum; auch bei den folgenden Klippen sollte man Vorsicht walten lassen. Der Rückweg über dem Okertal ist entspannt.

Die Runde ist nicht besonders lang, dafür aber oho. Der Romkerhaller Wasserfall schon zu Beginn ist eine Schau, und ohne, dass wir uns dafür anstrengen müssten. Gut 64 Meter stürzt sich der Wasserfall in die Tiefe. Um das Gebiet um das Ausflugsziel Romkerhalle attraktiver zu machen, wurde 1863 der künstliche Wasserfall angelegt. Im selben Jahr wurde das „Restauration und Logirhaus“ vom Gastwirt Lüer aus Oker in Betrieb genommen. Zur besseren Erreichbarkeit des Anwesens ließ der Harzburger Badekommissar Hermann Dommes 1863 einen Promenadenweg von Harzburg über die Kästeklippen nach Romkerhalle anlegen. Seit Ende der 80er-Jahre wird der Ort als Königreich Romkerhalle beworben.

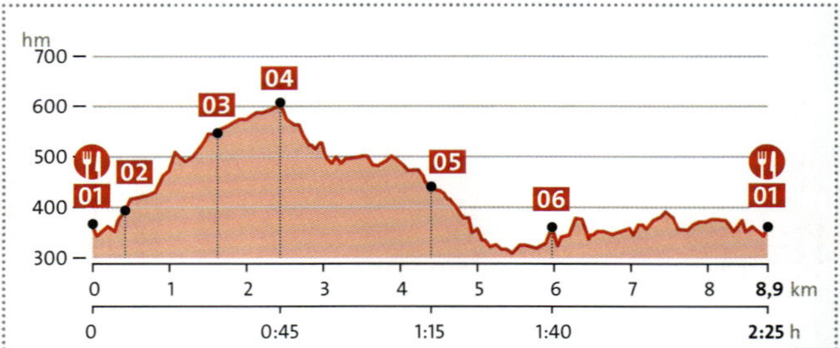

01 Romkerhall, 341 m; 02 Einlauf Romkerhaller Wasserfall, 382 m; 03 Feigenbaumklippe, 553 m; 04 Kästeklippe, 601 m; 05 Ziegenrückenklippe, 438 m; 06 Kuhscheißenbach, 338 m

Wir starten am Parkplatz gegenüber dem Gasthaus **Romkerhall** 01 und steigen auf einem steilen, steinigen Steig links neben dem Wasserfall auf. Nach wenigen Minuten halten wir uns rechts, nochmal ein wenig steiler hinauf. Sobald wir das steile Stück geschafft haben, wenden wir uns am Pfad nach rechts und stehen kurz darauf am **Einlauf Romkerhaller Wasserfall** 02. Hier müssen wir auf Grund einer Wegsperrung auf den oberen Weg ausweichen. Der breite Forstweg bringt uns an eine Gabelung, an der wir uns rechts Richtung Feigenbaumklippe halten. Er führt bald wurzelig und steil hinauf zur **Feigenbaumklippe** 03. Vorbei an imposanten Felsformationen folgen wir dem Pfad weiter Richtung Kästeklippe. Dabei passieren wir einen Felsen mit dem interessanten Namen Mausefalle – so schaut er auch aus. Danach streifen wir die Habichtsklippe. Hier wechseln wir wieder auf einen breiteren Weg. Der Routenverlauf führt vorbei am Mönch und schließlich zweigt ein schmaler Pfad zur **Kästeklippe** 04 ab. Zurück auf unserm Weg, leitet uns der Forstweg an eine T-Kreuzung: hier links Richtung Altenau. Schon ca. zweihundert Meter später führt linker Hand ein Steig Richtung Treppenstein (im Abstieg geht's mal auf einen Abstecher links zur Hutbergsklippe). Am befestigten Weg (wir sind jetzt auf dem Bergmannschen Weg) wenden wir uns nach rechts und erreichen etwas später die gleichnamige Kreuzung. Wir folgen der Kästestraße, einem breiten Schotterweg, um die Rechtskurve hinab und gelangen an die Schutzütte Ziegenrücke

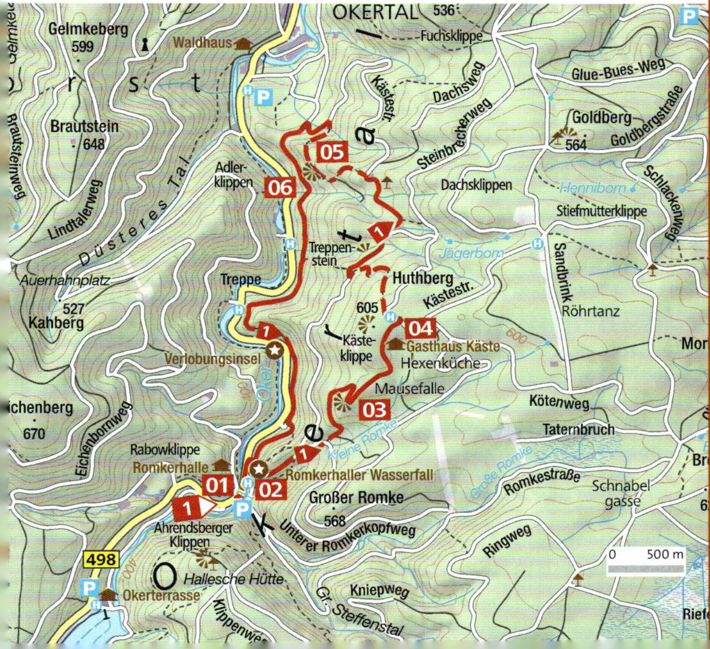

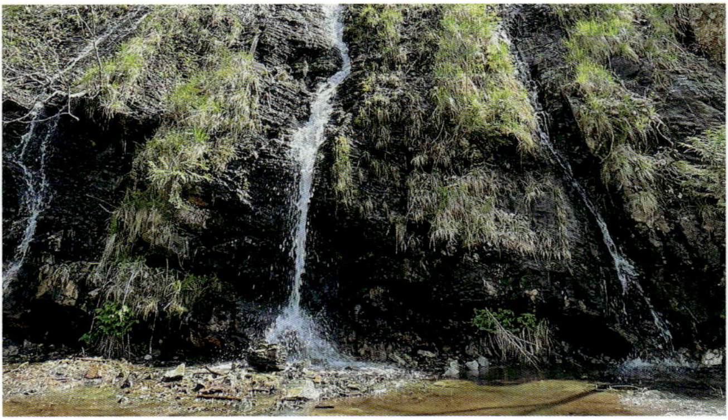

Der Romkerhaller Wasserfall

samt einladender Bank. Hier halten wir uns links Richtung Ziegenrücken. Kurz darauf führt rechter Hand ein Weg zur **Ziegenrückenklippe** **05**. Zurück auf dem breiten Weg, wandern wir weiter bald steil hinab. Er wird immer schmäler und leitet uns schließlich als schöner Pfad unterhalb der Ziegenrückenklippe vorbei. Nach zehn Minuten erreichen wir einen breiten Kiesweg, in den wir links einbiegen. Es geht weiter abwärts. In der kurz darauf folgenden Rechtskurve biegen wir links ein, leicht bergauf, und wandern nun auf der Alten Harzstraße Richtung Romkerhall. Der Weg bringt uns in einer Dreiviertel Stunde zurück. Dabei wandern wir hoch über dem Okertal, am Kuhscheißenbach **06** und weiteren, spannenden Felsformationen und einem kleinen Wasserfall. Schließlich stoßen wir wieder auf den Anfangsweg; der schon bekannte Pfad bringt uns wieder steil hinab zum Romkerhaller Wasserfall und zum Parkplatz Romkerhall **01**.

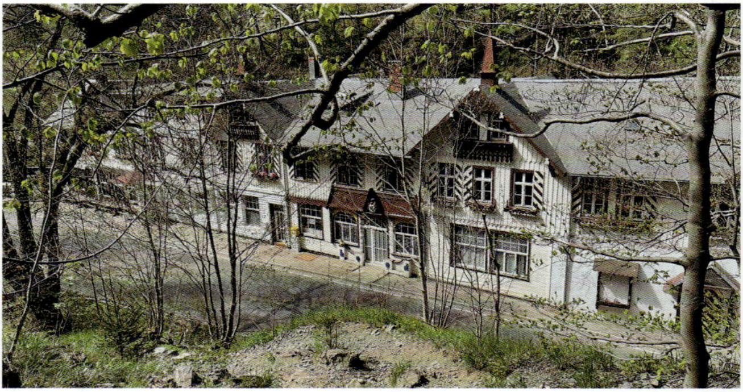

Das Koenigreich Romkerhalle

VON BAD HARZBURG AUF DEN BROCKEN

Lange aussichtsreiche Wanderung über den Brocken

20,5 km 5:40 h 850 hm 380 hm

START | Großparkplatz am Ortseingang von Bad Harzburg. Von Torfhaus kommend auf der linken Seite. Gebührenpflichtig. [GPS: UTM Zone 32 x: 607203.573 y: 5747407.313]
CHARAKTER | Lange Wanderung auf teils schmalen Pfaden. Der Anstieg zum Brocken ab der Rangerstation ist steil.

Die stramme Tagestour bringt uns auf angenehmen Wegen über den Eckerstausee auf dem Nordanstieg zum Brocken. Unterwegs gibt es zahlreiche Einkehrmöglichkeiten. Also am besten früh aufbrechen, so dass wir auf der einen oder anderen Terrasse noch ein Weilchen sitzen können.

Vom Großparkplatz am Ortseingang von **Bad Harzburg** 01 überqueren wir die B4 auf der Fußgängerbrücke. Dann halten wir uns zunächst links, gleich darauf an der Gabel rechts Richtung Radau-Wasserfall. Nur wenig später biegen wir scharf rechts ein auf den schmalen Winterberg-Hangweg. Ihm folgen wir nun bald links gehalten in Serpentinen hinauf zur **Ettersklippe** 02. Auf dem Ettersklippenweg steigen wir mit dem Teufelstieg durch schönen Laubwald und auf schmalen Wegen bergan. Bald auf etwas festeren

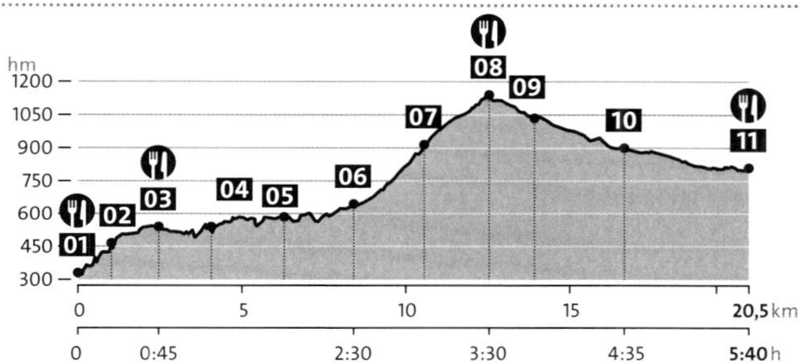

01 Bad Harzburg, 340 m; 02 Ettersklippe, 471 m; 03 Molkenhaus, 534 m; 04 Eckertal, 515 m; 05 Eckerstaumauer, 575 m; 06 Rangerstation, 655 m; 07 Bismarckklippe, 901 m; 08 Brocken, 1141 m; 09 Gedenkstein, 1030 m; 10 Eckersprung, 900 m; 11 Torfhaus, 813 m

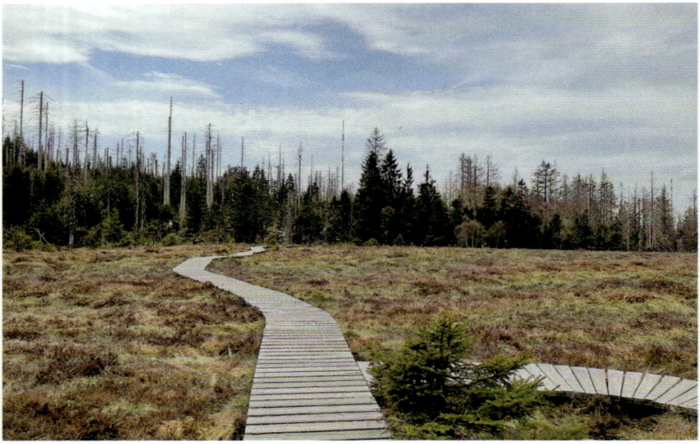

Der Bohlenweg führt mitten durchs Moor

Wegen stehen wir nach einer guten viertel Stunde an der Kreuzung **Molkenhaus 03**. Hier bietet sich die Gelegenheit für eine erste Pause. Dann folgen wir zunächst dem blauen Kreuz weiter Richtung Eckerstausee. Wir wandern ca. 300 Meter nach dem Molkenhaus kurz nach dem Waldspielgelände links über freie Fläche. Die Route führt bald auf schmalem Weg, ins **Eckertal 04**. Die Ecker begleitet uns nun die nächsten 15 Minuten, dann verlässt sie uns nach links. Wir laufen weiter geradeaus, auf einem gut angelegten, schmalen Weg, bis wir die Zufahrtsstraße zum Eckerstausee erreichen. Um eine Linkskurve führt sie uns direkt zur **Eckerstaumauer 05**. Wir überqueren den Staudamm und folgen an seinem Ende dem Teufelstieg und dem blauen Kreuz nach rechts. Ein Weg mit

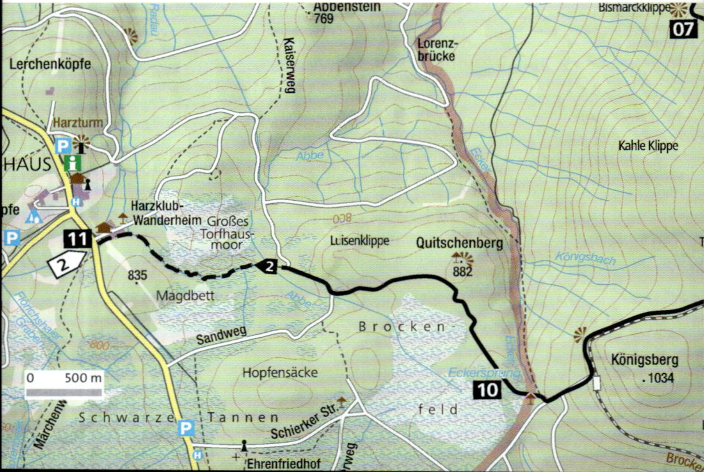

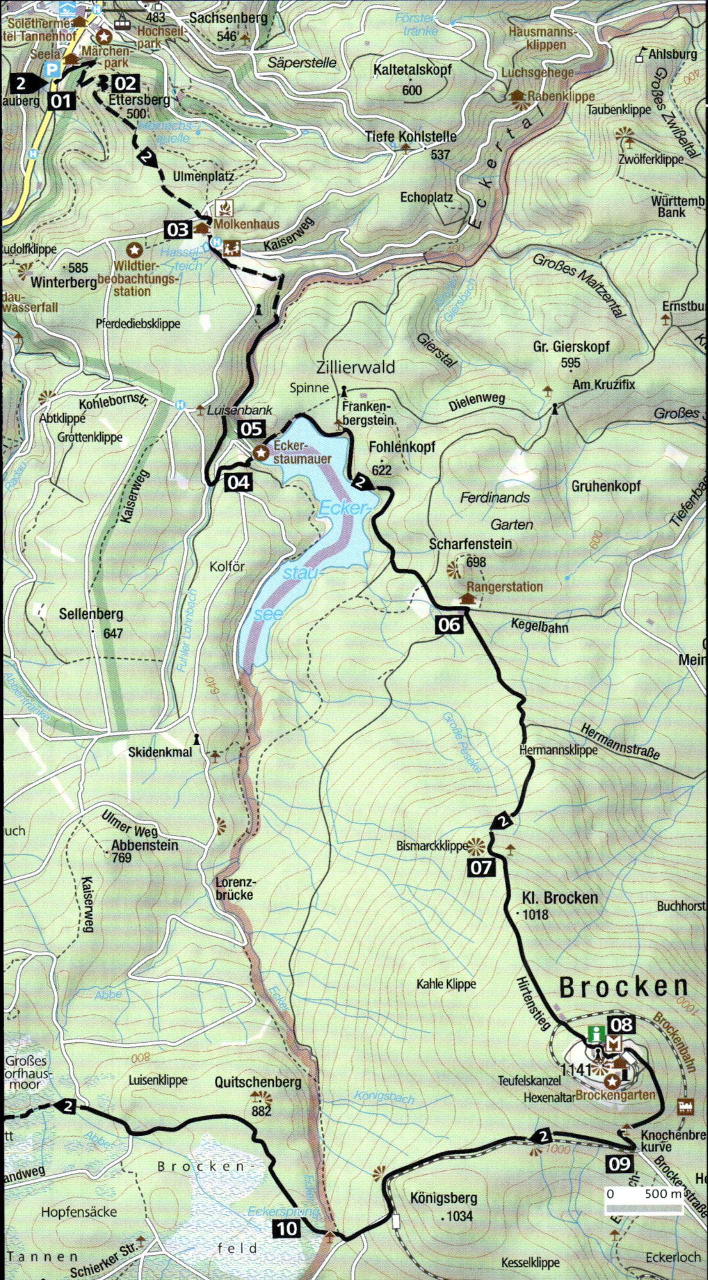
Sachsenberg
546
483
Hochseilpark
Märchenpark
Ettersberg
500
01
02
03
04
05
06
07
08
09
10
Ulmenplatz
Molkenhaus
Kaiserweg
Wildtier-beobachtungsstation
Winterberg
585
Pferdediebsklippe
Säperstelle
Kaltetalskopf
600
Tiefe Kohlstelle
537
Echoplatz
Eckertal
Hausmannsklippen
Luchsgehege
Rabenklippe
Ahlsburg
Taubenklippe
Großes Zwißeltal
Zwölferklippe
Großes Maitzental
Gierstal
Gr. Gierskopf
595
Am Kruzifix
Zillierwald
Spinne
Frankenbergstein
Dielenweg
Fohlenkopf
622
Eckerstaumauer
Eckerstausee
Luisenbank
Kohlebornstr.
Abtklippe
Grottenklippe
Kaiserweg
Ferdinands Garten
Gruhenkopf
Scharfenstein
698
Rangerstation
Kegelbahn
Kolför
Sellenberg
647
Hermannsklippe
Hermannstraße
Skidenkmal
Ulmer Weg
Abbenstein
769
Kaiserweg
Lorenzbrücke
Bismarckklippe
Kl. Brocken
1018
Buchhorst
Kahle Klippe
Hirtenstieg
Brocken
Brockenbahn
1141
Teufelskanzel
Hexenaltar
Brockengarten
Knochenbrecherkurve
Luisenklippe
Quitschenberg
882
Königsbach
Hopfensäcke
Brockenfeld
Eckersprung
Königsberg
1034
Kesselklippe
Eckerloch
Schierker Str.
0
500 m

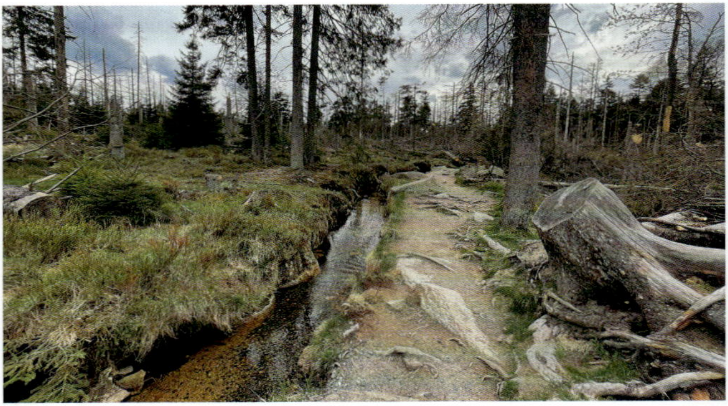

Wurzelpfad am Abbegraben

herrlichen Blicken auf den Stausee leitet uns nun gute zwanzig Minuten an seinem Ufer entlang. Dann halten wir uns an der Gabelung links auf einen breiten Wurzeltrail. Er bringt uns in wenigen Minuten an eine Kreuzung, an der wir geradeaus weiterlaufen. Ein breiter Weg bringt uns zum Frickenplatz und der **Rangerstation** **06**. Wir halten uns leicht rechts und starten mit dem Teufelstieg und dem blauen Kreuz den langen Schlussanstieg über den Kolonnenweg auf den Brocken. In dem einstündigen Aufstieg kommen wir an der Hermannsklippe und an der **Bismarckklippe** **07** sowie ein paar schönen Rastplätzen vorbei. Kurz nachdem wir die Gleise der Brockenbahn gequert haben, haben wir es geschafft: Wir haben den **Brocken** **08** erstiegen. Was für eine Leistung! Stolz genießen wir die Blicke vom belebten Gipfel. Für den Weiterweg steigen wir zunächst auf der anderen Seite des Brocken über den Zufahrtsweg ab. Schon nach zehn Minuten zweigen wir dann beim **Gedenkstein** **09** zum Neuen Goetheweg und an den Gleisen rechts ab und wandern auf dem Bahnparallelweg und dem Goetheweg weiter. Nach einer halben Stunde verlässt er die Gleise nach rechts. Ein Stück auf dem breiten Kolonnenweg und dann nochmals rechts – schon haben wir den **Eckersprung** **10** samt Schutzhütte erreicht. Weiter geht's geradeaus, auf dem breiten Goetheweg immer wieder an Moorlandschaften vorbei und durch den leider bereits ganz kahl gewordenen Fichtenwald. Relativ am Ende der Tour erwartet uns mit dem Torfhausmoor noch eine schöne Überraschung: Wir durchqueren es auf einem gut angelegten Bohlenweg. Nach einer guten Stunde haben wir schließlich **Torfhaus** **11** und damit das Ziel unserer Wanderung erreicht.

Info:

Von Torfhaus fährt der Bus Nr. 820 mehrmals täglich zurück nach Bad Harzburg. Infos unter www.kvg-braunschweig.de/fahrplaene/820.pdf

BASTEBORN UND MARIENTEICH

Kleine Waldrunde zu Füßen des Brocken

11,5 km | 3:10 h | 180 hm | 180 hm

START | Parkplatz an der B4. Ca. 1 km nach Torfhaus auf der rechten Seite.
[GPS: UTM Zone 32 x: 605211.461 y: 5741332.411]
CHARAKTER | Breite Schotterwege und schmale Steige wechseln sich ab. Zwischen Marienteichbaude und der Bastesiedlung immer wieder Bohlensteige.

Auf der heutigen Runde machen wir eine Entdeckungsreise durch die typische Brockenlandschaft des Oberharzes. Mit nicht mal zweihundert Höhenmetern geht es – was die Anstiege betrifft –auf dieser Tour eher gemütlich zu. Dafür entdecken wir spannende Naturhighlights wie den Marienteich und den Marienbruch drumherum oder die Quelle der Baste.

Wir starten am **Parkplatz an der B4** 01. Der breite Schotterweg – der Ulmer Weg – führt uns nun erst einmal geradeaus. An der Gabelung bleiben wir auf dem Ulmer Weg und überqueren kurz darauf die **Radaubrücke** 02. An der darauffolgenden Gabelung biegen wir dann links auf den Kaiserweg ab. Die Abzweigungen ignorieren wir, bis zur Kreuzung mit dem Infoschild über die Bergwildnis des Harzes. Hier führt uns ein 180°-Knick nach links auf den **Reitstieg** 03. Nach etwa einer viertel Stunde zweigt links ein schmaler Weg ab. Er führt nun nah an der rauschenden Abben-

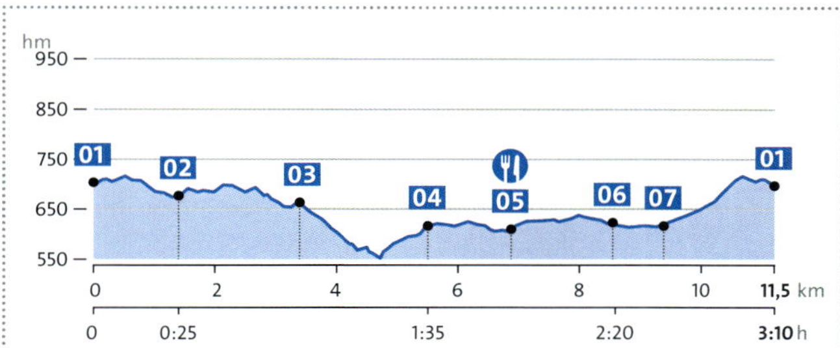

01 Parkplatz B4, 715 m; 02 Radaubrücke, 691 m; 03 Reitstieg, 650 m; 04 Basteborn, 608 m; 05 Marienteich, 611 m; 06 Bastesiedlung, 632 m; 07 Salzsteig, 623 m

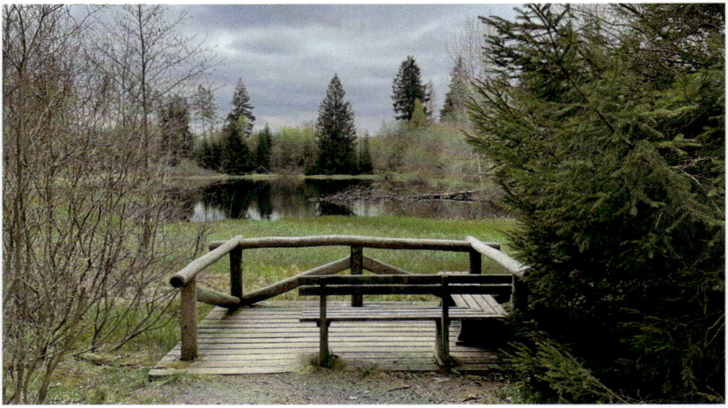

Aussichtsplattform am Marienteich

tränke entlang. An der nächsten Gabelung biegen wir links ab und überqueren den Bach. Hier folgen wir der Baste nach Westen. Doch nur ein kurzes Stück, dann treffen wir wieder auf einen breiten Weg. Rechts herum erreichen wir in weniger als hundert Metern den **Basteborn** 04. Wir wandern jetzt auf dem Luchsweg weiter zum **Marienteich** 05. Das künstliche Gewässer wird hauptsächlich von dem westlich der Bastesiedlung entspringenden Marienbach gespeist. Der kleine Bach durchquert das Marienbruch, ein Hochmoor südlich des Marienteiches. Der Damm des Marienteiches entstand in der zweiten Hälfte des 16. Jahrhunderts. Mit kleinen Flutwellen durch das angestaute Wasser konnte man das im Harz gewonnene Holz über die Radau und die Oker bis nach Wolfenbüttel transportieren. Nach der Aussichtsplattform halten wir uns links und laufen am Marienbruch entlang. Am breiten Weg biegen wir wiederum links ein, laufen am Rand der **Bastesiedlung** 06 entlang und folgen der Route bis zur nächsten Kreuzung. Hier zweigt ein schmaler Pfad nach rechts ab, der so genannte **Salzsteig** 07. Er bringt uns durch schon recht abgeholztes Waldgebiet bergauf. Nach zwanzig Minuten treffen wir wieder auf unseren Anfangsweg, dem wir nach rechts in wenigen Minuten zurück zum **Parkplatz** 01 folgen.

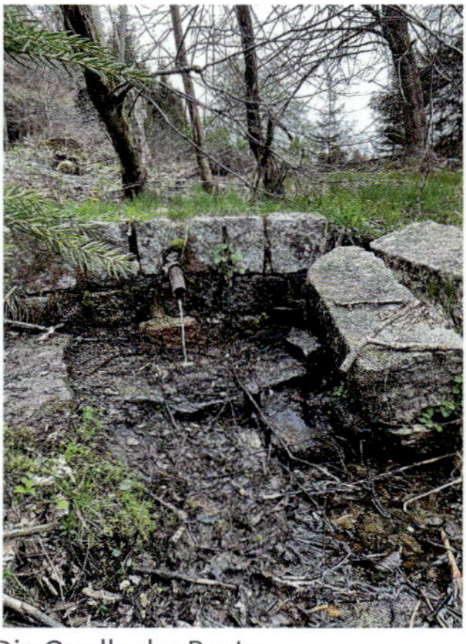

Die Quelle der Baste

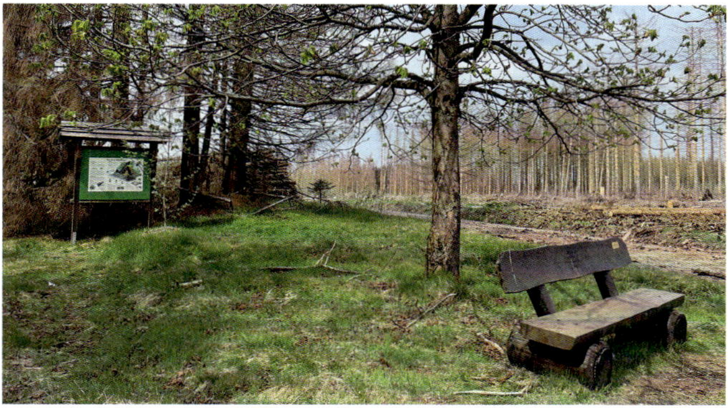

Rastplatz am Sonnenstübchen

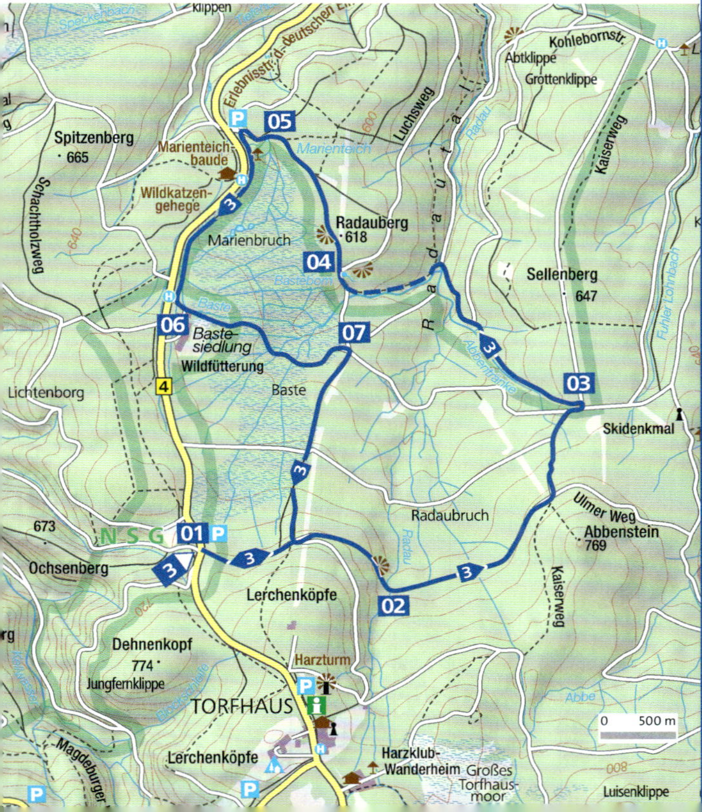

ÜBER DEN ECKERSTAUSEE ZUM RADAUWASSERFALL

Bach- und Seewanderung zu Füßen des Brocken

12,2 km 3:20 h 265 hm 265 hm

START | Wanderparkplatz an der Radau. An der B4 von Torfhaus Richtung Bad Harzburg. Kurz vor der Waldgaststätte Radau Wasserfall auf der rechten Seite.
[GPS: UTM Zone 32. x: 606600.515 y: 5745603.046]
CHARAKTER | Angenehme Runde auf breiten Wegen und auch wurzeligen Pfaden. Im Bereich des Pionierweges an der Eckertalsperre benötigt man Trittsicherheit. Die Wurzeln sind rutschig bei Nässe.

Im Nordwesten des Nationalpark Harz wandern wir heute die meiste Zeit mit Wasserbegleitung des Radaubaches und des Eckerstausees zum Ski Denkmal und wieder retour. Das Skidenkmal wurde vom Skiclub Braunschweig erbaut und erinnert an die im Ersten Weltkrieg gefallenen Skifreunde. Heute ist es Stempelstelle der Harzer Wandernadel.

Los geht's am **Wanderparkplatz** 01 unweit der Gaststätte Radauwasserfall entfernt. Zunächst laufen wir die asphaltierte Straße am Bach entlang Richtung Eckerstausee. Wir wandern nun vorerst gute zwanzig Minuten

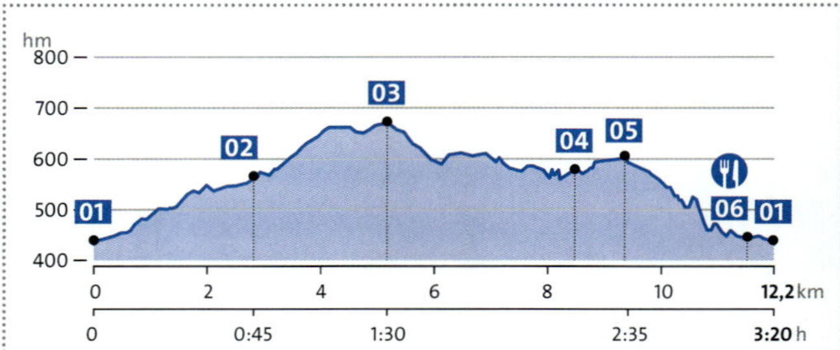

01 Wanderparkplatz, 458 m; 02 Kreuzung Baste und Radau, 561 m; 03 Skidenkmal, 660 m; 04 Eckerstaumauer, 585 m; 05 Luisenbank, 600 m; 06 Radauwasserfall, 434 m;

auf breitem Weg am Bach entlang. An der Linkskehre bleiben wir geradeaus und folgen stetig dem Bachlauf auf schmälerem Weg. Es geht aufwärts, und nochmal eine viertel Stunde später zweigt nach rechts ein Weg ab. Wir stehen an der **Kreuzung von Baste und Radau** **02**. Weiter geradeaus und aufwärts auf schmalem Pfad wandern wir zwischen dem Nadelgehölz empor. Schließlich erreichen wir einen breiten Weg, dem wir weiter geradeaus folgen. An der nächsten Kreuzung biegen wir rechts und gleich wieder links ab und halten uns nach der Beschilderung Richtung Skidenkmal. An der nächsten Gabelung bleiben wir rechts, dann biegen wir an der T-Kreuzung rechts ab und stehen kurz darauf am **Skidenkmal** **03**. Hier verlassen wir den breiten Schotterweg und folgen einem steinigen Steig nach links. Er bringt uns geradewegs zum Pionierweg, auf dem wir nun nochmals nach links gewandt die westliche Uferseite der Eckertalsperre entlangwandern. Schmal ist das Weglein, doch urromantisch. Mit der Zeit wird es steiniger und auch wurzeliger. Vorsicht, Stolpergefahr! So wandern wir fast eine dreiviertel Stunde am See entlang, bis vor uns die **Staumauer** **04** auftaucht. Wir wechseln auf den asphaltierten Weg, der uns um eine Rechtskurve zur **Luisenbank** **05** bringt. Hier gibt es auch eine Hütte mit Rastmöglichkeit, sogar eine Bushaltestelle ist da. Wir folgen der breiten Straße ein kurzes Stück,

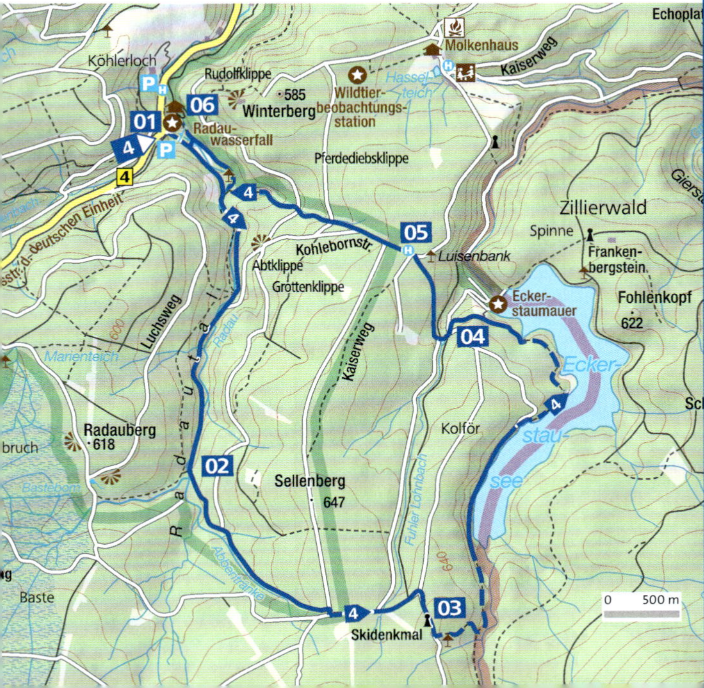

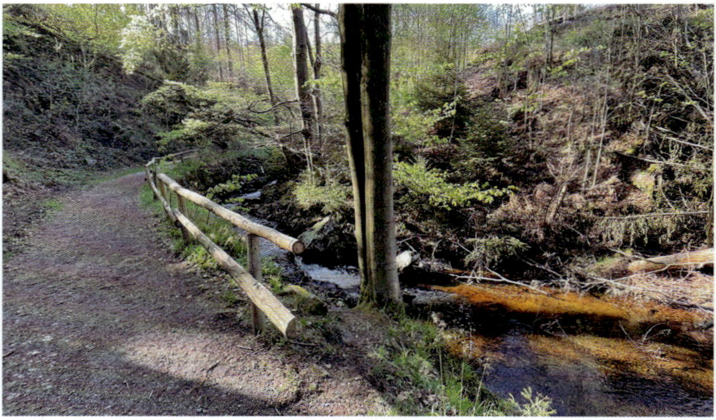

Zu Beginn und am Ende an der Radau entlang

dann hält ein Pfad geradeaus, die Straße verlässt uns nach links. Wir bleiben nun stetig auf diesem schmäleren Weg, der immer wieder ganz schön steinig wird. Dabei kreuzen wir zweimal einen breiten Schotterweg. Danach begleitet uns zu unserer Linken wieder der Bach. Es geht abwärts und schließlich erreichen wir eine Gabelung: Wir bleiben rechts, ein wenig oberhalb der Radau, und laufen das letzte Stück bis wir den **Radauwasserfall** 06 erreicht haben. In der gleichnamigen Waldgaststätte gönnen wir uns zum Schluss noch eine Brotzeit. Dann wandern wir das letzte Stückchen nochmal zurück und queren bei der nächstmöglichen Gelegenheit nach rechts den Bach. Das Sträßlein bringt uns dann in wenigen Minuten zum **Wanderparkplatz** 01 zurück.

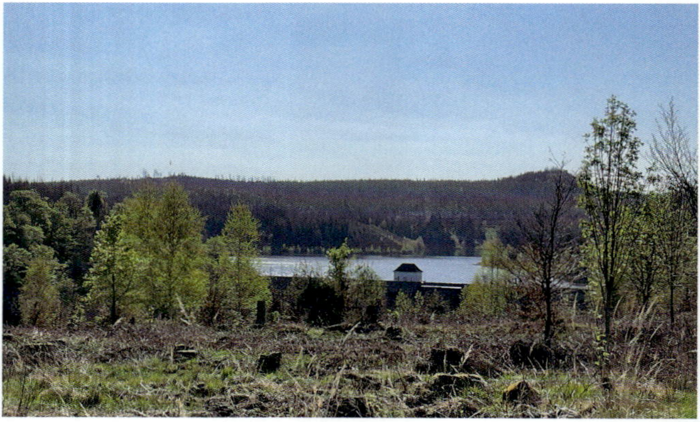

Der erste Blick auf den Eckerstausee

VON MOLKENHAUS UM DEN ECKERSTAUSEE

Gemütliche Wasserwanderung

14 km 3:50 h 290 hm 220 hm

START | Haltestelle Molkenhaus. Nationalpark Harz. Bus Nr. 850 [GPS: UTM Zone 32. x: 608393.687. y: 5746163.621]
CHARAKTER | Mittelschwere Wanderung, halb auf breiten Schotter- und Teerwegen, halb über wurzelige Pfade.

Der Harz war schon immer mit viel Niederschlag gesegnet. Der Regen – im Frühjahr auch in Form von tauendem Schnee – stellte bei Überschwemmungen eine Gefahr für die Dörfer dar. So wurde 1943 die Eckertalsperre in Betrieb genommen. Sie dient der Trinkwasserversorgung, dem Hochwasserschutz, der Niedrigwasseraufhöhung und der Energieerzeugung. Nach Molkenhaus gelangen wir von Bad Harzburg mit dem Bus 875. Er bringt uns vom Abzweig Eckertalsperre wieder nach Bad Harzburg.

Von der Haltestelle **Molkenhaus** 01 folgen wir dem blauen X, am Hasselteich vorbei, dann rechts gehalten und gleich nach dem Waldspielgelände links, auf den Braunschweiger Weg. Er bringt uns durch freies Gelände und dann wieder durch den Wald zur **Ecker** 02. Hier knicken wir scharf nach links und folgen dem Lauf der Ecker so lange, bis unsere Route uns nach rechts über die **Kästewieter Brücker** 03 leitet. Kurz darauf stoßen wir auf den Kolonnenweg, dem

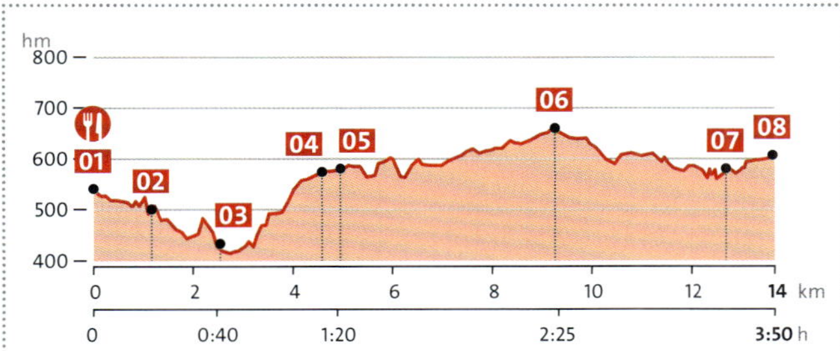

01 Molkenhaus, 537 m; 02 Ecker, 504 m; 03 Kästewieter Brücke, 432 m; 04 Spinne, 574 m; 05 Eckertalsperre, 573 m; 06 Eckerquerung, 662 m; 07 Staumauer, 577 m; 08 Luisenbank, 599 m

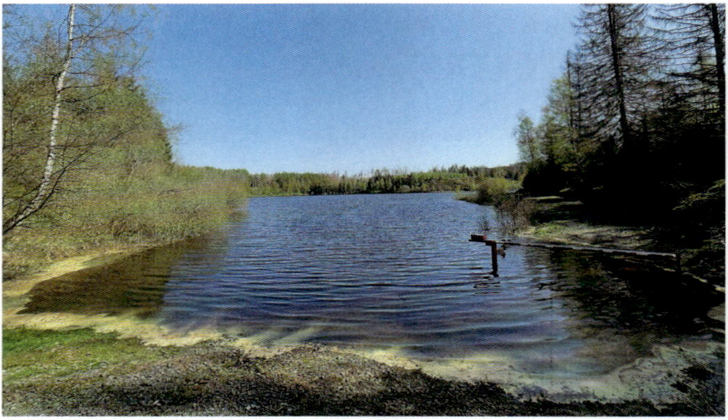

Am Ufer des Eckerstausees

wir nach rechts folgen. Er leitet uns kurvenreich zum Wegkreuz **Spinne** 04. Wir wenden uns nach rechts und wandern über einen mal schmäleren, mal breiteren Pfad zur **Eckertalsperre** 05. Jetzt halten wir uns links und wandern bald auf einem schönen Sandweg am östlichen Ufer der Talsperre entlang. Nach ungefähr einer halben Stunde entfernt sich der Weg langsam von der Talsperre, der Blick auf sie bleibt jedoch bestehen. Wir bleiben stetig auf diesem Weg; allmählich wird er schmäler, bis er uns in einer 180°-Biegung an der **Eckerquerung** 06 über die Ecker bringt. An ihrem Ufer entlang führen uns erst wurzelige Pfade, dann ein Bohlenweg, und schließlich wieder ein angenehmer, breiterer Pfad. Wir befinden uns auf dem Pionierweg, der uns bald wieder nahe an die Talsperre heranbringt. Jetzt geht's am Westufer zurück, noch immer Natur pur um uns herum. Am Ende des Stausees stoßen wir auf die **Staumauer** 07. Hier wandern wir weiter auf dem geteerten Fahrweg. Er bringt uns in einer viertel Stunde zur Kreuzung mit Rastplatz **Luisenbank** 08 und der Haltestelle Abzweig Eckertalsperre. Von hier aus geht's mit dem Bus wieder zurück nach Bad Harzburg.

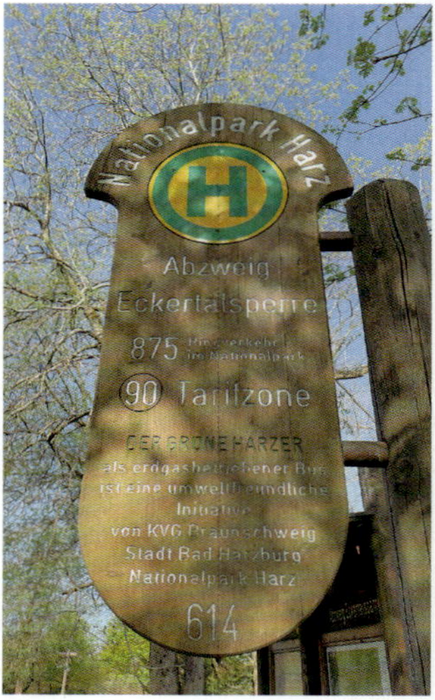

Bus Stop im Nationalpark

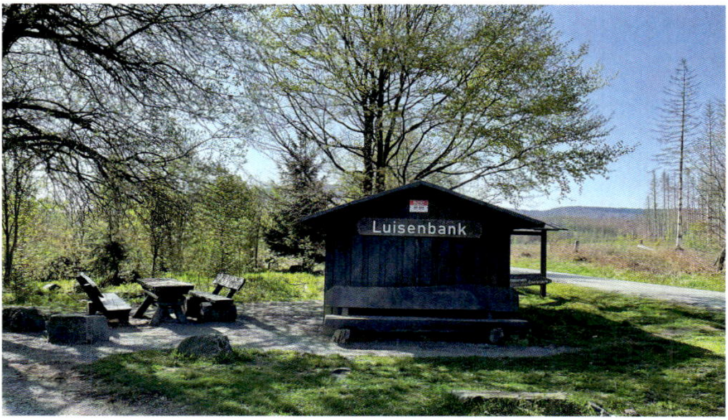

Rastplatz Luisenbank

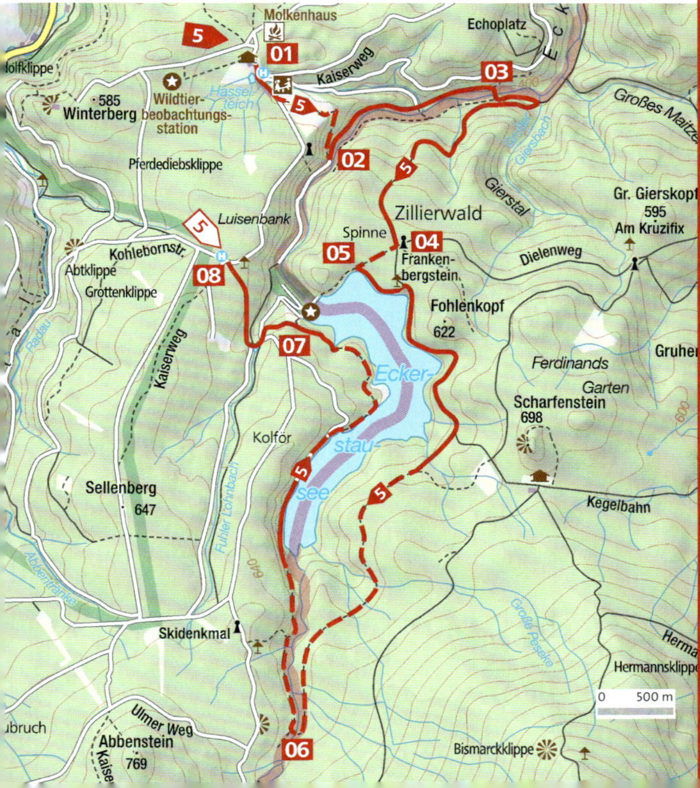

VON BAD HARZBURG ZUR RABENKLIPPE

Unterwegs zu den Luchsen

16,8 km | 4:40 h | 320 hm | 320 hm

START | Großparkplatz am Ortseingang von Bad Harzburg. Von Torfhaus kommend auf der linken Seite. Gebührenpflichtig. [GPS: UTM Zone 32. x: 607203.573 y: 5747407.313]
CHARAKTER | Lange Wanderung, bei der sich Waldpfade und breite Wanderwege abwechseln. Der Abstieg zum Baumwipfelpfad ist extrem steil und rutschig.

Heute erkunden wir die nördlichen Ausläufer des Brocken bei Bad Harzburg. Dabei steigen wir von der Kurstadt in die schönen Laubwälder des Nationalparks hinauf zum Molkenhaus. Kurz darauf steuern wir unser eigentliches Ziel an: das Luchsgehege. Luchse wurden in der Vergangenheit in Europa intensiv gejagt und ausgerottet. Mit dem Luchsprojekt Harz wurde Anfang 2000 erstmals in Deutschland ein Wiederansiedlungsversuch gestartet. Das Projekt war ein voller Erfolg: Inzwischen hat sich der Luchs im Harz wieder etabliert und breitet sich sogar über die Grenzen des nördlichsten deutschen Mittelgebirges hinweg aus. Heute erleben wir die Luchse im Luchsgehege an der Rabensteinklippe. Vielleicht ja aber auch an einem anderen Tag auf einer unserer Touren rund um den Brocken.

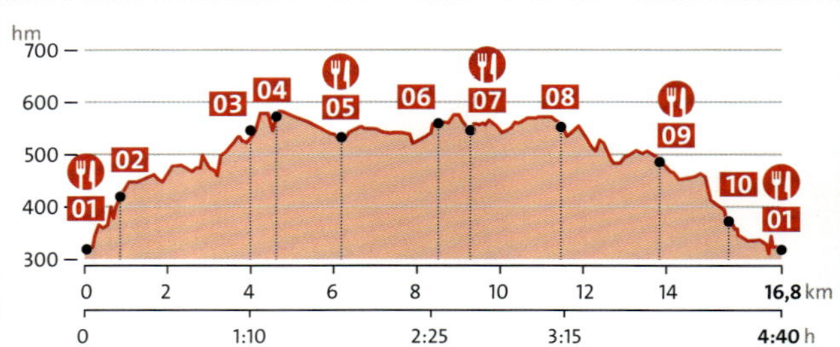

01 Bad Harzburg, 316 m; 02 Laubwald, 451 m; 03 Winterbergklippe, 555 m; 04 Rudolfklippe, 577 m; 05 Molkenhaus, 531 m; 06 Aussichtsbänke, 542 m; 07 Rabenklippe, 534 m; 08 Kreuz des Deutschen Ostens, 555 m; 09 Antoniusplatz, 460 m; 10 Baumwipfelpfad, 359 m

Vom Großparkplatz am Ortseingang von **Bad Harzburg** 01 überqueren wir die B4 auf der Fußgängerbrücke. Dann halten wir uns zunächst links, gleich darauf an der Gabel rechts Richtung Radauwasserfall. Nur wenig später biegen wir scharf rechts ein auf den schmalen Winterberg-Hangweg. Dann wandern wir eine dreiviertel Stunde durch einen schönen **Laubwald** 02, manchmal sogar alleenartig leicht bergan. An einer Wegkreuzung mit Bank und Tisch biegen wir um 180° nach links und folgen dem roten X und 19D Richtung Molkenhaus. Allmählich lichtet sich der Wald, wir erreichen die **Winterbergklippe** 03. Ein steiniger Erdpfad leitet uns nun durch Mischwald relativ eben weiter. Nach zehn Minuten geht's links auf einen kleinen Abstecher zur **Rudolfklippe** 04. Wenige hundert Meter später mündet unser schmaler Weg in einen breiten Schotterweg, dem wir geradewegs bis **Molkenhaus** 05 folgen. Hier halten wir uns rechts, ein Abstecher zum Gasthaus und zum kleinen Hasselteich. Dann geht's links gehalten auf dem Kaiserweg weiter Richtung Luchsgehege und Rabenklippe. Auf dem Weg bieten sich immer wieder an ein paar **Aussichtsbänken** 06 schöne Blicke hinüber zum Brocken durch den lichten Wald. Schließlich erreichen wir das Zuhause von Pamina, Paul, Alice und Ellen. Von der direkt dahinter gelegenen **Rabenklippe** 07 dürfen wir nochmal die herrliche Umgebung genießen. Dann geht's an der Wirtschaft und links herum vorbei wieder auf den Schotterweg. An der nächsten Gabelung biegen wir rechts auf den breiten Forstweg ein. Relativ kurvig wandern wir mit ihm in einer viertel Stunde zu einer Kreuzung, an der wir nach links, nun über schmäleren Weg, zum Kreuz des Dt. Ostens abzweigen. Wenig später erreichen wir die Schutzhütte Kreuz-Uhlenklippe und das **Kreuz des Deutschen Ostens** 08. Der blaue Querbalken leitet uns weiter auf unserem breiten Schotterweg. An der Kreuzung Everlinghütte bleiben wir geradeaus, jetzt mit dem Kaiserweg. Nach insgesamt zweieinhalb Kilometern ab dem Kreuz des Dt. Ostens erreichen

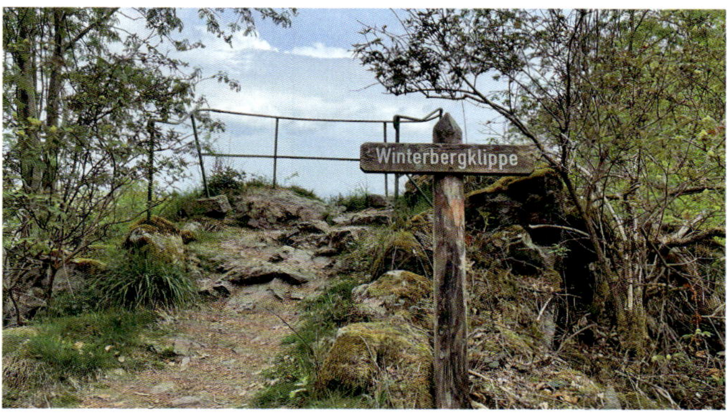

An der Winterbergklippe

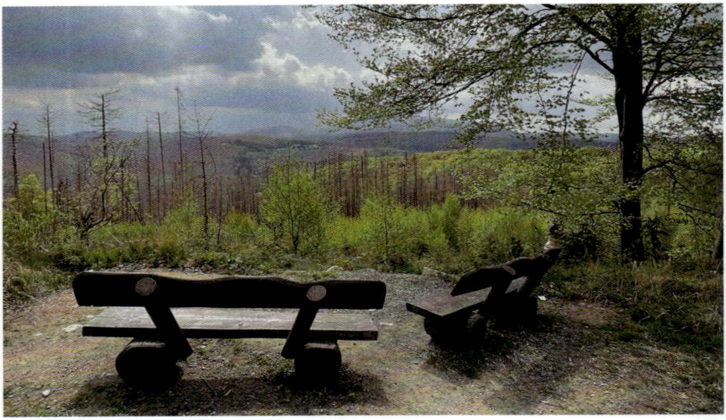
Tolle Rastmöghlichkeit auf dem Weg zum Luchsgehege

wir den **Antoniusplatz** 09. Scharf links geht's unter der Baumschwebebahn durch Richtung Bad Harzburg. An der nächsten Gabel biegen wir scharf rechts 180° ein und steigen nach zehn Minuten links über einen extrem steilen Geröllsteig ab, nochmals unter der Schwebebahn. An derselben vorbei – hier ist auch der Zugang zum **Baumwipfelpfad** 10. Hinab bis zum Schotterweg und rechts herum, am Bach entlang. Wir laufen unter dem **Baumwipfelpfad** 10 hindurch, am Schweineteich entlang. Hier schwenkt der Weg nach rechts und mündet in einen breiten Weg. Gleich darauf folgen wir nach links einem schmalen Weg Richtung Radauwasserfall. Nun laufen wir, wie wir wollen, entweder direkt am Kaltentalsbach oder etwas oberhalb zurück, erreichen bald den bekannten Abzweig nach rechts über die Fußgängerbrücke zum Parkplatz **Bad Harzburg** 01.

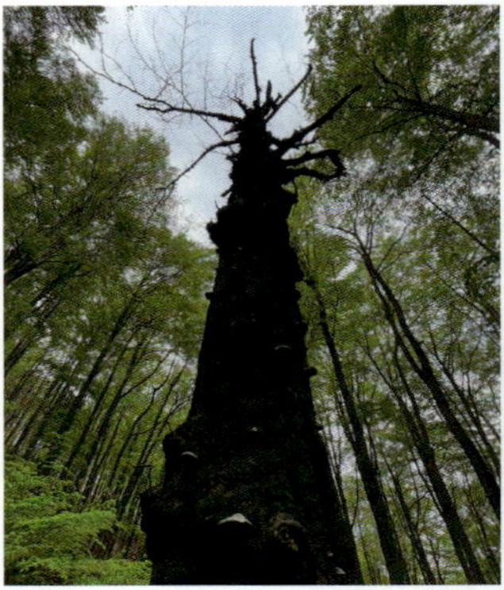
Baumriese mit Baumpilzen

Info:

Die Luchsfütterung findet zweimal pro Woche meist am späten Mittag statt. Dabei erfährt man von erfahrenen Nationalpark-Mitarbeitern Wissenswertes über diese scheuen Großkatzen. Infos unter www.nationalpark-harz.de/natur-erleben/luchsgehege

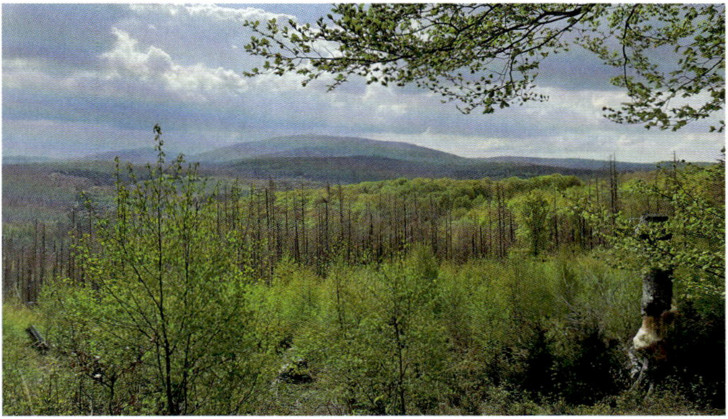

Brockenblick

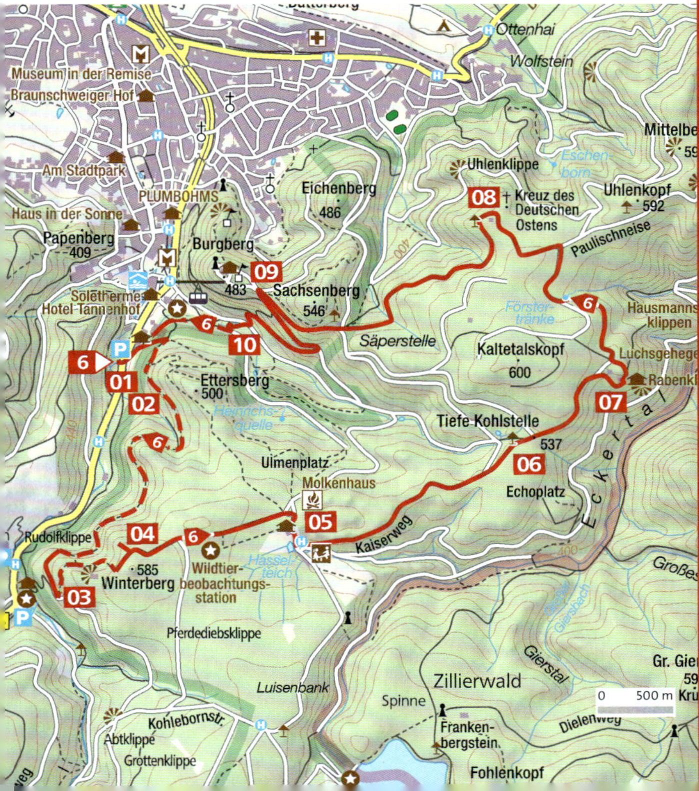

VON WERNIGERODE NACH ILSENBURG

Auf dem Klosterwanderweg am Fuße des Brocken

11,6 km | 2:40 h | 227 hm | 255 hm

START | Wernigerode Hochschule Harz. Parkmöglichkeiten in der Lutherstraße oder „Am Eichberg".
[GPS: UTM Zone 32 x: 621314.586. y: 5743346.305]
CHARAKTER | Gemütliche Wanderung auf einfachen Wegen.

Die Halbtagestour kann man sehr gut mit einem Stadtbummel durch Wernigerode bzw. Ilsenburg verbinden. Die breiten Wege eignen sich auch gut als kurze Radtour; so kann man gemütlich auch auf selbem Weg zurückradeln, ohne auf den ÖPNV zurückgreifen zu müssen.

▶ Wir starten am Stadtrand von **Wernigerode** 01 bei der Hochschule Harz und der Papierfabrik. Links über „Am Eichberg" laufen wir noch vor dem Friedhof geradewegs an der historischen Pension entlang auf den Wanderweg „Himmelpforte". Kaiserweg und ein Naturlehrpfad begleiten uns nun, bald an den **Himmelpforte Teichen** 02 vorüber. An der großen Wiese danach stand einst das Kloster Himmelpforten mit seinen Gärten und Weinanlagen. Das Augustinerkloster wurde 1253 gegründet. 1525 wurde es in Folge der Bauernkriege gestürmt und die Mönche vertrieben. Das Gebäude des Klosters stand noch bis zum Anfang des 18. Jahrhunderts. Die Steine dienten – wie so häufig – anschließend als Baumaterial für Häuser der Umgebung. Wir folgen weiter dem gut markierten

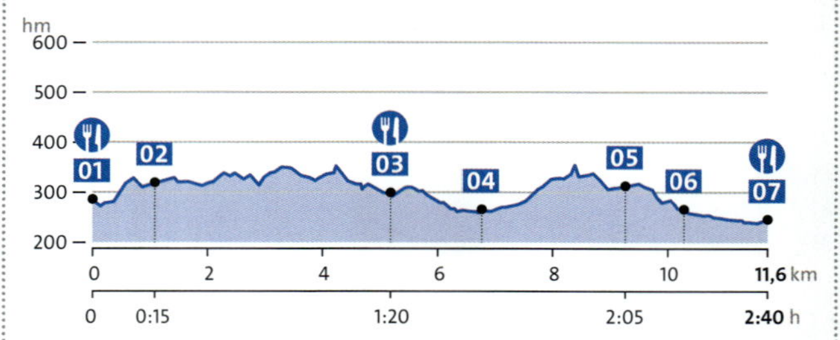

01 Wernigerode, 268 m; 02 Himmelpforte Teiche, 314 m; 03 Zur Waldschänke, 300 m; 04 Kloster Drübeck, 261 m; 05 Röseckenteich, 313 m; 06 Klosterkirche St. Peter und Paul, 278 m; 07 Bahnhof Ilsenburg, 240 m

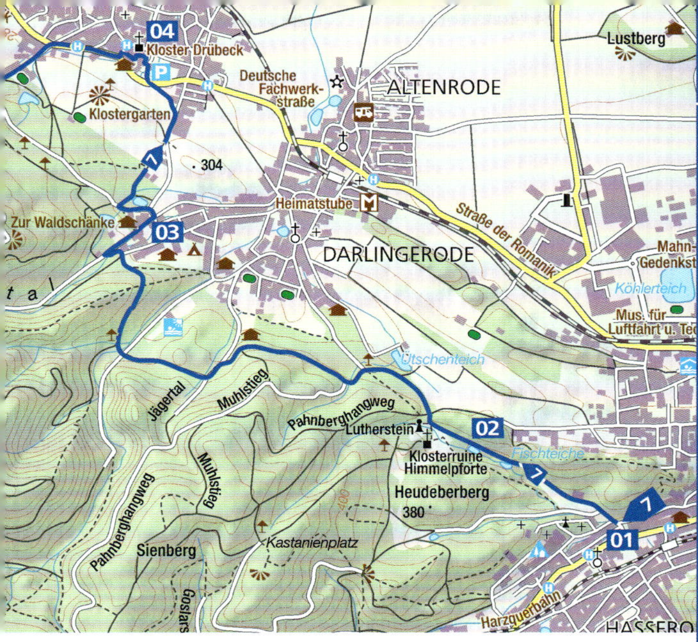
04
Kloster Drübeck
Deutsche Fachwerk-straße
ALTENRODE
Lustberg
Klostergarten
304
Heimatstube
Straße der Romanik
Zur Waldschänke
03
DARLINGERODE
Mahn-Gedenkst
Köhlerteich
Mus. für Luftfahrt u. Te
Ütschenteich
Jägertal
Muhlstieg
Pahnberghangweg
Lutherstein
02
Klosterruine Himmelpforte
Fischteiche
Heudeberberg
380
Pahnberghangweg
Sienberg
Kastanienplatz
01
Harzquerbahn
HASSERO

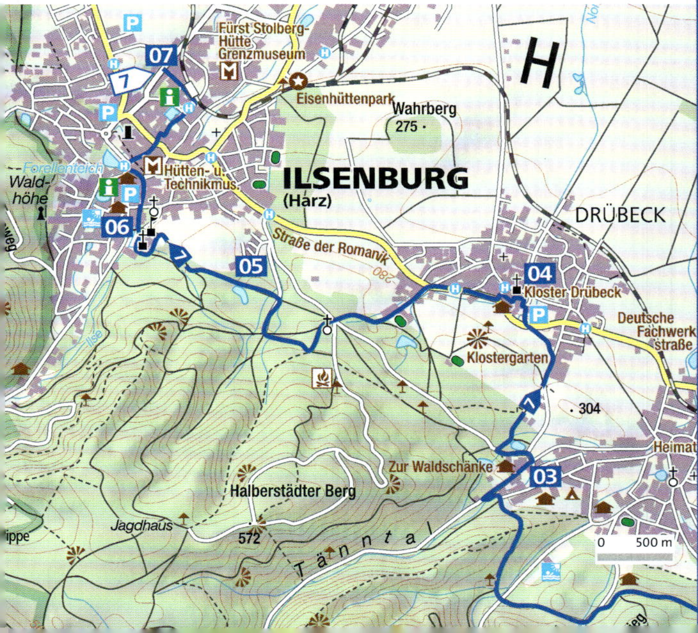
Fürst Stolberg-Hütte Grenzmuseum
07
Eisenhüttenpark
Wahrberg
275
Forellenteich
Hütten- u. Technikmus.
ILSENBURG (Harz)
Wald-höhe
06
DRÜBECK
Straße der Romanik
05
04
Kloster Drübeck
Deutsche Fachwerk straße
Klostergarten
304
Zur Waldschänke
03
Halberstädter Berg
Jagdhaus
572
Tännntal
0 500 m

Weg, bis wir nach einer knappen Stunde den Ortsrand von Darlingerode erreichen. Wir knicken an der Infotafel über Laubbäume scharf nach rechts und streifen den Ortsteil Öhrenfeld, vorbei an **„Zur Waldschänke“** 03 auf der Tanntälstraße. An der nächsten Kreuzung biegen wir links ein und laufen dann über den Kutschweg wieder aus dem Ort hinaus. Gleich nach dem letzten Haus biegen wir rechts ein, an Teichen vorbei und am Ortsrand entlang. Wir folgen dem Lauf des Nonnenbachs, bald nach links geschwenkt und die Straße „Am Osttor“ überquerend. Direkt danach stehen wir an der Klosteranlage von **Kloster Drübeck** 04. Der Ort ist so beruhigend, es lohnt sich, hier ein wenig zu verweilen. Der Weiterverlauf unserer Route führt uns übers Klostergelände auf den „Klostergarten“ und zur Ilsenburger Straße. Nach der Bushaltestelle halten wir uns links in den Schützenweg. Der Klosterwanderweg leitet uns nach zwanzig Minuten am **Röseckenteich** 05 vorbei und geradeaus am Rande des Schlossparks Ilsenburg entlang. Gleich an seinem Ende geht's links weiter in einem Rechtsbogen ums Kloster herum zur **Klosterkirche St. Peter und Paul** 06. Wir halten uns links durch den kleinen Park abwärts, bis uns die Marienhöfer Straße nach links leitet. Am Forellenteich halten wir uns zweimal rechts in die Kroatenstraße. Wenig später schräg nach rechts über die Faktoreistraße hinüber und am Teich vorbei zum **Bahnhof Ilsenburg** 07.

Info:

Rückweg Ilsenburg mit öffentlichen Verkehrsmitteln: Vom Bahnhof Ilsenburg fährt stündlich ein Regionalzug zum Hauptbahnhof Wernigerode. Ab hier mit dem Bus der Linie 201 oder 264 bis Haltestelle Wernigerode Hochschule Harz.

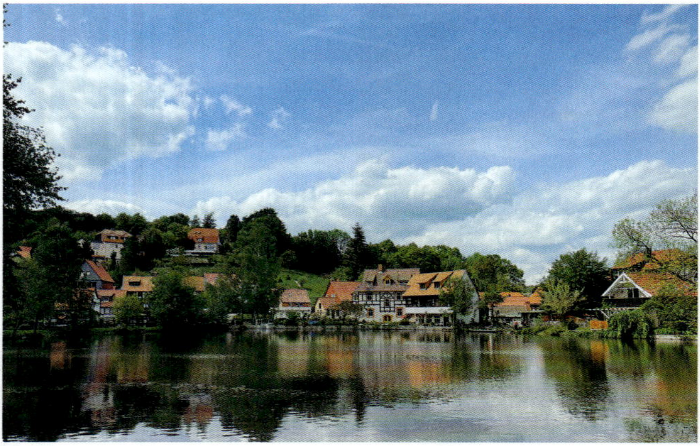

Ilsenburg Forellenteich

VON WERNIGERODE ZUM KAISERTURM

Durchs Salztal zu einem „Rapunzelturm“

8,5 km 2:30 h 280 hm 280 hm

START | Gebührenpflichtiger Parkplatz „Stadtgarten“ Ecke Johann-Sebastian-Bach-Straße. Wernigerode.
[GPS: UTM Zone 32. x: 623150.956 y: 5743735.628]
CHARAKTER | Schöne Runde auf breiten Wegen und auch wurzeligen Pfaden am Ende der Tour. Steile An- und Abstiege.

Heute gibt es viel zu sehen: Abwechslungsreich führt die Tour durch das schöne Städtchen Wernigerode. Über eine kurze Altstadtbesichtigung bringt uns der Weg durchs Salztal auf den Kaiserturm. Er wurde vom fürstlich-stolbergischen Baumeister Paul Kilburger entworfen und zwischen dem 29. Mai und 1. September 1902 zu Ehren Kaiser Wilhelm II. errichtet. 1992 wurde der 12 m hohe Turm grundlegend saniert und wieder begehbar gemacht. Aussichtsreich wandern wir über einen herrlichen noch jungen Eichenhochwald über die Skisprungschanze zurück. Auf dem Schloss liegt uns Wernigerode nochmal in seiner ganzen Pracht zu Füßen.

Los geht's in Wernigerode am **Parkplatz Stadtgarten** 01. Wir überqueren die Hauptstraße und laufen mit der Marktstraße zum

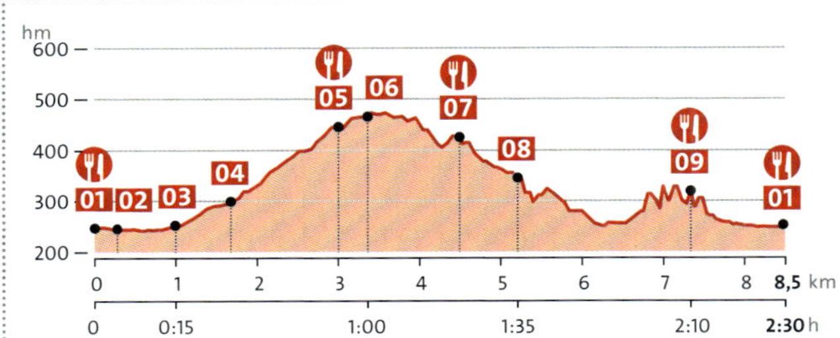

01 Wernigerode, 248 m; 02 Schiefes Haus, 248 m; 03 Salzbergstraße, 255 m; 04 Salzbergtal, 304 m; 05 Gasthaus Armeleuteberg, 449 m; 06 Kaiserturm, 467 m; 07 Harburg, 415 m; 08 Eichenhochwald, 367 m; 09 Schloss Wernigerode, 316 m

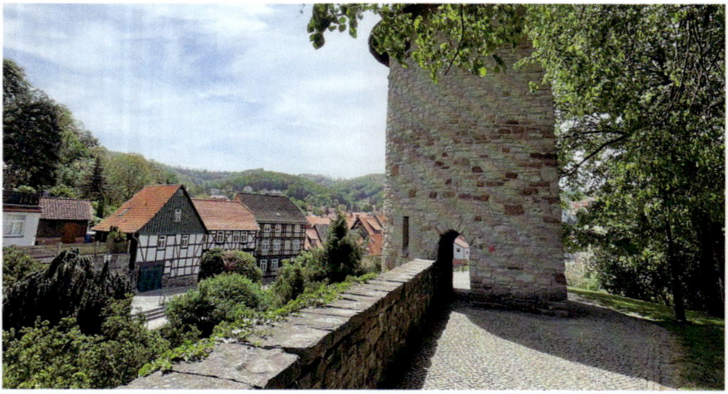
Alte Stadtmauer Wernigerode

Marktplatz. Nach links machen wir über die Klintgasse einen Abstecher zum **Schiefen Haus** 02. Dann geht's am Marktplatz nach links, an der Tourismusinfo vorbei. Bei Klint links und weiter in die Klintgasse, vorbei an der Harzbücherei Wernigerode. Unterhalb von St. Sylvestri führen uns ein paar Treppchen und eine Gasse nach rechts am Gymnasium vorbei zur Westernstraße. Durchs Westerntor hindurch biegen wir an der **Salzbergstraße** 03 links ein. Wir begleiten die breite Straße, bis sie an der Linkskurve geradeaus, nur schmäler weiterführt. An ihrem Ende geht's am Waldparkplatz vorbei in den Wald hinein. Hier steigen wir durchs **Salzbergtal** 04 auf und lassen das quirlige Treiben Wernigerodes hinter uns. Stetig auf diesem Weg, richten wir uns nach der Beschilderung Kaiserturm und Märchenweg auf dem roten Dreieck. Nach fünf Minuten geht's an der Gabel mit den Wegschildern rechts. Nach ca. 20 Minuten treffen wir auf eine T-Pfad-Kreuzung: Hier biegen wir rechts ein Richtung Gasthaus. Nur ein paar Minuten später stehen wir am **Gasthaus Armeleuteberg** 05. Auf breitem Weg, vorbei an ein paar Märchentafeln, wandern wir weiter geradeaus hinauf zum **Kaiserturm** 06. Nach dem Turmbesuch halten wir uns südostwärts über einen Pfad hinab zum Hauptweg. Nach links geht es rasch zur großen Kreuzung, an der wir ebenfalls den Weg nach links einschlagen: Der Ernst-Moritz-Arndt-Weg leitet uns nun wunderschön in nicht ganz zehn Minuten an einem Skihang vorbei. Am Ende des Hanges führt links ein schmaler, steiler Steig hinunter ins Zwölfmorgental Richtung Harburg. Nach der verfallenen und intakten Schutzhütte folgen wir dem breiten Weg nach rechts zur Gaststätte **Harburg** 07 hinauf. Nicht mal hundert Meter nach der Linkskehre, noch bevor wir die letzten Meter zum Gasthaus aufsteigen, zweigt links bei der Bank ein Pfad ab Richtung Stadt, Stieglitzecke auf dem gelben Punkt. Gleich darauf halten wir uns rechts und wandern den Pfad bis an eine Pfadkreuzung mit einer Infotafel über Vögel: Hier nach links und bald durch einen herrlichen, jungen **Eichenhochwald** 08. Markiert ist er zeitweise mit einem Vogel. Nach einem steilen Abstieg stoßen wir auf einen weiteren Pfad, dem wir scharf nach links folgen. Vor der Schanze an den Zuschauerbänken wenden wir uns nach rechts und laufen die Schanzenzufahrtsstraße hinab. Dabei begleiten uns tolle Blicke aufs Schloss. „Am Großen Block" geht es nach rechts, kurz danach halten wir uns links auf den Ewaldsweg. Wir überqueren am Ende der Straße nach links den Zillierbach, halten uns rechts und queren die Hauptstraße. An der Theobaldikapelle vorbei folgen wir dem Bohlweg gut 100 m am Friedhof entlang, dann geht's links steil durch den Wald hinauf. Am Waldweg links, an einem Denkmal und drei Infotafeln vorbei. Ca. 100 m später scharf rechts über Treppen und einen Pfad hinauf zum „Am Schloss". Ein paar Meter später nach links haben wir das **Schloss Wernigerode** 09 erreicht. Von hier oben hat man einen tollen Blick über die Stadt, zudem gibt's eine Wirtschaft und ein Schlosscafé. Kurz nach dem Schlosstor bringt uns linker Hand ein Gehweg hinab. An der Wegkreuzung mit dem Bach nehmen wir die zweite von links Richtung Alte Stadtmauer, über den „Schlossaufstieg" zum „Burgberg". Wir schwenken kurz rechts, dann wieder an Ende der Treppen links durch die Parkanlage. Über ein paar Treppen durch den Torbogen und an der Alten Burgmauer entlang. Die Burgstraße leitet uns nach rechts nach der Liebfrauenkirche in die Oberengengasse. Bei der zweiten Querstraße, der Kochstraße, biegen wir nach links ab und stehen in wenigen Minuten am Parkplatz in **Wernigerode** 01.

Tipp:

Gleich gegenüber des Parkplatzes befindet sich in der Kochstraße das Museum „Das Kleinste Haus". Es ist auf jeden Fall einen Blick wert!

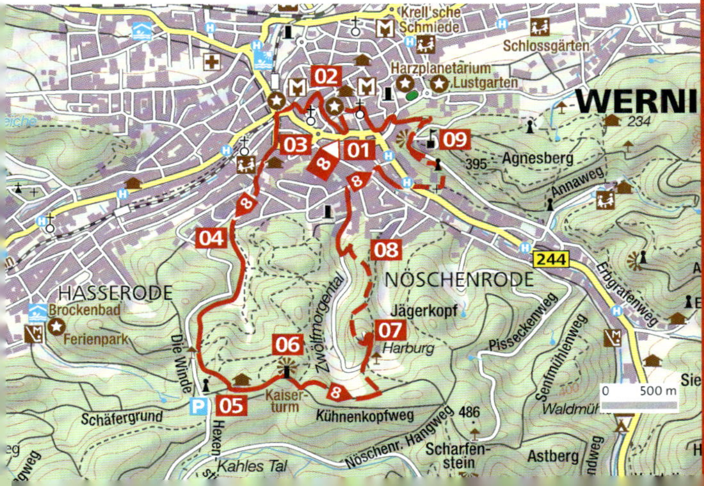

ILSETAL, ILSEFÄLLE, ILSESTEIN

Mit Heinrich Heine durchs Ilsetal

13,6 km 3:40 h 360 hm 360 hm

START | Parkplatz Blochhauer. Von Ilsenburg über die Mühlenstraße zum Ilsetal. An der Gabel Punierstraße befindet sich der Parkplatz links.
[GPS: UTM Zone 32: x: 615377.693. y: 5746601.915]
CHARAKTER | Rundwanderung über angenehme Wege; Trittsicherheit im Bereich der Ilsefälle sowie beim Ilsestein.

Die Ilse gab dem Ilsetal seinen Namen. Sie entspringt am Brocken und zieht sich an seinen Nordhängen ins Tal hinab. Besonders schön ist der Heinrich-Heine-Weg, der den Fluss über die wunderschönen Ilsefälle begleitet. Das Gasthaus Plessenburg bietet eine tolle Einkehrmöglichkeit unterwegs, aber auch am Ilsestein gibt's was zu Essen. Der Ilsestein selbst ist eine Granitfelsformation und liegt 100 Meter über der Ilse. Im 10. Jahrhundert stand hier eine Trutzburg, die jedoch nach nur 100 Jahren wieder zerstört wurde.

▶ Vom Parkplatz **Blochhauer** 01 wandern wir ins Ilsetal hinein. An der Ilse entlang, erst auf ihrer rechten Seite, dann wechseln wir auf die linke Seite. Vorbei an der Prinzess Ilse Quelle geht's links auf dem Weg weiter, an den letzten Häusern des Ilsetals vorbei und links auf dem Heinrich-Heine-Weg an der Ilse entlang. Am **Zanthierplatz** 02 wechseln wir

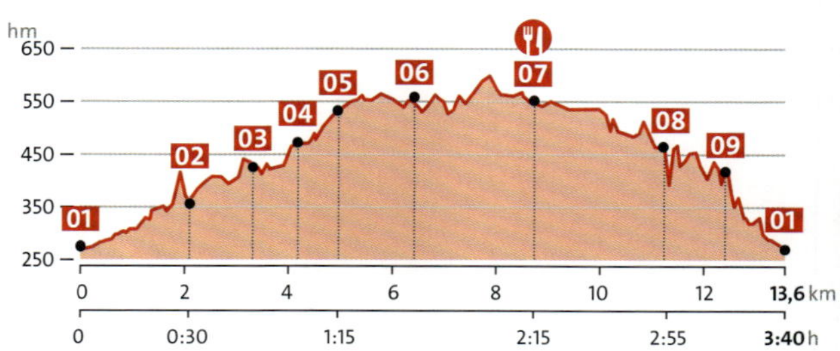

01 Blochhauer, 293 m; 02 Zanthierplatz, 369 m; 03 Brücke, 417 m; 04 Untere Ilsefälle, 476 m; 05 Obere Ilsefälle, 540 m; 06 Klippen, 569 m; 07 Gasthaus Plessenburg, 551 m; 08 Ilsestein, 464 m; 09 Linkskehre und Schutzhütte, 468 m

die Seite und folgen weiterhin dem schönen Pfad. Schließlich führt uns die Route nach zwanzig Minuten ab Zanthierplatz über eine **Brücke** 03. (400 Meter weiter befindet sich nochmal eine Brücke, diese war zu Recherchezeiten jedoch gesperrt.) Wir folgen dem Hauptweg kurz nach rechts, dann leitet uns der Heinrich-Heine-Weg auf einem Pfad an der Ilse entlang nach links hinauf zu den **Unteren Ilsefällen** 04. Nur wenige Minuten später erreichen wir- und auf der linken Seite der Ilse – die **Oberen Ilsefälle** 05. In Kaskaden springt hier das Wasser den Berg hinab. Noch ein paar hundert Meter aufwärts gestiegen, und wir erreichen die Kreuzung Bremer Hütte. Hier biegen wir scharf links ein und wandern über einen breiten Weg weiter bergan. Nach zwanzig Minuten weist uns ein Hinweisschild nach rechts auf einen kaum zu erkennenden, aber markierten Pfad steil durch die abgestorbenen Bäume hinauf. Wir gönnen uns diesen kleinen Abstecher zu ein paar **Klippen** 06 mit einer schönen Aussicht. Wenig später erreichen wir eine Gabelung, an der wir uns links halten. Der „Jagdweg" bringt uns schon bald an eine Abzweigung mit Wegschild. Geradeaus beginnt der „Krumme Weg". Wir biegen jedoch nun auf einen schmäleren Weg nach rechts ab, mit dem roten Dreieck Richtung Gasthaus Plessenburg. Ein wunderschöner Weg bringt uns nun durch lichten Wald, mal an Moorwiesen vorbei. Unterwegs passieren wir den Dreisageblocksberg. Wenig später treten wir aus dem Wald auf eine Lichtung mit dem

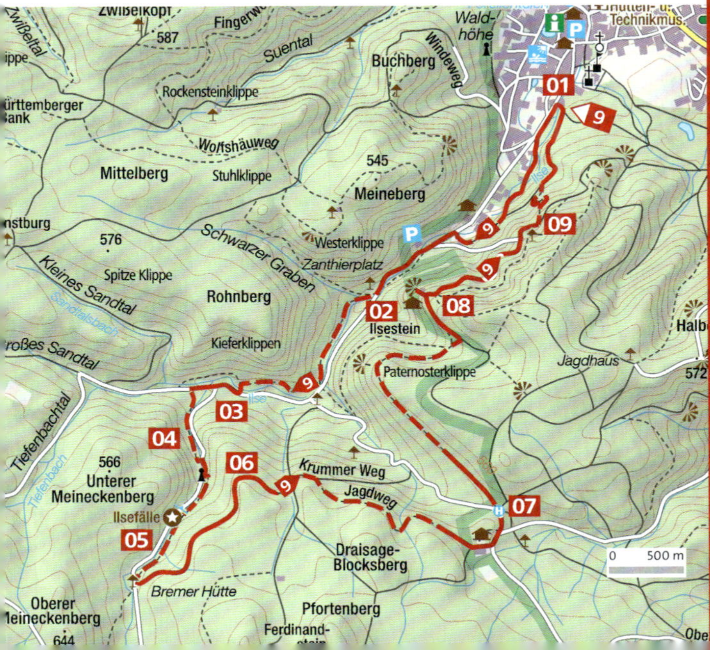

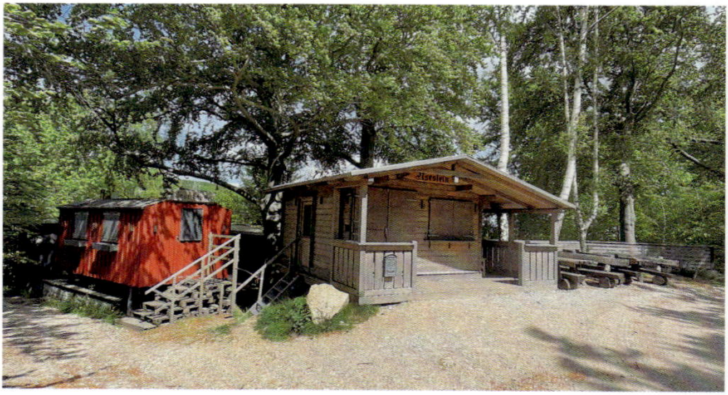

Raststätte am Ilsestein

Gasthaus Plessenburg 07. Das freundliche Gasthaus mit Biergarten lädt zu einer Pause ein. Der Weiterweg führt uns zwischen den Holzgattern kurz hinab auf den breiten Schotterweg. Hier richten wir uns nach der Beschilderung Ilsestein. Links geht's über den Weg 22A hinab. Gleich darauf an der nächsten Kreuzung mit nagelneuem Wegschild bleiben wir geradeaus und wandern bald auf schmälerem Weg in guten vierzig Minuten zum **Ilsestein** 08. Von der tollen Aussicht können wir uns gar nicht mehr lösen. Es gibt ein paar versteckte Rastbänke, und die Raststätte Ilsestein heißt uns mit Blockhaus und Bauwagen willkommen. Der breite Weg bringt uns weiter hinab bis zu einer **Linkskehre und Schutzhütte** 09. Hier laufe wir in der Kehre ein paar Meter geradeaus (nicht um die Kehre herum) und halten uns dann links auf einen schmalen Pfad steil hinab. Er bringt uns auf direktem Weg in zwanzig Minuten hinunter zum Parkplatz **Blochhauer** 01.

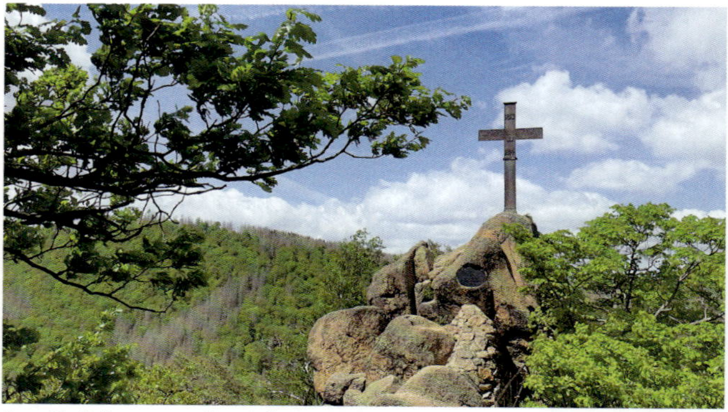

Das Gipfelkreuz am Ilsestein

VON ILSENBURG AUF DEN BROCKEN

Über den Heinrich-Heine-Weg zum schönsten Brockenaufstieg

22 km 6:15 h 891 hm 891 hm

START | Parkplatz Blochhauer. Von Ilsenburg über die Mühlenstraße zum Ilsetal. An der Gabel Punierstraße befindet sich der Parkplatz links.
[GPS: UTM Zone 32: x: 615377.693 Y: 5746601.915]
CHARAKTER | Sehr lange Wanderung, teils auf wurzeligen Pfaden und sehr steil.

Auf den Spuren Heinrich Heines wandern wir entlang des Gebirgsbaches Ilse. Verschlungene Waldpfade bringen uns ins tief eingeschnittene Ilsetal. Das Heine-Denkmal erninnert an den Brockenaufstieg des Dichters im Jahr 1824. Durch urwüchsige Buchenwälder und vorbei an bizarren Felsformationen führt der Wanderweg vorbei an den Ilsefällen, am Ende steil hinauf bis zum Brocken.

Heute richten wir uns komplett nach der Wegbeschilderung des Heinrich-Heine-Weges. Der Anfangsweg vom **Blochhauer** **01** führt uns wie bei Tour 9 vorerst auf Pfaden an der Ilse entlang. An der **Prinzess Ilse Quelle** **02** wechseln wir kurz auf breiteren Weg, dann geht's über den **Zanthierplatz** **03** auf die andere Uferseite der Ilse. Über die Brücke und den breiten Forstweg gekreuzt halten

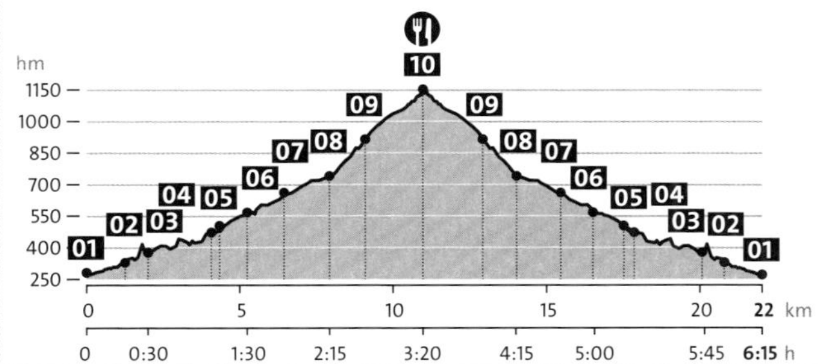

01 Blochhauer, 275 m; **02** Prinzess Ilse Quelle, 325 m; **03** Zanthierplatz, 363 m; **04** Untere Ilsefälle, 473 m; **05** Heinrich-Heine Gedenkstein, 502 m; **06** Bremer Hütte, 554 m; **07** Stempelsbuche, 648 m; **08** Hermannsklippen, 742 m; **09** Bismarckklippen, 883 m; **10** Gipfelstein Brocken, 1139 m

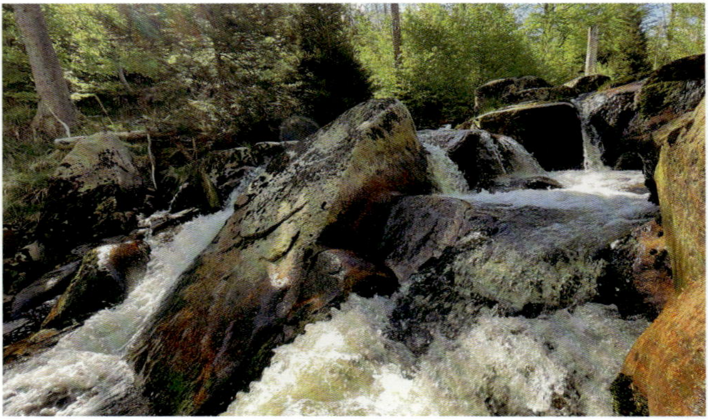

An den Oberen Ilsefällen

wir uns weiter auf dem gut ausgeschilderten Heinrich-Heine-Weg wieder auf schmalen Wegen und Pfaden aufwärts. Bei den **Unteren Ilsefällen** **04** wechseln wir die Uferseite, dann geht's steinig weiter bergauf am **Heinrich-Heine-Gedenkstein** **05** vorbei zur Kreuzung **Bremer Hütte** **06**. Der Pfad mündet hier in einen Forstweg und zweigt vor der Schutzhütte rechts ab. Ein schmälerer Weg bringt uns zur **Stempelsbuche** **07**. Dann wandern wir weiter auf dem Forstweg Hermannstraße in einer knappen halben Stunde direkt zur **Hermannsklippe** **08**. Nach links bringt uns jetzt der Kolonnenweg vorbei an der **Bismarckklippe** **09** auf direktem Wege teils steil hinauf zum **Gipfelstein auf dem Brocken** **10**. Hier oben gönnen wir uns erst einmal eine Pause, bevor wir uns über den Anstiegsweg auf den langen Rückweg machen.

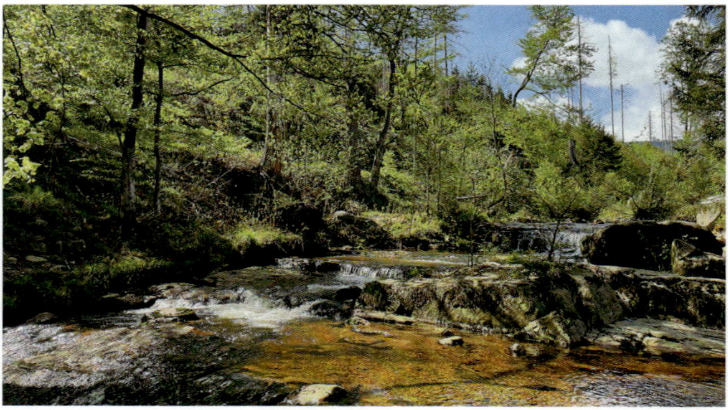

Die Ilse lädt zum Erfrischen ein

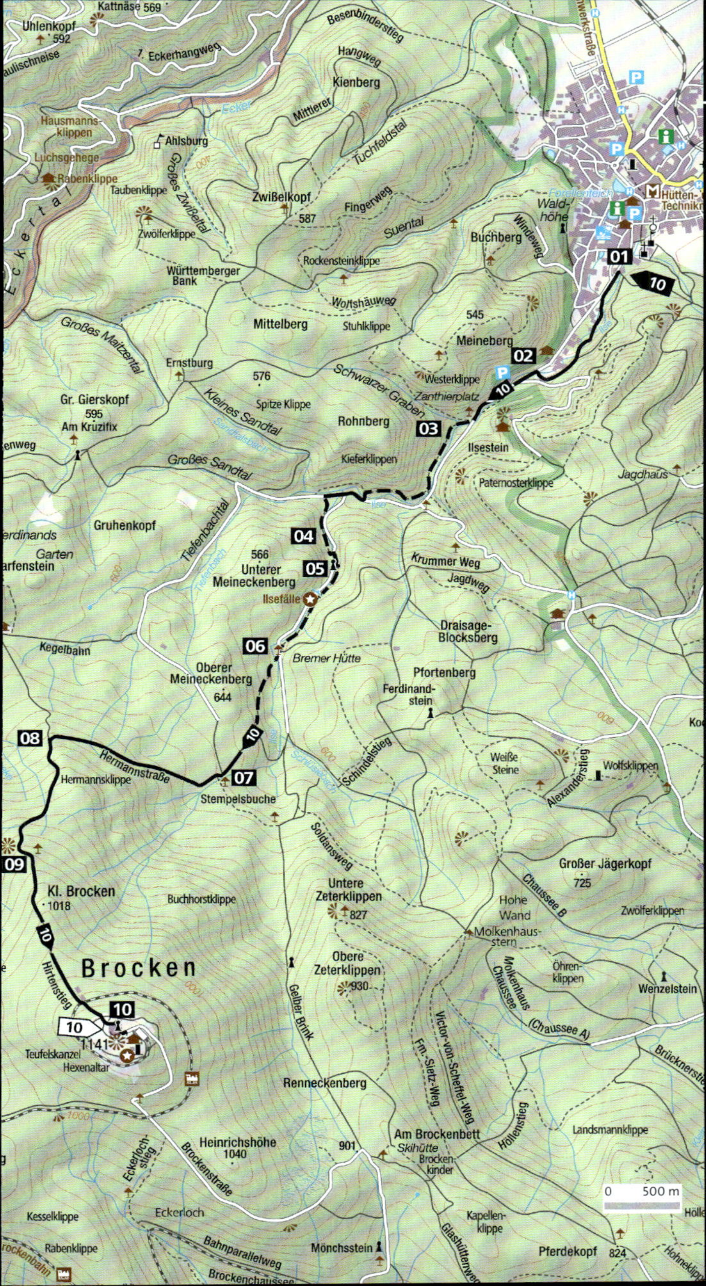
Kattnäse 569
Uhlenkopf 592
Besenbindersteig
1. Eckerhangweg
Hangweg
Kienberg
Hausmanns-klippen
Ecker
Mittlerer
Ahlsburg
Luchsgehege
Tuchfeldstal
Rabenklippe
Taubenklippe
Großes Zwißeltal
Zwißelkopf
587
Fingerweg
Eckertal
Zwölferklippe
Suental
Wald-höhe
Windeweg
Buchberg
Hütten-
Rockensteinklippe
Württemberger Bank
01
10
Wolfshäuweg
Großes Maitzental
Mittelberg
Stuhlklippe
545
Meineberg
02
Ernstburg
Westerklippe
Schwarzer Graben
576
Zanthierplatz
Gr. Gierskopf 595
Am Kruzifix
Kleines Sandtal
Spitze Klippe
Rohnberg
03
Ilsestein
Großes Sandtal
Kieferklippen
Paternosterklippe
Jagdhaus
Gruhenkopf
Tiefenbachtal
04
Garten
566
Unterer Meineckenberg
05
Krummer Weg
Jagdweg
Ilsefälle
Draisage-Blocksberg
Kegelbahn
06
Bremer Hütte
Oberer Meineckenberg
644
Pfortenberg
Ferdinand-stein
08
Hermannstraße
Hermannsklippe
07
Stempelsbuche
Schindelstieg
Weiße Steine
Wolfsklippen
Alexanderstieg
Soldatensweg
09
Großer Jägerkopf
725
Kl. Brocken
1018
Buchhorstklippe
Untere Zeterklippen
827
Chaussee B
Hohe Wand
Zwölferklippen
Molkenhaus-stern
Brocken
Hirtenstieg
Obere Zeterklippen
930
Molkenhaus Chaussee
Öhren-klippen
Wenzelstein
Gelber Brink
Fm.-Sietz-Weg
Victor-von-Scheffel-Weg
(Chaussee A)
Brücknerstieg
10
1141
Teufelskanzel
Hexenaltar
Renneckenberg
Höllenstieg
Landsmannklippe
Eckerlochstieg
Brockenstraße
Heinrichshöhe
1040
901
Am Brockenbett
Skihütte
Brocken-kinder
0 500 m
Kesselklippe
Eckerloch
Kapellen-klippe
Rabenklippe
Bahnparallelweg
Mönchsstein
Pferdekopf
824
Brockenchaussee
Glashüttenweg

AUS DEM ILSETAL AUF DEN SCHARFENSTEIN

Herrliche Runde zu mehreren Aussichtsgipfeln

17,2 km 4:45 h 400 hm 400 hm

START | Gebührenpflichtiger Parkplatz im Ilsetal. Letzter Parkplatz im Tal gegenüber des Campingplatzes.
[GPS: UTM Zone 32: x: 615097.999. Y: 5746144.410]
CHARAKTER | Sehr lange Runde. Trittsicherheit beim Anstieg auf den Scharfenstein. Sehr steiles, teils steiniges und Wurzeliges Wegstück ab dem Meineberg.

Die Runde bringt uns heute durchs wunderschöne Sandtal erst an der Ilse entlang und dann mit dem Tiefenbach hinauf zur Rangerstation des Nationalparks Harz und dem Scharfenstein. An der Rangerstation können wir dann erstmal Pause machen. Von hier aus wandern wir über den Kolonnenweg zum „Am Kruzifix". Schöne Wege führen uns schließlich zur Westerklippe. Schwieriger Abstieg über die Bäumlersklippe zurück ins Ilsetal.

Vom letzten großen Parkplatz im **Ilsetal** 01 wandern wir zunächst auf dem Hauptweg ins Tal hinein. Am **Zanthierplatz** 02 schwenken wir leicht nach rechts und folgen einem Pfad, dem „Bremer Weg", weiterhin auf der rechten Seite der Ilse. Nach zwanzig Minuten biegt

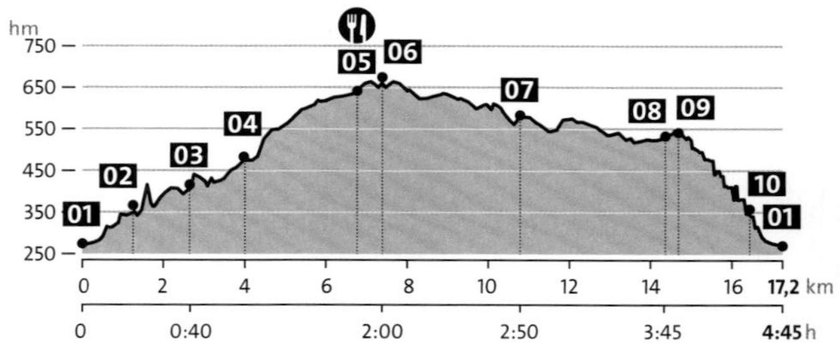

01 Ilsetal, 320 m; 02 Zanthierplatz, 367 m; 03 Brücke, 414 m; 04 Tiefenbachtal, 492 m; 05 Rangerstation, 639 m; 06 Scharfenstein, 697 m; 07 Am Kruzifix, 576 m; 08 Westerklippe, 518 m; 09 Froschfelsen, 529 m; 10 Bäumlersklippe, 380 m

der Pfad links über eine kleine **Brücke 03**. Wir folgen dem breiten Forstweg nach rechts, jetzt am Großen Sandtalsbach entlang ins Große Sandtal. Nach etwas mehr als einem Kilometer schickt uns die Beschilderung „Scharfenstein" an einer Gabel nach links. Von nun an begleitet uns der Tiefenbach ins gleichnamige **Tiefenbachtal 04** hinein. Allmählich wird der Weg steiler, die Bäume werden weniger. An der nächsten Gabel halten wir uns rechts. Von hier aus ist es nur noch eine viertel Stunde bis zur **Rangerstation 05**. Bevor wir uns auf der hübschen Terrasse beim Holzhaus niederlassen, besuchen wir über einen Pfad den **Scharfenstein 06**. Erst über einen sumpfigen, schmalen Pfad, dann ersteigen wir eine Holzleiter und schließlich steigen wir über die freien Felsen zum Gipfel. Die Aussicht ist phänomenal: Von Westen blitzt der Eckerstausee herüber, im Süden können wir deutlich den Brocken erkennen. Weiter geht die Reise, zurück zur **Rangerstation 05** und nach einer verdienten Pause weiter nach Westen Richtung Eckerstausee. Nach ein paar Hundert Metern erreichen wir eine Kreuzung: Wir biegen rechts auf den Kolonnenweg ein. Er bringt uns durch den Wald in gut 35 Minuten hinab zur Kreuzung **„Am Kruzifix" 07**. Das ursprüngliche Kreuz wurde bereits im 17. Jahrhundert erwähnt. Beim Bau der innerdeutschen Grenze wurde es jedoch zerstört. Nach der Wiedervereinigung hat man an derselben Stelle ein neues Kreuz errichtet. An der Kreuzung weiter geradeaus Richtung Ernstburg. Die Abzweigung „Großes Maitzental" ignorieren wir. Kurz danach stehen wir an der Kreuzung Ernstburg und biegen rechts Richtung Ilsetal ein. Gleich darauf wählen wir den linken Schotterweg bergan. Wir ignorieren die folgenden Abzweige, bis ein Wegschild nach ca. 2 km scharf nach rechts auf die Westerklippe aufmerksam macht. Ein

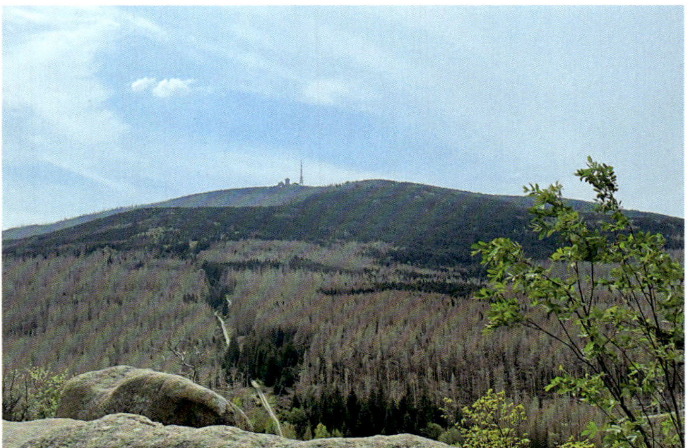

Blick vom Scharfenstein auf den Brocken

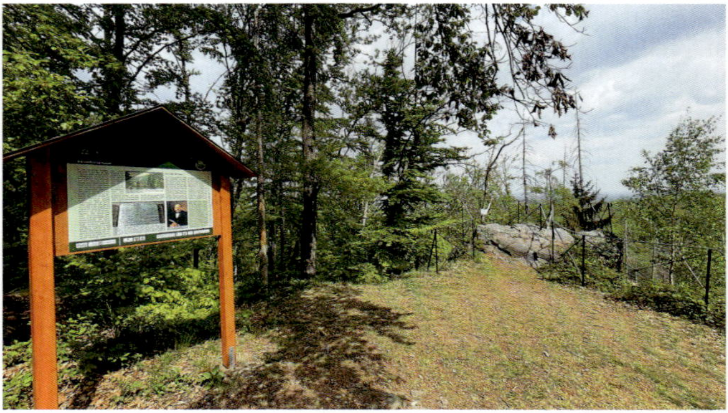

An der Bäumlersklippe

wurzeliger Pfad bringt uns durch den Wald und an Heidekraut vorbei zur **Westerklippe 08**. Weiter geht's an ein paar weiteren Felsen vorbei zum breiten Waldweg. Rechts herum wandern wir am **Froschfelsen 09** vorbei und über den Meineberg. Eine viertel

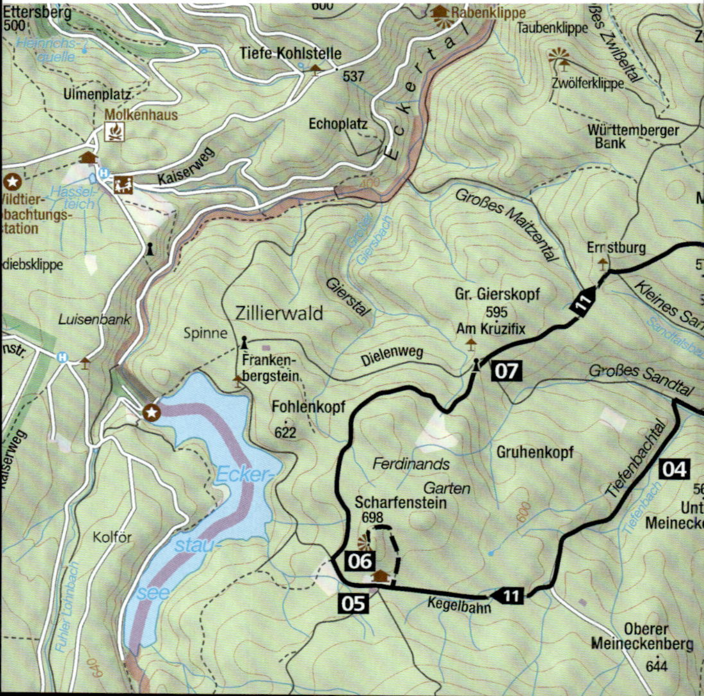

Info:

Der Abstieg ab Meineberg über die Bäumlersklippe war zwar zu Recherchezeiten Mai 2022 zwar zugänglich, kann aber immer wieder gesperrt sein auf Grund des maroden Waldzustandes. In diesem Fall bleiben wir am Meineberg auf dem Hauptweg bis zum Grüneruheplatz. Hier über den Borkenkäferpfad hinab zum Nationalparkhaus ins Ilsetal.

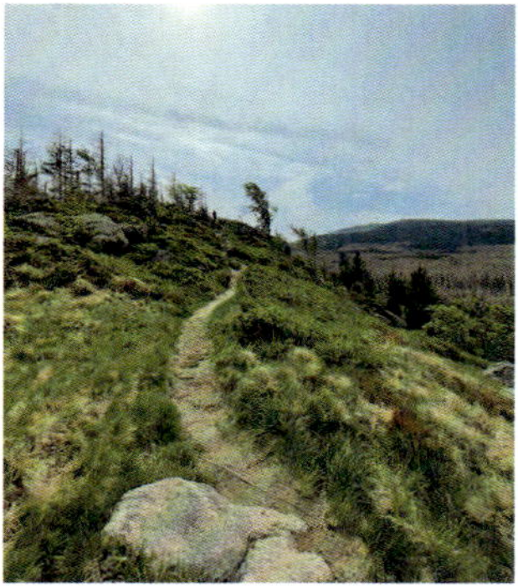

Die letzten Meter zum Scharfenstein

Stunde, nachdem wir den Froschfelsen hinter uns gelassen haben, zweigt rechts ein schmaler Waldweg ab. Wir folgen ihm nun bald immer steiler und steiniger zur **Bäumlersklippe** **10**. Ab hier bringt uns ein Zickzackweg wieder zurück ins **Ilsetal** **01**.

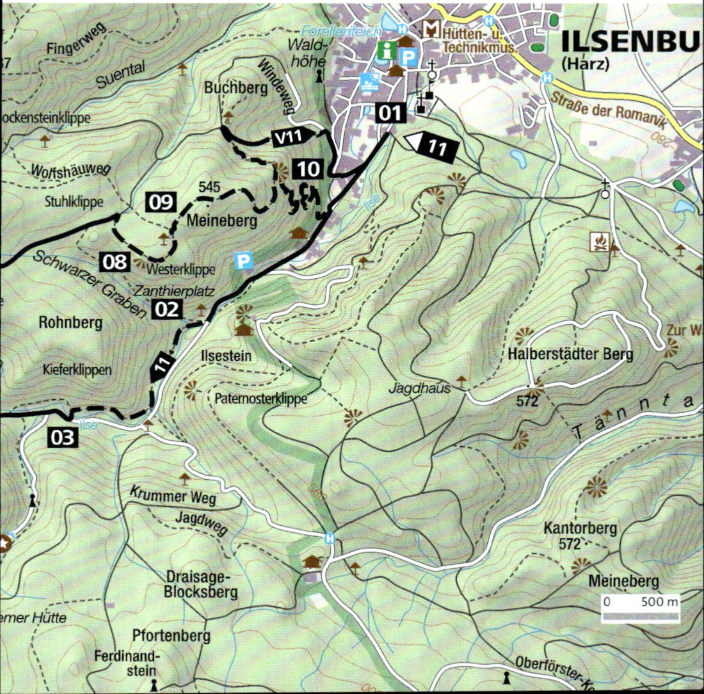

VON DARLINGERODE INS SANDTAL

Bequeme Runde durch die „Darlingeröder Schweiz“

13,6 km 3:45 h 405 hm 405 hm

START | Darlingerode. Parkplatz Am Schützenplatz Ecke Straße der Republik. Gegenüber der Sporthalle Darlingerode.
[GPS: UTM Zone 32 x: 618768.689. Y: 5744978.855]
CHARAKTER | Einfache Runde auf meist breiten Wegen. Abstieg ins Tal nach Darlingerode zurück teils etwas steil

Östlich von Ilsenburg führt diese Runde durch hügeliges, wiesenreiches Gebiet mit Blick auf das Harzer Gebirgsmassiv und in das weite Harzvorland. Nicht umsonst wird die Gegend auch als „Darlingeröder Schweiz“ bezeichnet.

▶ Wir starten am **Parkplatz Sandtalhalle** 01. Das Sträßlein „Am Schützenplatz“ bringt uns sanft aufwärts bis an eine Gabelung: Hier wählen wir den linken Schotterweg, an der Wiese halten wir uns rechts auf der „Südroute“ Richtung Mönchsbuche. Erst auf einem Wiesenweg, dann über einen schönen Waldweg wandern wir leicht bergan. Der Weg mündet in einen Schotterweg, der uns geradeaus über die nächste Kreuzung hinüberbringt. Weiter oben erreichen wir eine T-Kreuzung, an der wir rechts Richtung Plessenburg einbiegen. Wir laufen jetzt auf dem **Pahnberghangweg** 02. Nach einem weiteren kurzen Anstieg wandern wir auf breitem Weg eben ins Sandtal hinein. Eine knappe halbe Stunde später gelangen wir an eine gro-

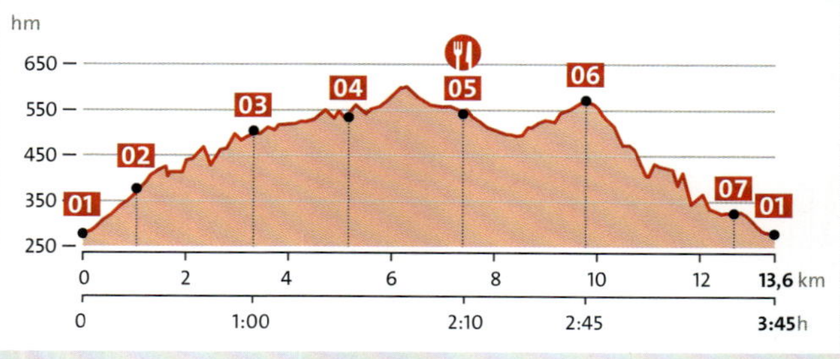

01 Parkplatz Sandtalhalle, 282 m; 02 Pahnberghangweg, 405 m; 03 Mönchsbuche, 504 m; 04 Oberförster-Koch-Denkmal, 530 m; 05 Gasthaus Plessenburg, 532 m; 06 Kantorberg, 569 m; 07 Schutzhütte, 319 m

ße Kreuzung mit der **Mönchsbuche** 03 und ihrer gleichnamigen Hütte. Hier halten wir uns rechts Richtung Gasthaus Plessenburg über den Oberförster-Koch-Weg. Am **Oberförster-Koch-Denkmal** 04 wandern wir weiter geradeaus. Nach einiger Zeit stoßen wir auf den Huysenburger Häuweg, dem wir nach rechts folgen. (Kurz darauf kann, wer möchte, nach links einen Abstecher zu den Wolfsklippen machen.) Das schön gelegene **Gasthaus Plessenburg** 05 lädt schließlich zu einer Pause ein. Der Weiterweg bringt uns von der Gabelung gleich unterhalb des Gasthauses nach rechts ins Tänntal. Wir laufen hinab, nach einer viertel Stunde überqueren wir den Tänntalbach nach rechts Richtung Pisseckenplatz. Der breite Weg führt uns geradeaus bis zur nächsten Kreuzung. Rechter Hand befindet sich der Pisseckenplatz mit einer Rastbank. Wir bleiben geradeaus Richtung Darlingerode über den Kantorberg. Etwas später schickt uns ein Schild links hinauf auf den **Kantorberg** 06. So steigen wir über einen steinigen Forstweg in die Darlingeröder Schweiz hinauf. Über den Berg und zur Kreuzung mit der Mountainbike-Abfahrt „Jack the Ripper", an der wir nach links einbiegen Richtung Darlingerode und durchs Weihental absteigen. Ein grasbewachsener Schotterweg leitet uns abwärts. An der roten Schotterstraße queren wir geradeaus auf einen Pfad. Ein wunderschöner Weg – mal schmäler, mal breiter – bringt uns in einer halben Stunde hinab zu einer Kreuzung mit **Schutzhütte**

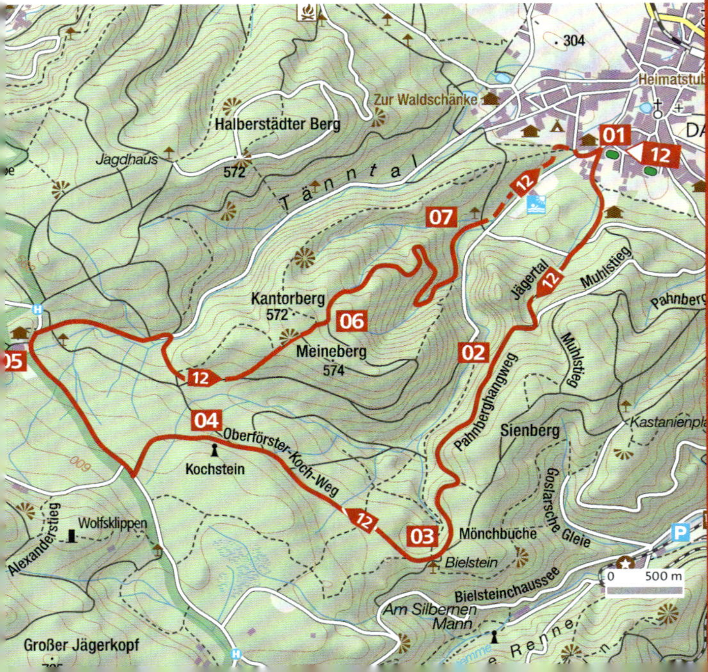

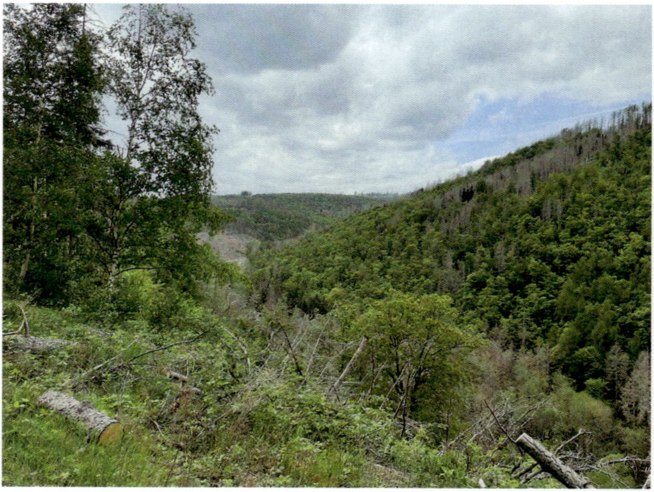
Weiter Blick ins Sandtal

07. Wir laufen kurz geradeaus über den Schotter, dann halten wir uns rechts auf einen Waldweg – das letzte Stück begleitet uns ein Vogellehrpfad mit informativen Schautafeln. Zehn Minuten später treten wir aus dem Wald heraus. Nach rechts gewandt, dann geradeaus über den Teerweg, laufen wir in wenigen Minuten zum **Parkplatz Sandtalhalle** 01 zurück.

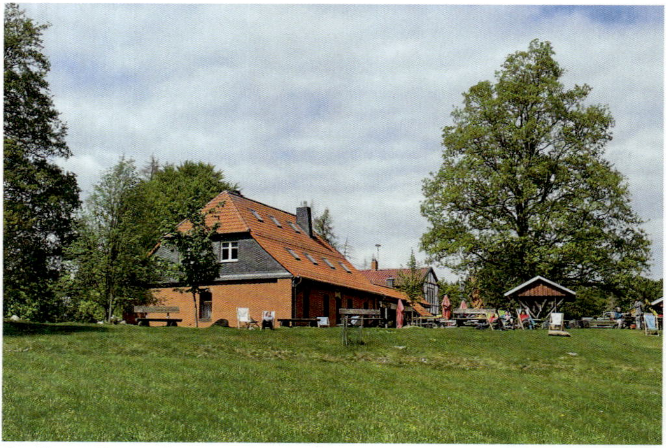
Gasthaus Plessenburg

ZU DEN RENNEFÄLLEN

Wasserfallweg an der Holtemme zu einem herrlichen Aussichtsfelsen

10 km | 2:45 h | 300 hm | 300 hm

START | Parkplatz beim Bahnhof Steinerne Renne.
Von Wernigerode OT Hasserode über die Bielsteinchaussee erreichbar.
[GPS: UTM Zone 32 x: 619191.748. y: 5742266.100]
CHARAKTER | Trotz der kurzen Strecke mittelschwere Tour. Trittsicherheit auf den Pfaden an der Renne entlang und zum Ruprechtsfelsen sowie dem Ottofelsen. Festes Schuhwerk nötig!

Auf abwechslungsreichen Wald-, Wasserfall- und Klippensteigen erkunden wir die felsige Märchenlandschaft im Norden des Brocken.

▶ Wir starten am Parkplatz beim **Bahnhof Steinerne Renne** 01 und halten zunächst auf das Technische Denkmal zu. Nach den Gleisen folgen wir den Wegweisern Richtung Ottofelsen. Über einen Waldweg bleiben wir erst geradeaus, an der Holtemme entlang. Dann queren wir nach 15 Minuten über eine Brücke die Holtemme Richtung Rennefälle und auf einen etwas schmäleren Wurzelpfad. Der „Kleine Renne Weg“ bringt uns nun auf der rechten Bachseite stetig aufwärts. Bei dem kleinen **Wasserfall** 02 steigen wir ein paar Steinstufen empor, dann wird der Pfad schmäler. Am Hang entlang bringt er uns

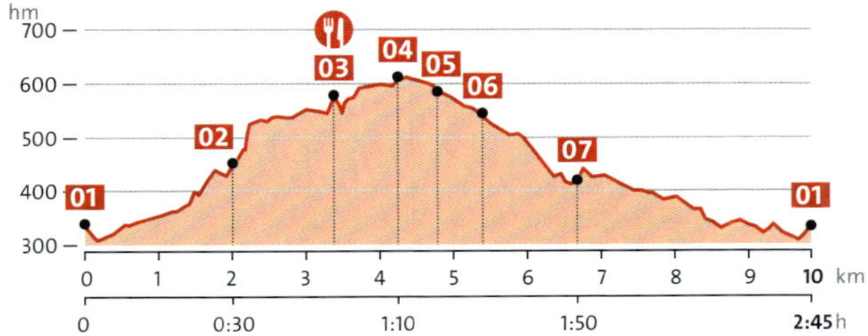

01 Bahnhof Steinerne Renne, 326 m; 02 Wasserfall, 428 m; 03 Waldgasthaus Steinerne Renne, 557 m; 04 Ruprechtsklippe, 607 m; 05 Ottofelsen, 598 m; 06 Bergwachthütte, 557 m; 07 Gedenkstein, 411 m

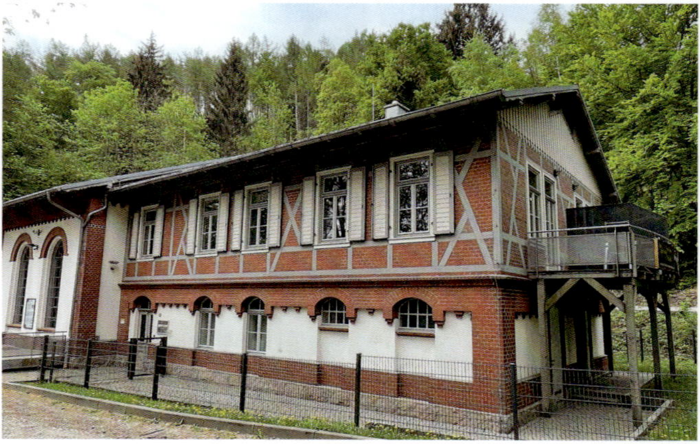

Bahnhof Steinerne Renne

bald aus dem Wald hinaus, über einen Holzsteg über die Kleinen Renne und bald darauf an einen breiten Weg. Wir folgen ihm nach links und zweigen direkt nach der Rechtskurve ab zum **Waldgasthaus Steinerne Renne** 03. Zu Recherchezeiten war noch kein Pächter gefunden, aber es gibt schöne Plätze am Bach, an denen wir rasten können. Dann überqueren wir den Bach auf der Brücke, wenden uns nach links und nach wenigen Metern steigen wir nach rechts durch die Felsen über Steinstufen auf. Nach ca. 30 bis 40 Metern biegen wir unmarkiert links ein. Der felsige Steig bringt uns rasch aus dem Wald heraus und über eine grasige und abgeholzte Hochfläche. Wenig später überqueren wir einen breiten Schotterweg geradeaus und folgen dem schwer erkennbaren Weglein geradewegs zur **Ruprechtsklippe** 04. An der Klippe vorbei führt uns der Weg wieder an einen breiten Schotterweg, dem Thumkuhlental, dem wir nach links folgen. Halb um den **Ottofelsen** 05 herum, besteigen wir ihn dann von Osten, da der Weg von Westen nicht mehr erkennbar war. Dann wandern wir weiter auf unserer Route noch ein paar hundert Meter zur **Bergwacht-Hütte** 06. Hier biegen wir rechts ab und laufen auf breitem Weg gute zwanzig Minuten hinab. An den Bahngleisen der Schmalspurbahn und dem **Gedenkstein** 07 ans Zugunglück von 1927 halten wir uns links. Der Bahnparallelweg bringt uns jetzt stetig hinab zurück zum **Bahnhof Steinerne Renne** 01.

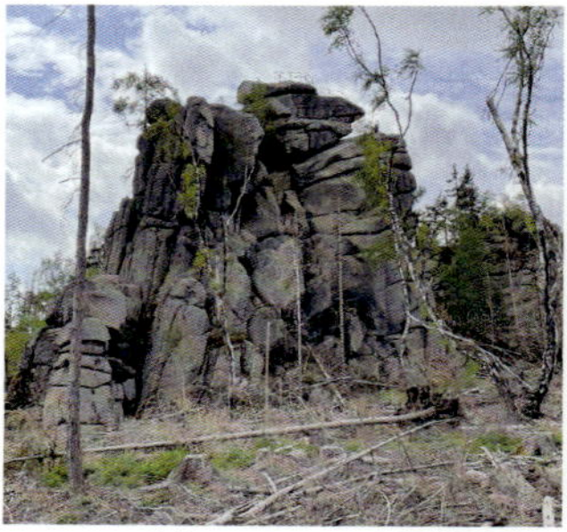

Der Ottofelsen

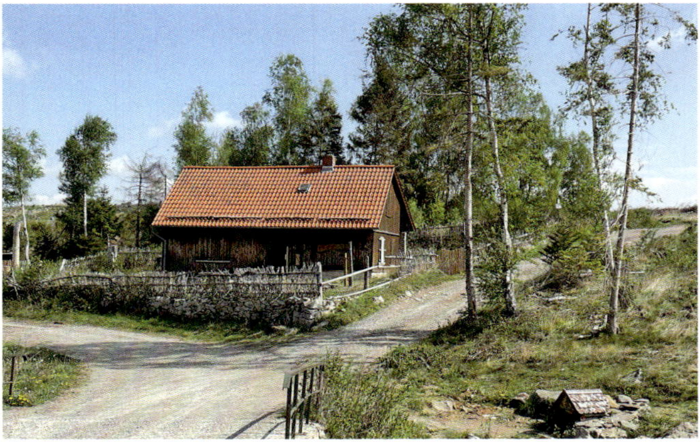

An der Bergwachtshütte

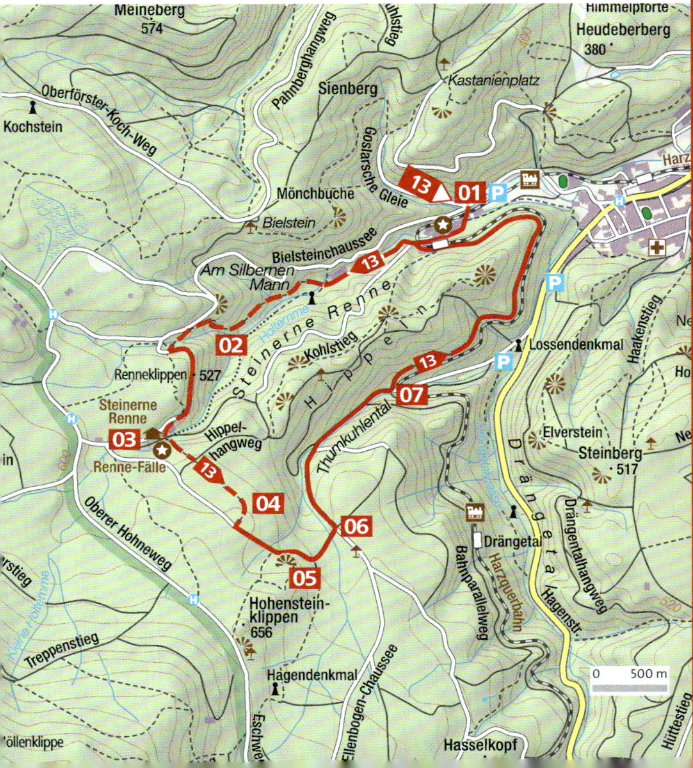

VON DREI ANNEN HOHE ZUR STEINERNEN RENNE

Spannende Klippenwanderung im Herzen des Nationalparks Harz

12,1 km 3:25 h 370 hm 590 hm

START | Gebührenpflichtiger Parkplatz in Drei Annen Hohe. [GPS: UTM Zone 32 X: 619409.825 Y: 5737036.926]
CHARAKTER | Mittelschwere Klippenwanderung. Trittsicherheit im Gebiet der Granitfelsenlandschaft. Das erste und letzte Wegstück führt über angenehme, breite Wege. Keine Einkehr unterwegs!

Die Streckenwanderung hält spannende Wege bereit: Über Moorstiege, Granitblockbesteigung und wurzelige und felsblockdurchsetzte Pfade durchs Heidekraut ist alles dabei.

▶ Wir überqueren in **Drei Annen Hohe** 01 die L100 und laufen geradeaus auf den breiten Schotterweg. An der Gabel nach einem halben Kilometer biegen wir links ein. Gleich darauf halten wir uns wieder rechts und folgen dem roten Punkt und dem Harzer Hexenstieg geradeaus auf dem breiten Weg. Auch an der nächsten Kreuzung halten wir die Richtung und queren den Wormsgraben. Wenige Minuten später zweigt der Harzer Hexenstieg auf einen Pfad nach links. Hinauf geht's,

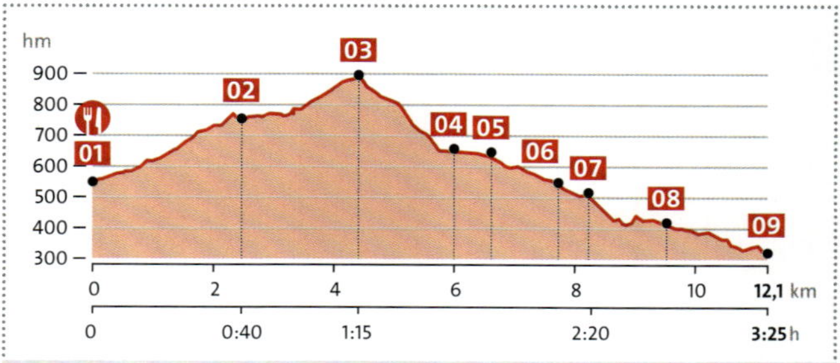

01 Drei Annen Hohe, 545 m; 02 Trudenstein, 742 m; 03 Leistenklippen, 881 m; 04 Eschwegesrtraße, 656 m; 05 Abzweigung Karlshaus , 649 m; 06 Ottofelsen, 597 m; 07 Bergwachthütte, 556 m; 08 Bahnparallelweg, 411 m; 09 Bahnhof Steinerne Renne, 326 m

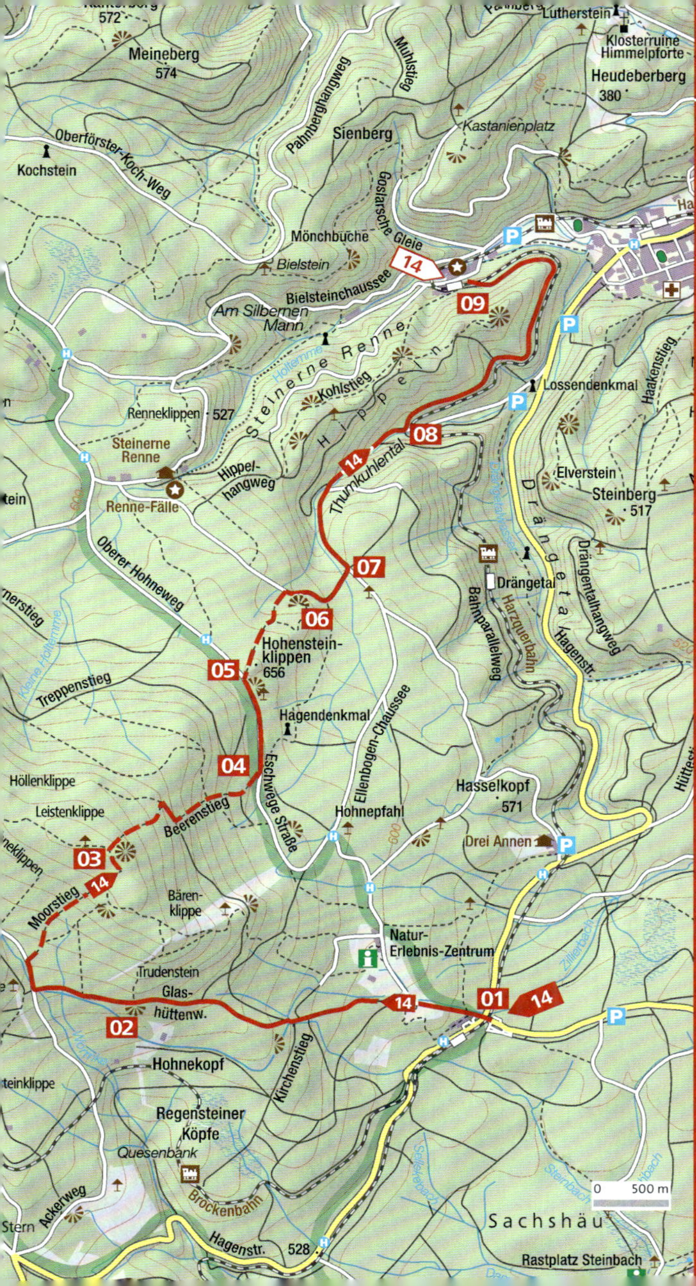
Meineberg
574
572
Oberförster-Koch-Weg
Kochstein
Pahnberghangweg
Muhlstieg
Sienberg
Lutherstein
Klosterruine
Himmelpforte
Heudeberberg
380
Kastanienplatz
Goslarsche Gleie
Mönchbuche
Bielstein
Bielsteinchaussee
Am Silbernen
Mann
Steinerne Renne
Hippeln
Kohlstieg
Renneklippen
527
Steinerne
Renne
Renne-Fälle
Hippel-
hangweg
Thumkuhlental
Lossendenkmal
Haakenstieg
Elverstein
Steinberg
517
Drängetal
Drängetalhangweg
Bahnparallelweg
Harzquerbahn
Hagenstr.
Oberer Hohneweg
Treppenstieg
Kleine Holtemme
Hohenstein-
klippen
656
Hagendenkmal
Ellenbogen-Chaussee
Eschwege Straße
Höllenklippe
Leistenklippe
Beerenstieg
Hasselkopf
571
Hohnepfahl
Drei Annen
Moorstieg
Bären-
klippe
Natur-
Erlebnis-Zentrum
Trudenstein
Glas-
hüttenw.
Kirchenstieg
Hohnekopf
Regensteiner
Köpfe
Quesenbank
Brockenbahn
Ackerweg
Stern
Hagenstr.
528
Sachshäu
Rastplatz Steinbach
0
500 m
14
01
02
03
04
05
06
07
08
09

und bald auf dem Schotter des Glashüttenweges am **Trudenstein** 02 vorbei. An der folgenden Weggabelung Spinne halten wir uns rechts, am Wormke entlang, doch nur gut 250 Meter. Dann weist uns ein Wegschild nach rechts auf den Moorstieg. Er beginnt steinig und wechselt dann auf einen Plankenweg, der uns über den sumpfigen Boden hinaufgeleitet. An der Pfadgabel nach links geschwenkt stehen wir wenige Minuten später auf der **Leistenklippe** 03. Von hier aus weist uns das Wegschild nach rechts Richtung Ottofelsen über den Beerenstieg. Langsam steigen wir zum Oberen Hohnekammhangweg ab, folgen ihm kurz nach links und schwenken dann wieder auf den Beerenstieg. Von Weitem sehen wir schon den Ottofelsen emporragen. Wir bleiben nun gute zehn Minuten auf diesem Stieg, überqueren zwei breitere Wege und biegen an der **Eschwegerstraße** 04 links ein. Bei der **Abzweigung Karlshaus** 05 folgen wir der Beschilderung Richtung Ottofelsen. Schon von weitem ragt der wollsachverwitterte Felsen empor.

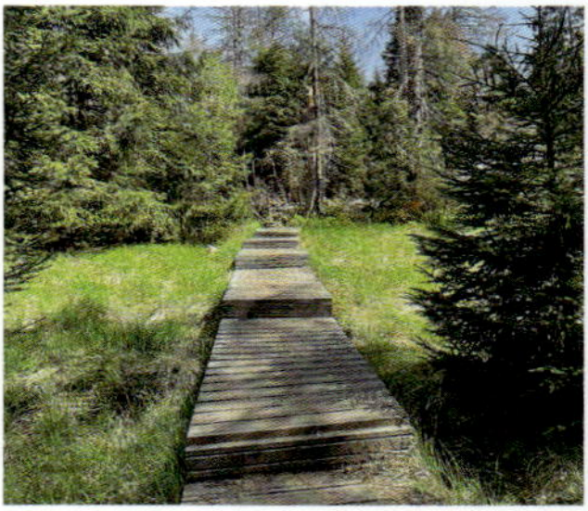

Bohlenwege führen über den Moorstieg

An den Hohnsteinklippen vorbei geht's zum breiten Weg Thumkuhlental. Rechts herum und nach wenigen hundert Metern rechts recht steinig auf den **Ottofelsen** 06. Zurück auf dem Weg, folgen wir ihm um die Linkskurve und schwenken an der **Bergwachthütte** 07 nochmals nach links. Dann wandern wir leichtfüßig hinab, immer auf diesem Weg, bis wir nach zwanzig Minuten die Gleise der Schmalspurbahn erreichen. Wir halten uns links auf den **Bahnparallelweg** 08 und folgen ihm einen drei viertel Stunde abwärts bis zum **Bahnhof Steinerne Renne** 09.

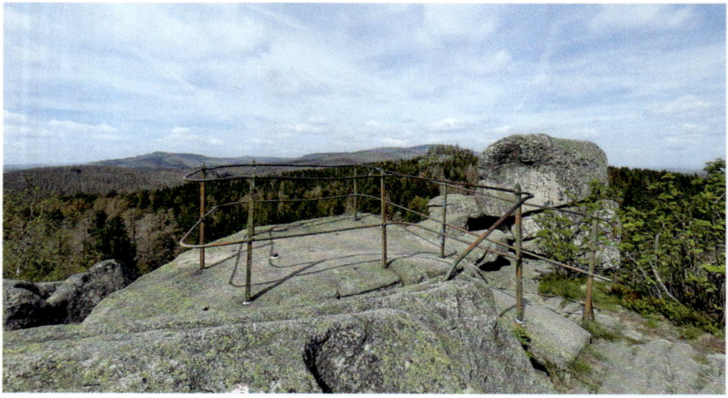

Die Leistenklippe

ZU LEISTENKLIPPE UND TRUDENSTEIN

Durch den Nationalpark auf zwei tolle Aussichtsfelsen

9,7 km 2:40 h 340 hm 340 hm

START | Drei Annen Hohe. Gebührenpflichtiger Parkplatz in der Brockenstraße.
[GPS: UTM Zone 32 x: 619409.825. Y: 5737036.926]
CHARAKTER | Einfache Wanderung, im Bereich der Leistenklippe und des Trudensteins Trittsicherheit von Vorteil. Sonst angenehme Wege und Steigungen.

Leistenklippe und Trudenstein, so heißen die beiden Granitfelsen, die wir heute besuchen. Die Leistenklippe wurde schon recht früh für Wanderer erschlossen. Von ihrer plateauähnlichen Fläche sieht man bis ins Harzer Vorland. Auch der Trudenstein wurde schon Ende des 19. Jh. begehbar gemacht. Seinen Namen erhielt er von der angeblichen Ähnlichkeit mit einer Drude, einer altdeutschen hexenähnlichen Sagenfigur.

Vom Parkplatz **Drei Annen Hohe** 01 überqueren wir die L100 und folgen dem breiten Schotterweg. An der ersten Gabel halten wir uns rechts, am Bach und an einer Weide entlang. Kurz darauf stehen wir am **Hohnehof** 02. An der Bushaltestelle biegen wir links auf den Kirchsteig Richtung Leistenklippe ab. Nach wenigen Minuten halten wir uns an der Gabel rechts auf den **Von-Eichendorff-Stieg** 03. Am nächsten

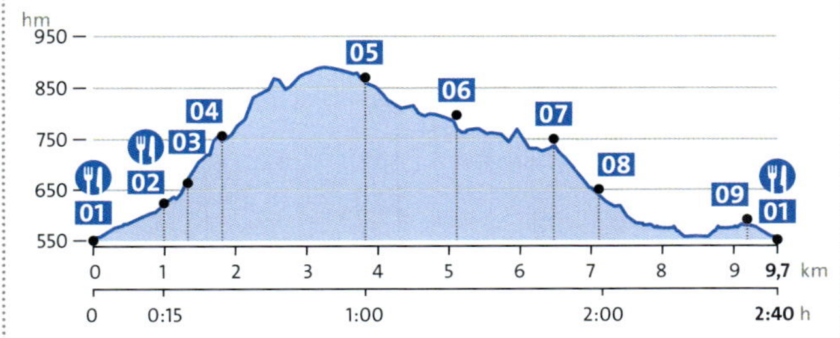

01 Drei Annen Hohe, 547 m; 02 Hohnehof, 599 m; 03 Von-Eichendorff-Stieg, 640 m; 04 Glashüttenweg, 685 m; 05 Leistenklippe, 878 m; 06 Forstmeister-Sietz-Weg, 828 m; 07 Spinne, 761 m; 08 Trudenstein, 740 m; 09 Löwenzahn-Entdecker-Pfad, 579 m

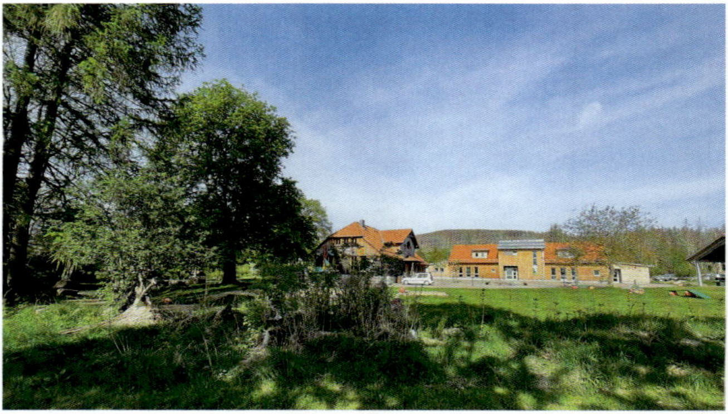

Der Hohnehof

Schotterweg folgen wir dem **Glashüttenweg** 04 nach links, dann leitet uns der Von-Eichendorff-Stieg wieder nach rechts hinauf. Verwachsen führt der Steig steil hinauf bis an einen Schotterweg. Hier rechts, nur 100 m später an der Gabel nach links über einen schönen, schmalen Waldweg weiter aufwärts. Wir passieren eine Schutzhütte und halten uns an der folgenden Pfadgabel rechts. Der Anstieg zum Hohnekamm beginnt. Wir treten kurz aus dem Wald heraus, an Blaubeersträuchern vorbei und am nächsten Wegschild an der Waldlichtung geht's rechts. Ein mit Felsen durchsetzter, wildromantischer Weg beginnt. Eine viertel Stunde später halten wir uns am Wegschild geradeaus. Kurz darauf erreichen wir eine Pfad-T-Kreuzung: Links weist sie uns Richtung Grenzklippe, wir halten uns rechts und steigen gut 50 Meter später zur **Leistenklippe** 05 hinauf. Die Route führt uns geradeaus weiter über die Grenzklippe durch herrliche Felslandschaft. An der Weggabel mit Schild halten wir uns links abwärts. Wir erreichen mit dem Schotterweg den **Forstmeister-Sietz-Weg** 06, dem wir nach links Richtung Drei Annen Hohe folgen. An der nächsten Gabel, der **Spinne** 07, schwenken wir mit Bachbegleitung nach links; mit dem Glashüttenweg wandern wir nun direkt am **Trudenstein** 08 vorüber. Wir bleiben auf dem Hauptweg und schwenken nach zehn Minuten an der Kreuzung mit Infotafel rechts. Wenige Minuten später queren wir eine Brücke und laufen weiterhin geradeaus. Zwanzig Minuten später überqueren wir an der Gabelung den breiten Weg und laufen über die Wiese und den **Löwenzahn-Entdecker-Pfad** 09. Er bringt uns zurück nach **Drei Annen Hohe** 01.

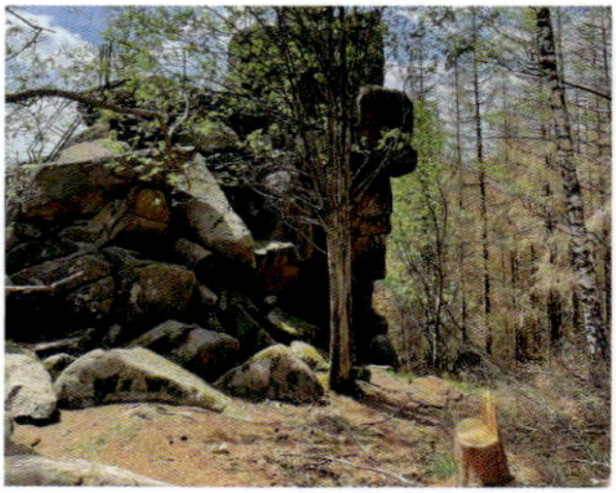

Der Trudenstein

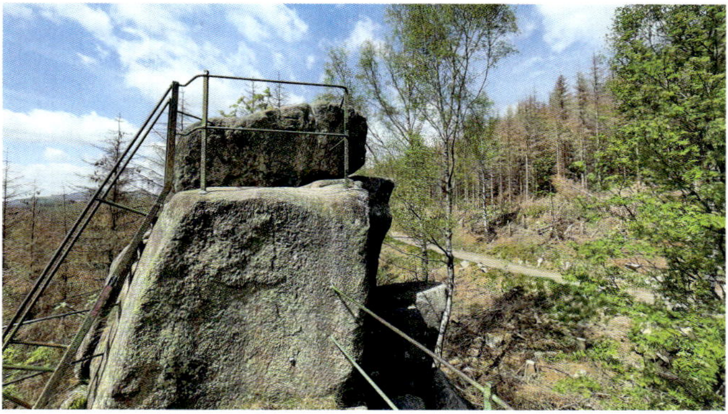

Steile Treppen führen auf den Trudenstein

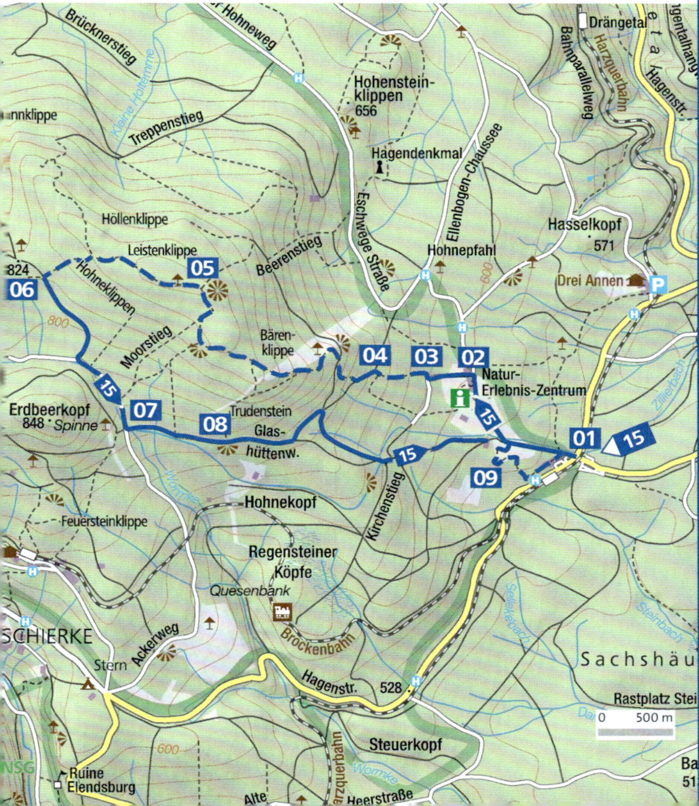

BROCKENRUNDE

Um die Ostflanke des Brocken

16,4 km 4:15 h 580 hm 580 hm

START | Brocken. Bahnstation der Brockenbahn.
[GPS: UTM Zone 32 x: 611406.660 Y: 5739931.208]
CHARAKTER | Die Wege sind meist recht leicht; der Abstieg vom Brocken auf dem Kolonnenweg ist steil. Im Bereich der Zeterklippen und am Brockenbett ist es rechts sumpfig und steinig. Der Weg ist lang und es gibt unterwegs keine Einkehr! Also Brotzeit nicht vergessen.

Heute packen wir die Wanderung mal beim anderen Ende an: Wir starten von oben und umrunden den Brocken auf seiner östlichen Flanke. Das heißt, erstmal abgestiegen. Aber nicht zu früh freuen, denn der Anstieg kommt dieses Mal zum Ende hin. Dafür kommen wir gleich zweimal in den Genuss der herrlichen Blicke vom Brocken ins Harzer Umland – und wer möchte, auch zweimal in den Genuss der Fahrt mit der niedlichen Schmalspurbahn.

▶ Los geht's am **Brocken** 01, genauer gesagt am Bahnsteig. Wir wenden uns dem Brockenhaus zu und folgen bei der ersten Markierung dem grünen Querbalken und dem Teufelsstieg über den Kolonnenweg nach Norden (Richtung Bad Harzburg, Ilsenburg) hinab. Schnell kreuzen wir die Bahnglei-

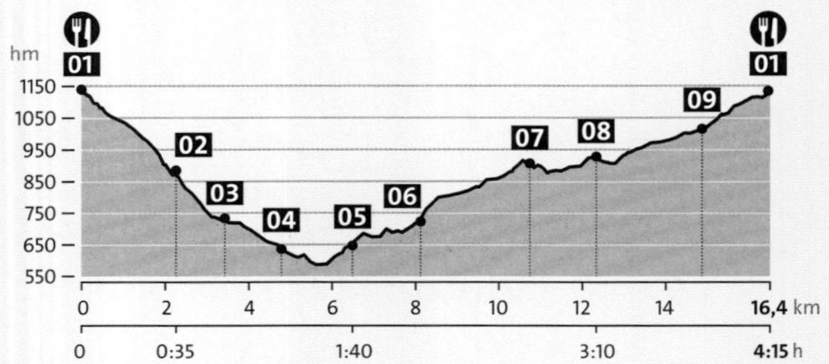

01 Brocken, 1141 m; 02 Bismarckklippe, 904 m; 03 Herrmannsklippe, 756 m; 04 Stempelsbuche, 645 m; 05 Soldansweg, 642 m; 06 Molkenhausstern, 745 m; 07 Obere Zeterklippen, 905 m; 08 Brockenkinder, 921 m; 09 Abzweig Teufelsstieg, 1002 m

se der Brockenbahn, dann geht's teils steil an der wunderschönen Hochmoorlandschaft des Brocken entlang hinunter. Nach zwei Kilometern erreichen wir die ersten Felsformationen der heutigen Tour: die **Bismarckklippe 02**. Nur eine viertel Stunde später gelangen wir an eine Kreuzung. Hier wartet schon die **Hermannsklippe 03** mit toller Aussicht auf uns. Wir biegen an der Kreuzung rechts ein und folgen dem Schotterweg Richtung Ilsenburg. Nach eineinhalb Kilometern erreichen wir die Wegkreuzung **Stempelsbuche 04** am Nordhang des Brocken. Danach gabelt sich der Weg: Wir bleiben geradeaus Richtung Molkenhausstern auf dem roten Querbalken. An der nächsten Gabel halten wir uns rechts auf etwas schmälerem Weg. Er führt über eine Rechtskurve hinab, über einen Bach und an einen breiten Schotterweg. Wir wenden uns nach rechts und laufen bis zur nächsten Wegverzweigung. Hier wechseln wir nach links auf den **Soldansweg 05**. Schon bald verliert sich der Schotter und wir laufen auf einem weicheren Waldweg sanft aufwärts. Dem anschließenden, breiten Schotterweg folgen wir nach rechts und stehen zehn Minuten später an der Kreuzung **Molkenhausstern 06**. Hier empfiehlt sich ein kurzes Päuschen, denn nun beginnt wieder ein stetiger und etwas steilerer Anstieg. Wir folgen dem roten Querbalken nach rechts Richtung Zeterklippen; nach einer halben Stunde auf dem Waldweg zweigt rechter Hand ein Steig ab, der uns durch extrem sumpfiges Terrain leitet. Ein paar hundert Meter später sehen wir schon die **Oberen Zeterklippen 07** vor uns. Von der markanten Granit-Felsformationen auf dem Renneckenberg haben wir eine tolle Rundumsicht. Dann geht's weiter: Erst auf einem wurzeligen, dann wunderschönen Pfad durch kleine Nadelwäldchen und Heidegebiet hinab, beim nächsten Wegschild auf einem aufgewühlten, schmalen Weg nach links zu den **Brockenkindern 08**. Die kleine Felsengruppe der Brockenkinder befindet sich unweit des Brockenbettes oberhalb der Berg-

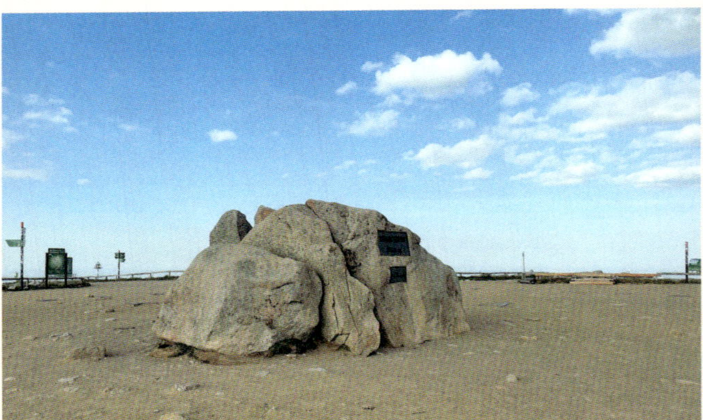

Am Abend ist es einsam am Brocken

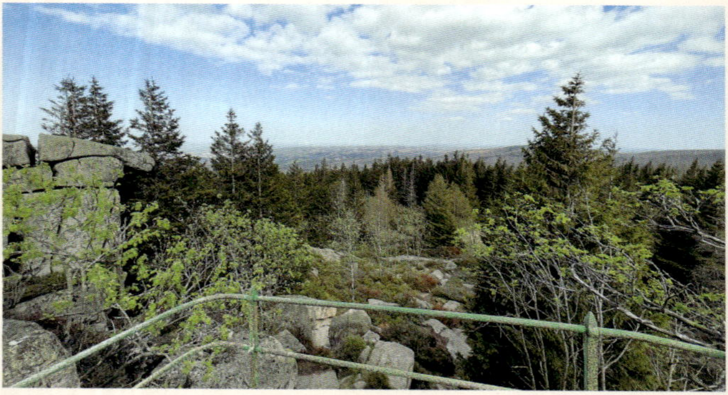

Auf den Zeterklippen

hütte des Skiklubs Wernigerode. In der näheren Umgebung gibt es noch zahlreiche weitere bizarre Granitfelsen. Alle weisen die für den Harzer Granit typische Wollsackverwitterung auf. Kurz nach diesen letzten Felsformationen schwenkt der Pfad nach rechts hinab über Felsen zum Glashüttenweg, der uns an die breite Zufahrtsstraße zum Brockengipfel bringt. Die letzte drei viertel Stunde ist ein bisschen ein Hatscher. An der Straße passieren wir nach kurzem noch den Urwaldstieg, der Einblicke in den sagenumwobenen Brockenurwald gibt. Eine halbe Stunde später passieren wir die Einmündung des **Teufelsstiegs** 09 – ein beliebter Anstiegsweg auf den bekannten Harzer Gipfel. Doch letztendlich erreichen wir wieder den Gipfel des sagenumwobenen **Brocken** 01.

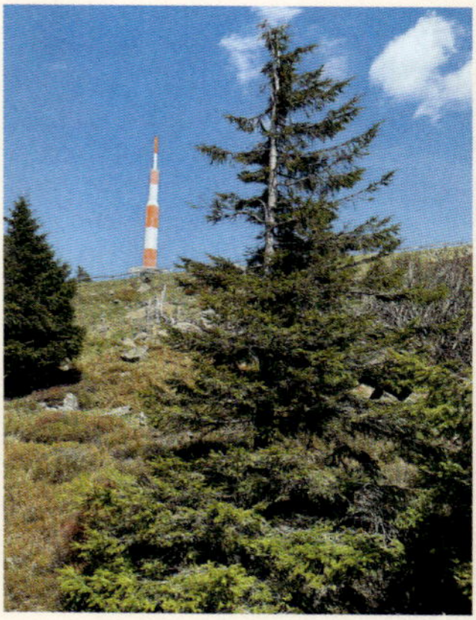

Der Gipfel wartet

Info:

Auf dem Höchsten im Harz befindet sich der so genannte Brockengarten. In diesem botanischen Garten wachsen und blühen ca. 1500 Pflanzenarten der Hochgebirge aus aller Welt. Er besteht seit 1890 und schützt und bewahrt vom Aussterben bedrohte und sehr seltene Pflanzen.

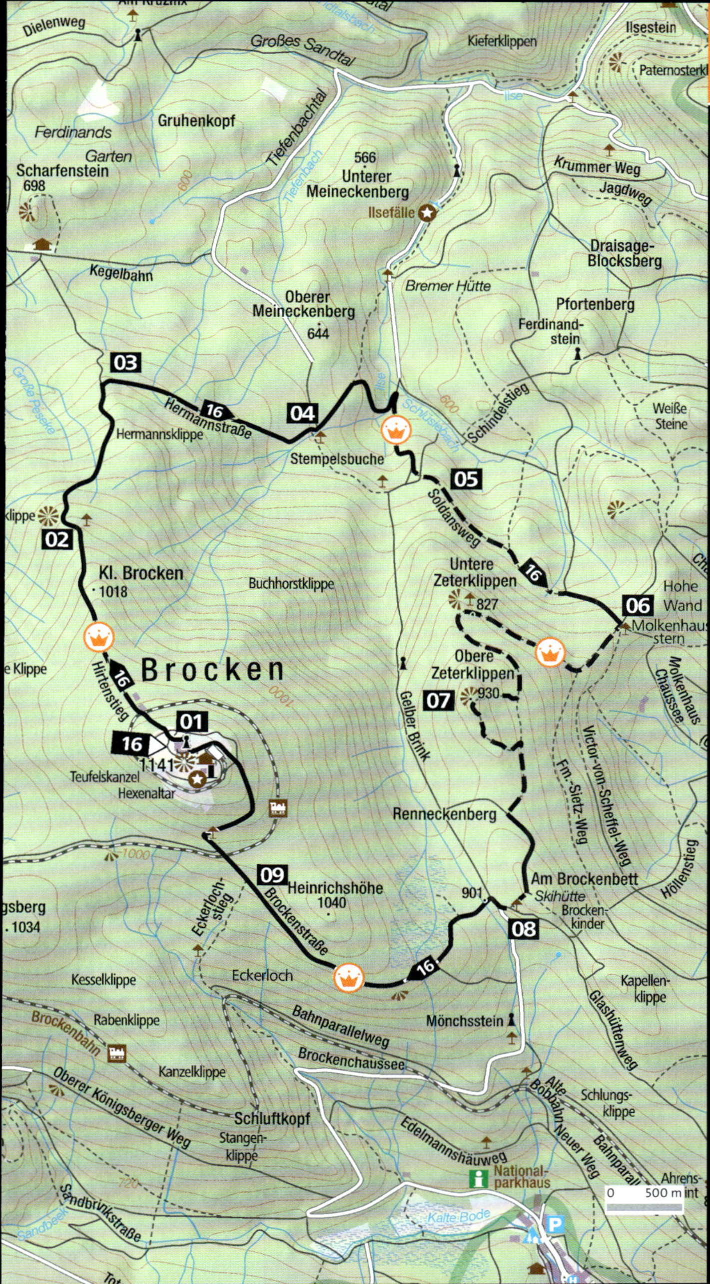
Dielenweg
Großes Sandtal
Kieferklippen
Ilsestein
Paternosterkl
Ilse
Gruhenkopf
Ferdinands
Garten
Scharfenstein
698
Tiefenbachtal
Tiefenbach
566
Unterer
Meineckenberg
Ilsefälle
Krummer Weg
Jagdweg
Draisage-
Blocksberg
Kegelbahn
Bremer Hütte
Oberer
Meineckenberg
644
Pfortenberg
Ferdinand-
stein
03
16
Hermannstraße
04
Große Peseke
Hermannsklippe
Stempelsbuche
Schlüsselbach
Schindelstieg
Weiße
Steine
05
Soldansweg
klippe
02
Kl. Brocken
1018
Buchhorstklippe
Untere
Zeterklippen
827
16
06
Hohe
Wand
Molkenhaus
stern
Brocken
e Klippe
Hirtenstieg
16
1000
Obere
Zeterklippen
07
930
Molkenhaus
Chaussee
01
16
1141
Teufelskanzel
Hexenaltar
Gelber Brink
Victor-von-Scheffel-Weg
Fm.-Sietz-Weg
Renneckenberg
1000
09
Heinrichshöhe
1040
Brockenstraße
Am Brockenbett
Skihütte
901
Brocken-
kinder
Höllenstieg
08
gsberg
1034
Eckerloch-
stieg
Kesselklippe
Eckerloch
16
Kapellen-
klippe
Bahnparallelweg
Mönchsstein
Rabenklippe
Brockenbahn
Brockenchaussee
Glashüttenweg
Kanzelklippe
Alte
Bobbahn
Neuer Weg
Schlungs-
klippe
Oberer Königsberger Weg
Schluftkopf
Stangen-
klippe
Edelmannshäuweg
National-
parkhaus
Bahnparall
Ahrens-
0
500 m
Sandbrinkstraße
Sandbeek
720
Kalte Bode

INS TORFHAUSMOOR

Moorrundwanderung am Fuße des Brocken

9,1 km 2:25 h 135 hm 135 hm

START | Großparkplatz bei Torfhaus.
[GPS: UTM Zone 32 x: 605911.061 Y: 5740331.648]
CHARAKTER | Einfache Rundwanderung auf unkomplizierten Wegen. Bei Nässe matschig.

Mit 800 hm ist Torfhaus die höchstgelegene Siedlung in Niedersachsen. Das direkt angrenzende Moor – auch Radaubornmoor genannt, da hier die Radau entspringt – gehört zu den Regenmooren und hat eine rund 10.000 Jahre alte, über fünf Meter dicke Torfschicht. 1713 bis 1786 wurde das Moor zur Torfgewinnung genutzt, woraufhin der Ort Torfhaus zu seinem Namen kam.

▶ Wir starten am Großparkplatz in **Torfhaus** 01 und laufen am nördlichen Ende des Parkplatzes über einen Schotterweg steil bergab. An der ersten Gabelung biegen wir links ein Richtung Bad Harzburg. Zwanzig Minuten folgen wir dem breiten Weg, dann biegen wir an der nächsten Kreuzung rechts auf den **Ulmer Weg** 02 ein. Mit ihm kreuzen wir einmal die Radau. Nach zwei Kilometern gelangen wir neuerlich an eine Kreuzung: Hier zweigen wir nach rechts auf den **Kaiserweg** 03 ab. Der wunderschön angelegte Weg besticht als naturnaher, breiter Pfad mit Wurzeln und Steinen. Hier wird die Nähe zum Moor schon ganz deutlich, der Weg ist gesäumt von Heidekraut. Dem Kaiserweg begegnen wir auf unseren Touren durch den Harz noch öfter, ist er doch

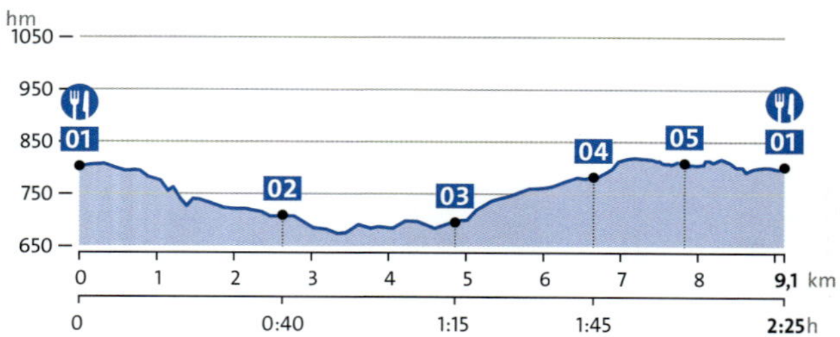

01 Torfhaus, 803 m; 02 Ulmer Weg, 717 m; 03 Kaiserweg, 708 m;
04 Luchsdenkmal, 784 m; 05 Torfhausmoor, 817 m

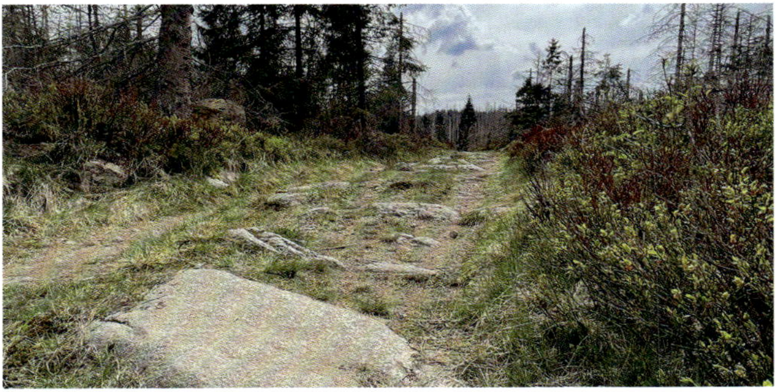
Auf dem Kaiserweg

ein bekannter Weitwanderweg, der den Harz und anschließend das Kyffhäusser Gebirge kreuzt. Bald erreichen wir wieder einen breiten Schotterweg, an dem wir scharf links knicken. Er bringt uns zum Brücklein über die Abbe und auch zum **Luchsdenkmal** **04**: Die Künstlerin Anna Barth schuf eine Luchsfigur aus Bronze, die 2017 eingeweiht wurde. Der Sockel ist ein Diabas, auch Grünstein genannt. Er stammt aus der mehr als 170 m tiefen Sohle des Huneberg-Steinbruchs, gerade mal 6 km von hier entfernt. Wir wandern weiter geradeaus, bis uns die nächste Gelegenheit nach links abbiegen lässt. Wir folgen einem schönen Weg am Abbegraben entlang. Nach einer viertel Stunde überqueren wir ihn und folgen dem Bohlenstieg ins **Torfhausmoor** **05** hinein. Die mystische und märchenhafte Moorlandschaft zieht uns sofort in ihren Bann. So lassen wir uns am Aussichtspunkt mit Rastplatz nieder, um die Stimmung ein wenig zu genießen. Für das letzte Stück wandern wir nochmal kurz auf dem Bohlenweg, dann halten wir uns in Torfhaus links und laufen schließlich an der B4 entlang zurück zum Parkplatz **Torfhaus** **01**.

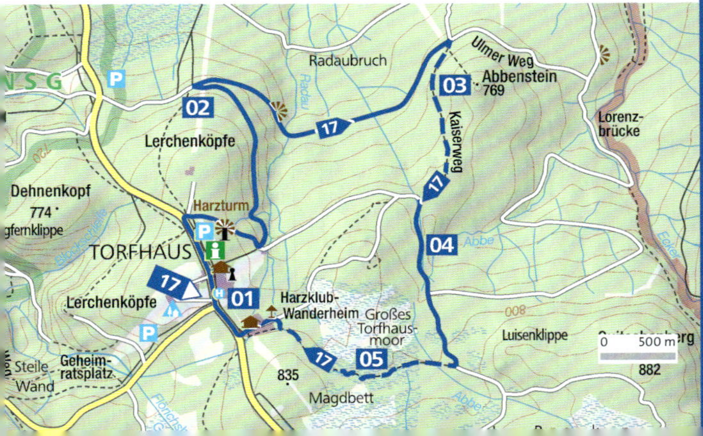

VON ALTENAU NACH TORFHAUS

Auf dem Harzer Hexenstieg entlang des Dammgrabens

9,2 km 2:25 h 422 hm 77 hm

START | Altenau. Parkplatz am Schultal Ecke Mühlenbergstraße. [GPS: UTM Zone ?? x: 599894.475 y: 5740238.714]
CHARAKTER | Einfache Wanderung auf dem Harzer Hexenstieg, teils entlang des Dammgrabens nach Torfhaus.

Die kleine Bergstadt Altenau liegt im Zentrum von fünf Tälern am Fuße des Bruchbergs. Sie ist nicht nur als heilklimatischer Kurort bekannt, nebenbei nennt sie Europas größten Kräuterpark ihr Eigen. Hier kann man über 1.500 Gewürze und Kräuter in der GewürzGalerie bestaunen. Auf der Wanderung nach Torfhaus folgen wir kurz nach dem Okerteich dem Dammgraben. Schwere Stürme in der älteren und jüngeren Vergangenheit haben dem Weg jedoch stark zugesetzt: Nach dem Okerteich müssen wir uns den ausgetrampelten Pfad durch den Wald suchen; im Bereich des Nabentaler Wasserfalls wurde der Weg gänzlich umgeleitet.

Wir starten am Parkplatz **Altenau** 01 im Schultal. Zunächst folgen wir dem Sträßchen Mühlberg und dem roten Querbalken bis zum Ortsrand. Hier erwarten uns direkt nach der Harzkeramik einige langgestreckte Stufen, die uns schnell bergan bringen. Über Wiesen und durch Wald gelangen wir an eine Kreuzung. Nach rechts gewandt und beim nächsten Haus links wandern wir bald auf einem schmäleren Weg jetzt mit dem roten Punkt, bis wir den

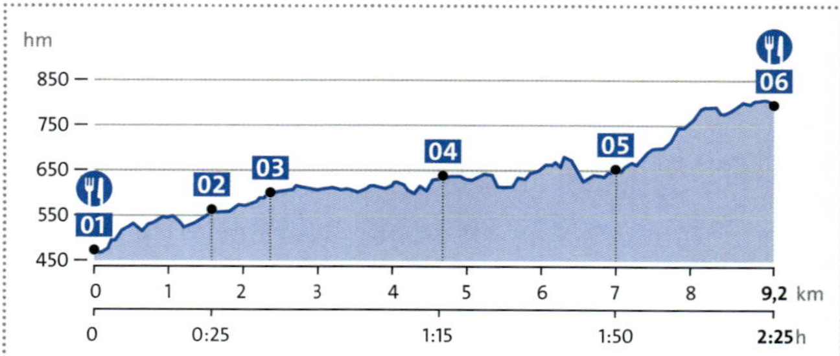

01 Altenau, 457 m; 02 Okerteich, 459 m; 03 Silberbrunnen, 597 m; 04 Förster-Ludwig-Platz, 630 m; 05 Nabetaler Wasserfall, 656 m; 06 Torfhaus, 798 m

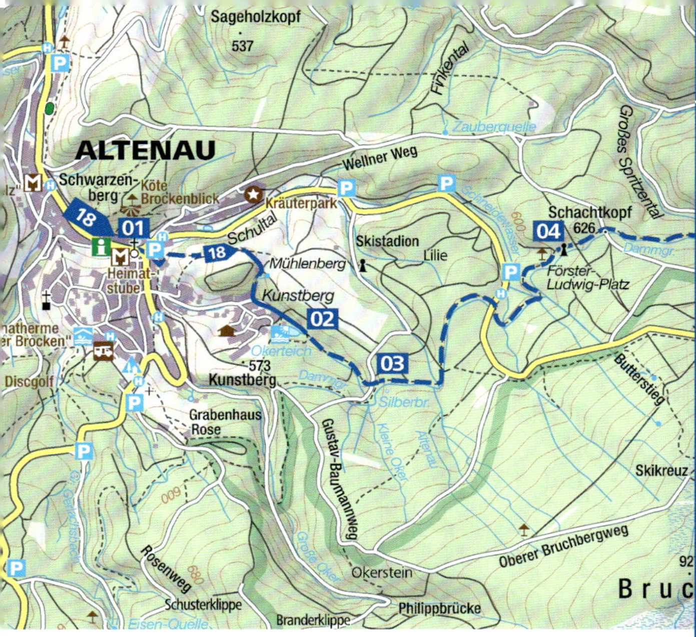
Sageholzkopf
537
Finkental
Zauberquelle
Großes Spritzental
ALTENAU
Wellner Weg
Schwarzenberg
Köte Brockenblick
Kräuterpark
Schultal
18
01
Heimatstube
Mühlenberg
Skistadion
Lilie
Schachtkopf
626
04
Dammgr.
Förster-Ludwig-Platz
Kunstberg
02
Okerteich
573
Kunstberg
03
Silberbr.
Discgolf
Grabenhaus Rose
Gustav-Baumannweg
Kleine Oker
Altenau
Butterstieg
Skikreuz
Oberer Bruchbergweg
Rosenweg
Große Oker
Okerstein
Schusterklippe
Branderklippe
Philippbrücke
Eisen-Quelle
Bruc

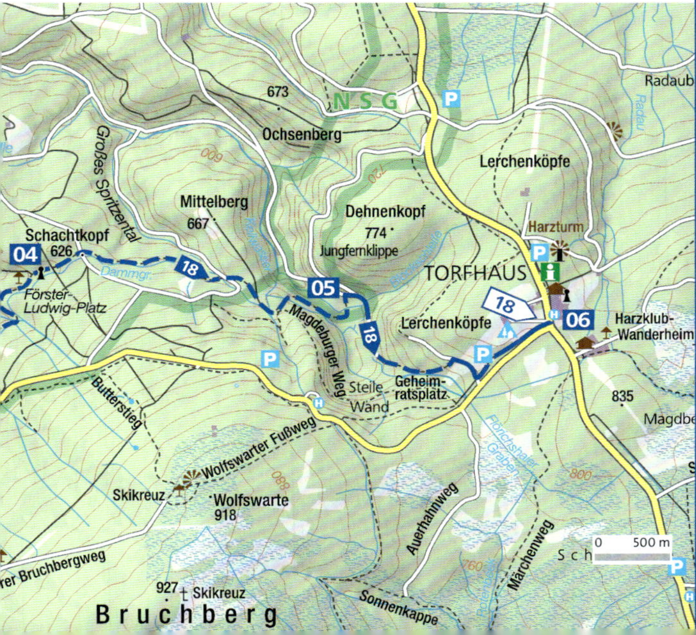
673
NSG
Ochsenberg
Radau
Großes Spritzental
Lerchenköpfe
Mittelberg
667
Dehnenkopf
774
Jungfernklippe
Harzturm
Schachtkopf
626
04
Förster-Ludwig-Platz
Dammgr.
18
05
TORFHAUS
18
06
Lerchenköpfe
Harzklub-Wanderheim
Magdeburger Weg
Steile Wand
Geheimratsplatz
835
Butterstieg
Wolfswarter Fußweg
Skikreuz
Wolfswarte
918
Auerhahnweg
Märchenweg
0
500 m
Bruchbergweg
927
Skikreuz
Bruchberg
Sonnenkappe

Okerteich 02 erreichen. Künstlich angelegt, dient er im Sommer als Waldschwimmbad. Wir bleiben geradeaus, an der kleinen Oker entlang. In den nächsten paar hundert Metern überqueren wir zweimal einen breiten Waldweg. Kurz darauf stoßen wir direkt auf den Dammgraben. Vorbei am **Silberbrunnen** 03 (Anmerkung des Autors: Er wurde im Zuge der schweren Stürme im Winter 2022 vollkommen zerstört. Ein Steinhaufen erinnert noch an seine Existenz). Wir wandern mit dem Dammgraben nach links und queren dabei die Altenau. Eine viertel Stunde später kreuzen wir die Steile-Wand-Straße und stehen einen Kilometer später am **Förster-Ludwig-Platz** 04. Nach einer kleinen Rast geht's weiter – uns fällt dabei auf, dass die Granite an der Oberfläche sich häufen. Ein erstes Anzeichen für die Nähe zum Brocken. Der Harz Klub Zweigverein Magdeburg finanzierte den Weg vor dem Zweiten Weltkrieg mit, weshalb wir uns jetzt auf dem Magdeburger Weg befinden. Er führt uns zum Nabentaler Graben. Nur wenige hundert Meter darauf queren wir die Nabe. Kurz zuvor führt auf der linken Seite ein hölzernes Geländer. Wir nutzen die Gelegenheit zu einem Abstecher hinab zum **Nabetaler Wasserfall** 05. Am Infopunkt Nabetaler Wasserfall werden wir darüber informiert, dass der Weg 2017 auf Grund von Sturmschäden gesperrt werden musste. Wir folgen der Umleitung weg vom Magdeburger Weg. An der nächsten Verzweigung halten wir uns rechts, über den Skihang „Am Rinderkopf" hinüber und an der Landesstraße links in wenigen Minuten nach **Torfhaus** 06.

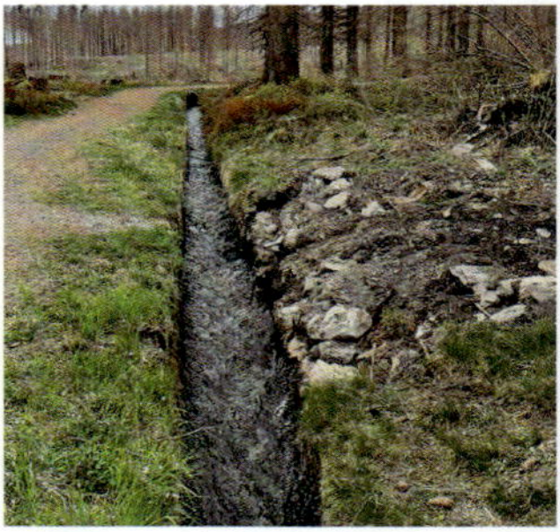
Schnurgerade fließt der Dammgraben vor sich hin

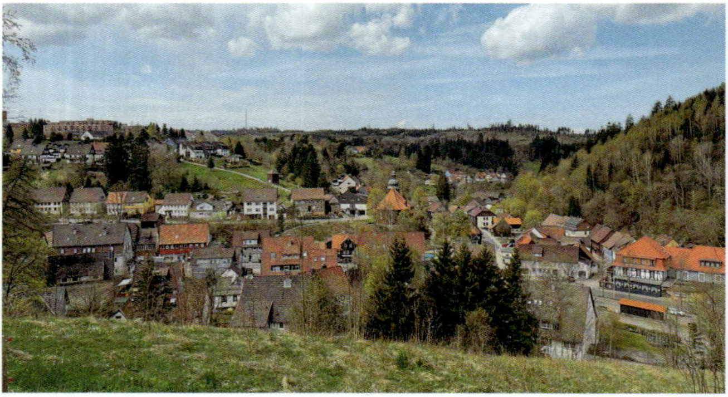
Herrlicher Blick auf Altenau

VON TORFHAUS NACH ST. ANDREASBERG

Sonnige Wanderung am Rehberger Dammgraben

13 km 3:30 h 70 hm 260 hm

START | Gebührenpflichtiger Parkplatz bei Torfhaus. [GPS: UTM 32 x: 605911.061 y: 5740331.648]
CHARAKTER | Einfache Wanderung stetig abwärts über den Rehberger Dammgraben. Festes Schuhwerk sinnvoll, im Bereich des Oderteichs kann es durchaus mal matschig werden.

Während der Bergbauzeit wurden in den letzten dreihundert Jahren Gräben mit einer Gesamtlänge von 500 km ausgehoben, um Wasser einzusammeln und zu den Bergwerken zu bringen. 143 Teiche wurden aufgestaut, um das Wasser für trockene Zeiten zu speichern. Teile davon, wie der Rehberger Graben, sind noch erhalten. An jedem Graben verläuft ein schöner Wanderweg, wodurch wir dieses bedeutende Kulturmerkmal erwandern können.

▶ Vom Großparkplatz in **Torfhaus** 01 laufen wir am Nationalparkhaus vorbei. Auf der linken Straßenseite führt ein schmaler Weg noch am Abzweig der L504 vorüber, dann machen wir am asphaltierten Sträßchen (Goethestraße) einen Links- und Rechtsschwenk. So müssen wir nicht direkt an der B4 entlanglaufen. Über den Abbegraben und die B4 hinüber bringt uns auf der anderen Straßenseite direkt der Märchenweg hinab. Über diverse Brücken und Stege

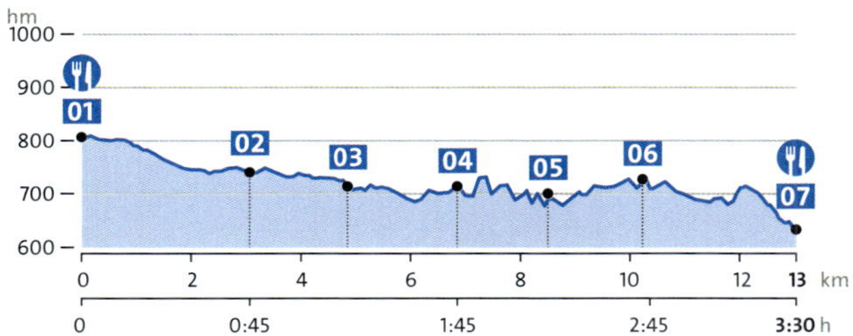

01 Torfhaus, 815 m; 02 Oderteich, 745 m; 03 Rehberger Grabenweg, 710 m; 04 Sarghaihütte, 695 m; 05 Goetheplatz, 701 m; 06 Rehberger Grabenhaus, 675 m; 07 St. Andreasberg, 627 m

können wir sumpfige Stellen trockenen Fußes überqueren. Nach etwa einer drei viertel Stunde erreichen wir den **Oderteich** 02. Über wurzelige Wege schlendern wir an seinem Ostufer entlang. Die B242 queren wir nach rechts, und weiter geht's hinab erst auf einem asphaltierten, dann über einen Schotterweg. Ein paar Minuten später beginnt der **Rehberger Grabenweg** 03 am Dammgraben entlang. An der darauf folgenden **Sarghaihütte** 04 können wir eine Pause einlegen. Als nächstes passieren wir auf unserer Route den **Goetheplatz** 05: Ebenfalls ein schöner Rastplatz am Fuße der Hohen Klippen. Eine Tafel informiert uns, dass Goethe hier einst die Kontaktzone von Hornfels und Granit entdeckte. Der Weg beschreibt eine weite Rechtskurve, während er sich allmählich dem Steilhang zuwendet. Am **Rehberger Grabenhaus** 06 haben wir uns dann eine Brotzeit verdient – allerdings eine selbst mitgebrachte, das Rehberger Grabenhaus war im Frühjahr 2022 auf unbestimmte Zeit geschlossen. Für den Endspurt folgen wir dem Rehberger Graben bis an sein Ende. Hier laufen wir, bereits am Ortsrand von St. Andreasberg angekommen, geradeaus über „Am Gesehr" in den Ort hinein. Nach ein paar Minuten queren wir die Braunlager Straße geradeaus und folgen der Schützenstraße zur Bushaltestelle Schützenhaus in **St. Andreasberg** 07. Der Bus Nr. 280 bringt uns direkt von der Haltestelle Schützenhaus zurück nach Torfhaus.

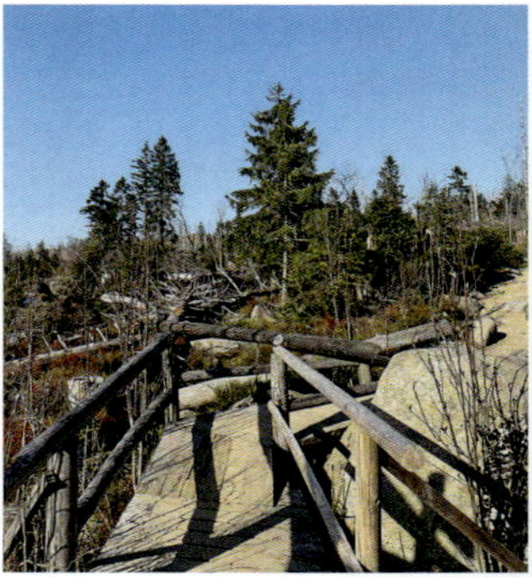

Holzbrücke beim Oderteich

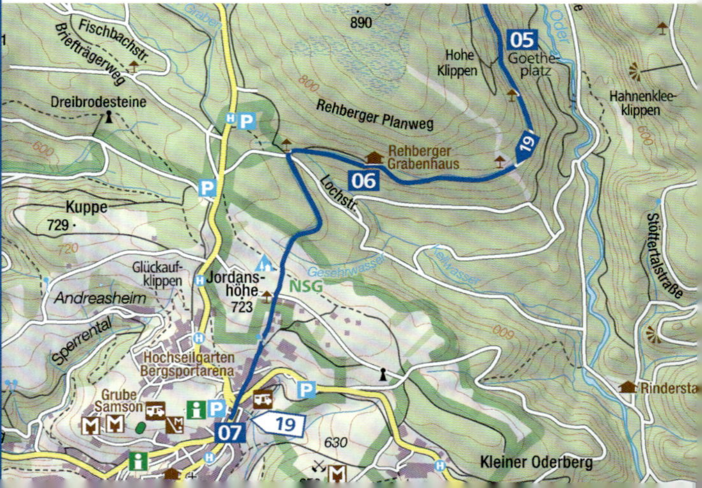

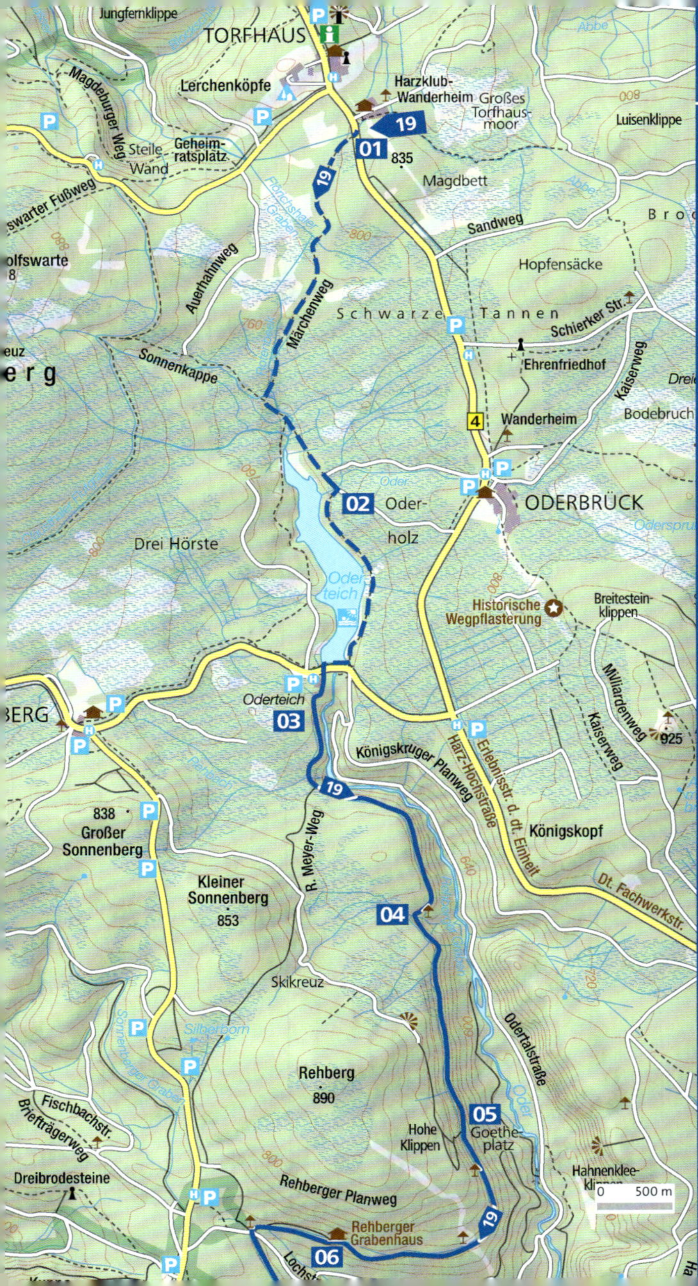
Jungfernklippe
TORFHAUS
Lerchenköpfe
Harzklub-Wanderheim
Großes Torfhaus-moor
Luisenklippe
Magdeburger Weg
Steile Wand
Geheimratsplatz
835
Magdbett
Sandweg
Hopfensäcke
Auerhahnweg
Märchenweg
Schwarze Tannen
Schierker Str.
Ehrenfriedhof
Sonnenkappe
Kaiserweg
Bodebruch
Wanderheim
Oder-holz
ODERBRÜCK
Drei Hörste
Oderteich
Historische Wegpflasterung
Breitestein-klippen
Oderteich
Milliardenweg
Kaiserweg
925
Königskruger Planweg
Harz-Hochstraße
Erlebnisstr. d. dt. Einheit
838
Großer Sonnenberg
R. Meyer-Weg
Königskopf
Kleiner Sonnenberg
853
Dt. Fachwerkstr.
Skikreuz
Silberborn
Odertalstraße
Rehberg
890
Fischbachstr.
Briefträgerweg
Hohe Klippen
Goetheplatz
Dreibrodesteine
Rehberger Planweg
Rehberger Grabenhaus
0 500 m
01
02
03
04
05
06
19

ÜBER DIE HAMMERSTEINKLIPPE ZUM SPERBERHAIER DAMMHAUS

Am Dammgraben entlang zu den Klippen

12,9 km 3:30 h 351 hm 351 hm

START | Parkplatz Dammgraben. Wir erreichen den Parkplatz von Altenau kommend über die B498 Richtung Sperberhaier Dammhaus. Ca. 1 km vor dem Dammhaus auf der linken Seite. [GPS: UTM Zone 32 x: 598997.537 y: 5737931.583]
CHARAKTER | Einfache Wanderung, sehr kurzweilig und abwechslungsreich oft am Dammgraben entlang. Trittsicherheit im Bereich der Klippen und des Morgenbrodstaler Grabens.

Wir wandern entlang des Sperberhaier Dammgrabens und besuchen unterwegs mehrere Klippen, die zwar geographisch nah beieinander liegen, doch jede hat ein anderes Ambiente. Der Sperberhaier Damm wurde im 18. Jahrhundert angelegt und diente dazu, das Wasser des Dammgrabens über die Senke des Sperberhaies auf die Clausthaler Hochebene zu leiten. Das Wasser wurde für die Wasserräder der Clausthaler Bergwerke benötigt.

Vom Parkplatz am **Dammgraben** 01 laufen wir kurz an der Bundesstraße entlang und biegen

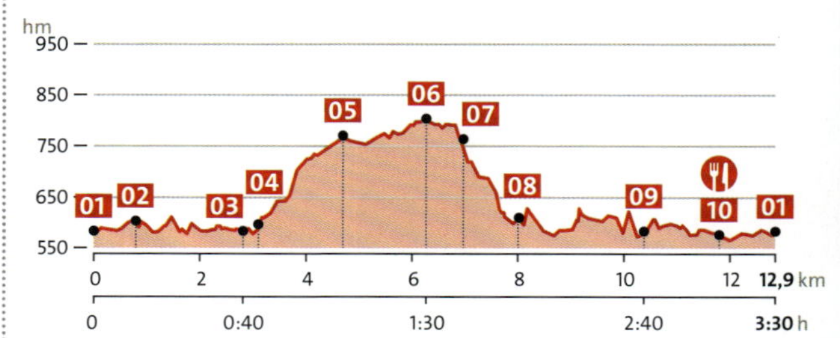

01 Dammgraben, 577 m; 02 Eisenquelle , 597 m; 03 Wasserwerk Altenau, 592 m; 04 Wildnispfad Altenau, 592 m; 05 Branderklippe, 767 m; 06 Stieglitzecke , 799 m; 07 Hammersteinklippen, 771 m; 08 Morgenbrodshütte, 618 m; 09 Siebenwochenklippe, 591 m; 10 Sperberhaier Dammhaus, 579 m

dann links auf den Schotterweg ein. Gleich darauf laufen wir direkt am Dammgraben weiter und gelangen in wenigen Minuten zur **Eisenquelle** 02. Die Quelle besitzt eine gemauerte Einfassung. Auffällig ist die durch den hohen Eisengehalt bedingte rötliche Färbung des Wassers. Hier treffen wir auch auf den Großen Gerlachsbach, der bei Altenau in die Oker mündet. Wir folgen dem Dammgraben weiter, am **Wasserwerk Altenau** 03 vorbei. Ein paar Meter später biegen wir am breiten Weg rechts ein. Neben uns befindet sich das Grabenhaus Rose. Wir folgen dem Weg Richtung Osten, nach ein paar Metern sehen wir linker Hand den **Wildnispfad Altenau** 04. Wir folgen dem Weg nach rechts nun langsam ansteigend und mit dem grünen Punkt. An der nächsten Kreuzung geradeaus weiter erreichen wir nach guten 20 Minuten eine T-Kreuzung; wir sind am Abzweig **Branderklippe** 05. Hier lohnt sich ein Abstecher nach links zum gleichnamigen Quarzitfelsen. Dann folgen wir der E6 wieder in Richtung Süden zur B242. Wir überqueren sie schräg nach links und stehen am Parkplatz der **Stieglitzecke** 06. Jetzt geht's weiter über die 14C zu den **Hammersteinklippen** 07. Sie ist Teil des Höhenzugs „Auf dem Acker". Er hebt sich von seiner Umgebung durch eine außergewöhnliche Gesteinsart – dem sehr harten Acker-Bruchberg-Quarzit – ab. Die Hammer-

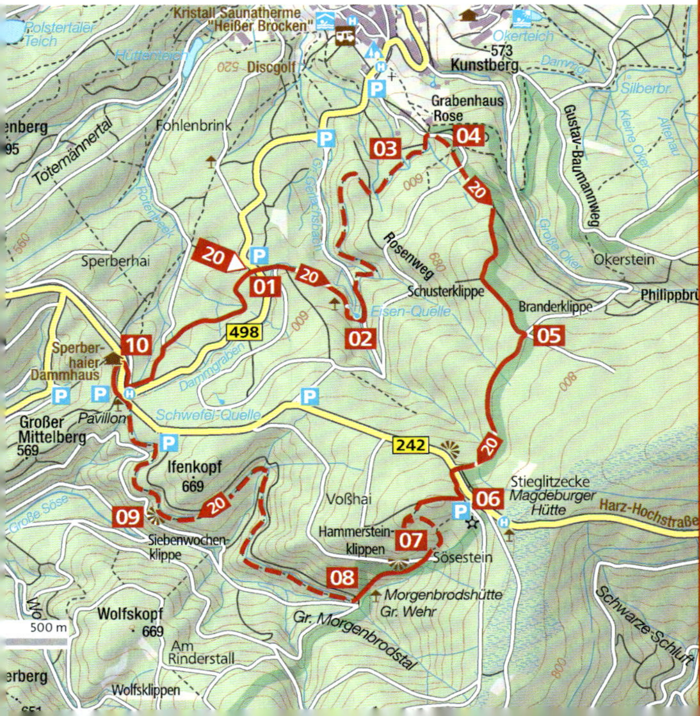

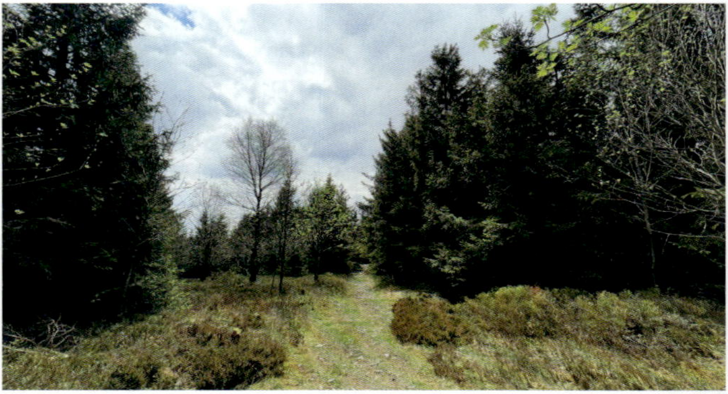

An der Stieglitzecke

steinklippen erheben sich gut 780 m über dem Sösetal und bieten einen herrlichen Blick auf eben jenes. Steil steigen wir auf schmalen Pfaden zum Großen Wehr hinunter. Dort vereinigen sich der Morgenbrodtstaler Graben und die Große Söse. An der **Morgenbrodshütte** 08 können wir kurz pausieren, bevor wir das letzte Stück Weg vor unserer Einkehr in Angriff nehmen. Mit dem blauen Querbalken wandern wir nun auf dem Morgenbrodtstaler Graben recht steinig zur **Siebenwochenklippe** 09. Eine tolle Aussicht haben wir hier! Dann laufen wir nochmal gute 20 Minuten zum **Sperberhaier Dammhaus** 10: Das beliebte und traditionsreiche Haus erwartet uns mit Harzer Spezialitäten. Über den Hexenstieg geht's dann am Hang über dem Okertal durch die Wälder zurück zur Bundesstraße und dem Parkplatz **Dammgraben** 01.

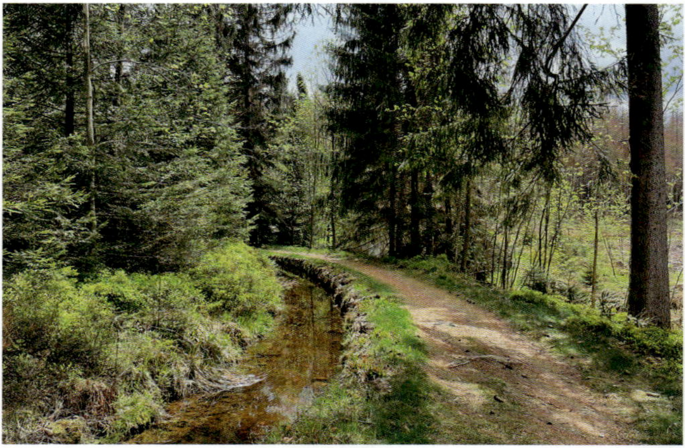

Der Weg führt direkt am Dammgraben entlang

VON ODERTEICH NACH SONNENBERG

Am ältesten Teichdamm des Harzes

15,7 km 4:15 h 218 hm 218 hm

START | Oderteich.
[GPS: UTM Zone 32 x: 605941.865 y: 5735914.101]
CHARAKTER | Die romantischen, wurzeligen Wege am Oderteich verlangen ein wenig Aufmerksamkeit. Danach verläuft der Weg bis Sonnenberg relativ gemütlich, mit angenehmen Steigungen. Falls der Rupert-Meyer-Weg gesperrt sein sollte, kann man alternativ durchs Moorgebiet teils über Bohlenstiege an der B242 entlang zurückkehren.

Zwischen 1715 und 1722 wurde der Oderteich errichtet. Um die Gruben besser mit Aufschlagwasser versorgen zu können, wurde die Oder am Einlaufwehr des Rehberger Grabens aufgestaut. Der berühmte Harzer Teichdamm ist mit einem Fassungsvermögen von 1,7 Millionen m³ die älteste Talsperre Deutschlands. Das Besondere an der Konstruktion des Oderteiches ist, dass er statt eines Stützkörpers aus Erdreich und Steinen verdichtet mit Rasenhaupt aus großen Granitsteinen und Granitsand besteht. Heute wird sein Wasser noch immer zur Stromerzeugung für Sankt Andreasberg genutzt. An der Westseite gibt es ein paar schöne Badestellen, die Ostseite ist der Natur vorbehalten: im angrenzenden Moorgebiet gedeihen seltene Pflanzen und viele Tiere haben hier ein Rückzugsgebiet gefunden.

▶ Vom Parkplatz am **Oderteich** 01 überqueren wir die B242

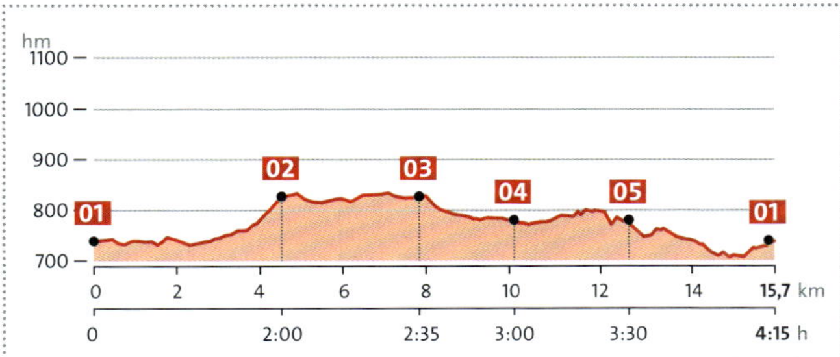

01 Oderteich, 724 m; 02 Sonnenkappe, 825 m; 03 Rastplatz Clausthaler Flutgraben, 820 m; 04 Sonnenberg, 770 m; 05 Rehberger Planweg, 764 m

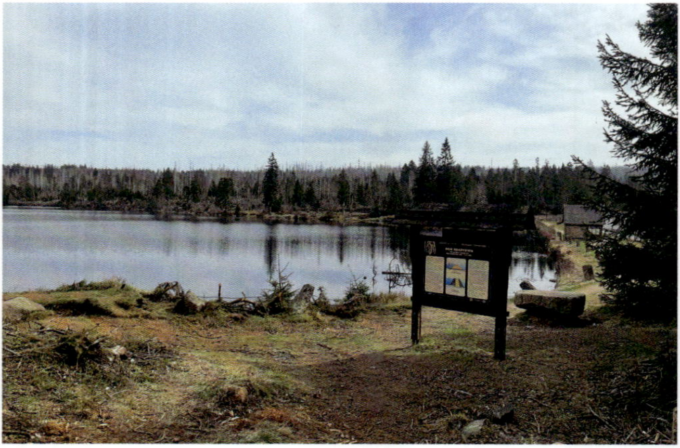

Am Oderteich

und laufen Richtung westlicher Badebereich. Wurzelige Wege führen uns direkt entlang des Wassers. Nach einiger Zeit werden wir wieder auf einen etwas breiteren Weg geleitet, der uns schließlich bis zu einer Brücke mit einem Schild des Nationalparks heranführt. Hier wandern wir weiter geradeaus Richtung Torfhaus und Clausthaler Flutgraben. Nur wenig später zweigt rechter Hand der Märchenweg nach Torfhaus hab. Wir ignorieren ihn und wandern weiter geradeaus, aufwärts nun, bis wir schließlich auf den Clausthaler Flutgraben stoßen. Wir folgen ihm nach links auf einem schmalen Pfad nun stetig am Graben entlang. Nach ein paar hundert Metern, am Fehlschlag **Sonnenkappe** 02, macht der Clausthaler Flutgraben einen Linksnick. Wir wandern entspannt eine gute halbe Stunde an seinem Wasserlauf entlang, bis wir nach links geleitet werden. Hier lädt der **Rastplatz Clausthaler Flutgraben** 03 mit Tisch und Bänken zu einer Rast ein. Ab hier geht es wieder hinab auf einem schönen Waldweg bis kurz zur Bundesstraße. Wir überqueren sie, dann schwenkt der Weg nach links, durch Wiesengelände, über ein Brücklein und dann parallel zur Straße bis nach **Sonnenberg** 04. Wir bleiben auf der rechten Straßenseite. Dann überqueren wir die Straße nach St. Andreasberg und wenden uns nach rechts. Parallel zu dieser Straße kurz über die Wiese und auf einem Pfad in den Wald hinein. Der verwilderte, nicht ganz einfach zu findende Steig führt uns aufwärts bis an einen Schotterweg. Das Wanderschild zeigt uns schon die Richtung: Geradeaus laufen wir nun auf dem **Rehberger Planweg** 05 Richtung Oderteich. Nach zwanzig Minuten zweigt linker Hand ein Weg ab. Er führt in zehn Minuten durch den Wald über einen Steig hinunter zum Rehberger Graben, dem wir dann nach links zurück zum **Oderteich** 01 folgen.

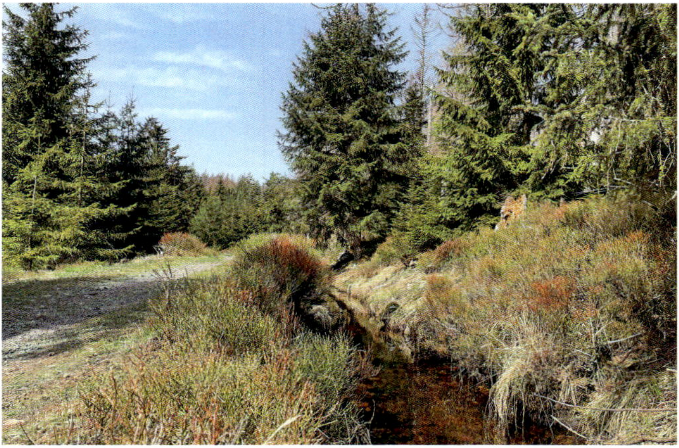

Am Clausthaler Flutgraben

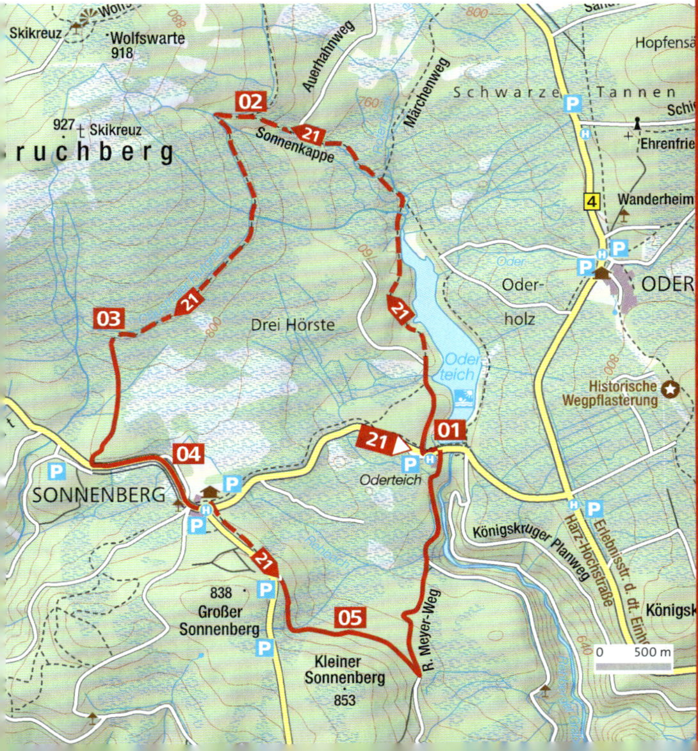

VON ODERTEICH NACH ODERHAUS

Von einer historischen Talsperre ins Odertal

9,4 km 2:30 h 20 hm 307 hm

START | Parkplatz Oderteich an der Harzhochstraße.
[GPS: UTM Zone 32 x: 605947.223 y: 5735905.536]
CHARAKTER | Sehr einfache Wanderung bergab über breite Wege.

Von Oderteich wandern wir heute ins tief eingschnittene, untere Odertal zum Oderhaus. Hier hat die Nationalparkverwaltung ihren Nebensitz. Zuvor machen wir einen Abstecher über das gemütliche Ausflugslokal Rinderstall. Für den Rückweg können wir entweder den gleichen Weg zurückwandern, oder wir nehmen den Bus 820 nach St. Andreasberg. Am Schützenhaus steigen wir aus und nehmen dann den Bus 820 Richtung Braunlage über Sonnenberg. Haltestelle Oderbrück, Oderteich. Fahrtzeit etwa eine halbe Stunde.

▶ Vom Parkplatz am **Oderteich** 01 laufen wir ein Stück an der Straße entlang. Auf Höhe des Oderteichs biegen wir rechts in den Rehberger Grabenweg ein. Gleich darauf steigen wir links über ein paar schöne Treppen hinab zum Striegelauslauf. Hier beginnt der Rehberger Graben, in dem das Wasser aus dem Oderteich nach St. Andreasberg fließt. Heute werden mit dem Wasser in sieben kleinen Wasserkraftanlagen Turbinen angetrieben, die elektrischen Strom erzeugen. Die hier mündenden Eichenrohre liegen ständig unter Wasser und haben so eine lange Lebensdauer. Obwohl schon vor langer Zeit von den Bergleuten Vorkehrungen getroffen wurden, damit die Rohre

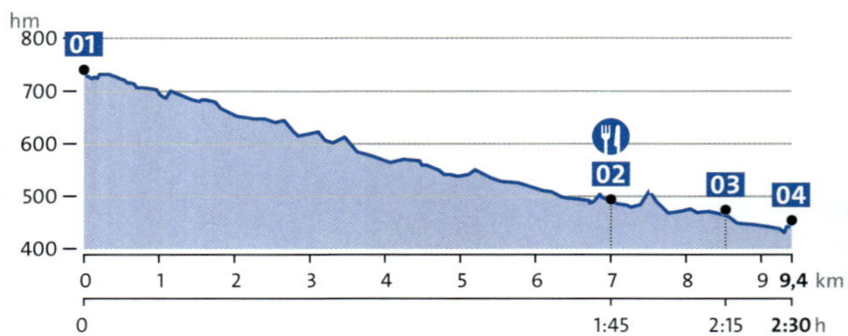

01 Oderteich, 727 m; 02 Rinderstall, 494 m; 03 Wildtier-Beobachtunsstation, 470 m; 04 Oderhaus, 434 m

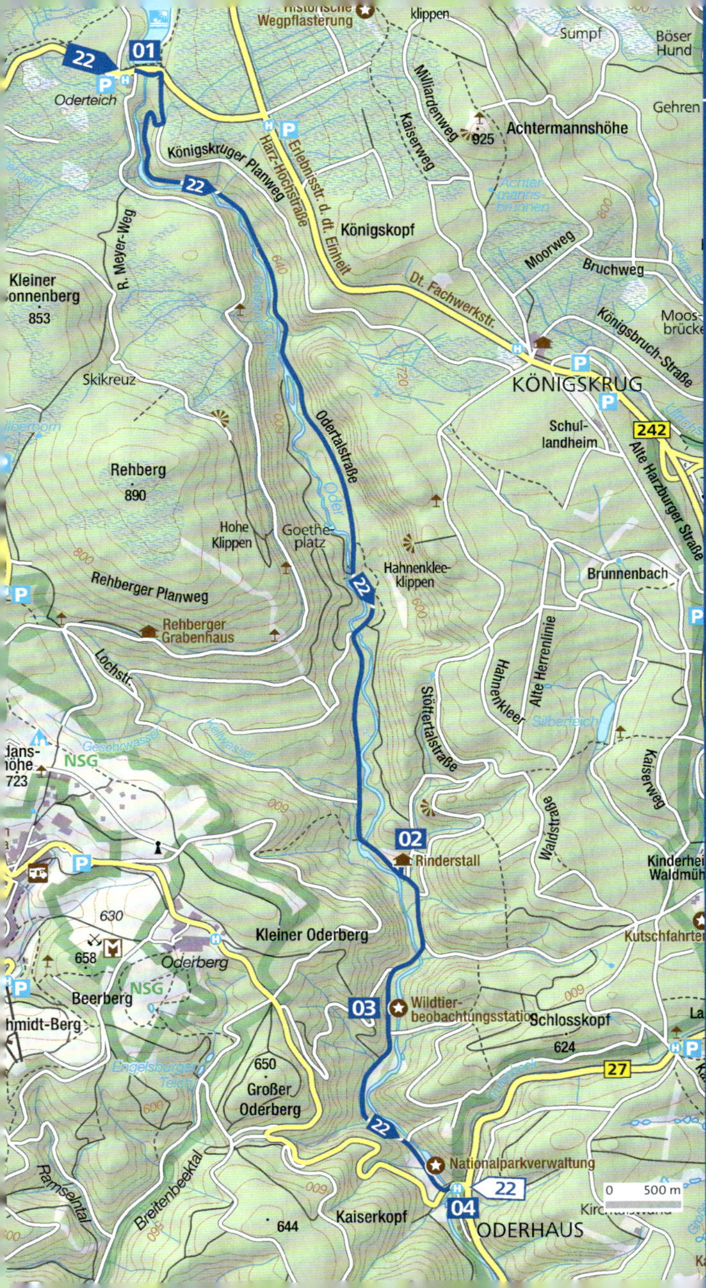
Historische Wegpflasterung
klippen
Sumpf
Böser Hund
22
01
Oderteich
Gehren
Milliardenweg
Kaiserweg
Achtermannshöhe
925
Königskruger Planweg
Harz-Hochstraße
Erlebnisstr. d. dt. Einheit
Achtermannsbrunnen
22
800
Königskopf
Moorweg
R. Meyer-Weg
640
Bruchweg
Kleiner Sonnenberg
853
Dt. Fachwerkstr.
Königsbruch-Straße
Moosbrücke
720
Skikreuz
KÖNIGSKRUG
Oder
Odertalstraße
Schullandheim
242
Alte Harzburger Straße
Rehberg
890
Hohe Klippen
Goetheplatz
800
Hahnenkleeklippen
22
Brunnenbach
600
Rehberger Planweg
Rehberger Grabenhaus
Lochstr.
Stöttertalstraße
Hahnenkleer
Alte Herrenlinie
Silberteich
Kaiserweg
Gesehrwasser
NSG
723
600
Waldstraße
02
Rinderstall
Kinderheim Waldmühle
630
Kleiner Oderberg
Kutschfahrten
658
Oderberg
Beerberg
NSG
03
Wildtierbeobachtungsstation
Schlosskopf
624
600
27
650
Großer Oderberg
Engelsburger Teich
600
Ramseltal
Breitenbeektal
22
Nationalparkverwaltung
22
04
0 500 m
600
644
Kaiserkopf
ODERHAUS

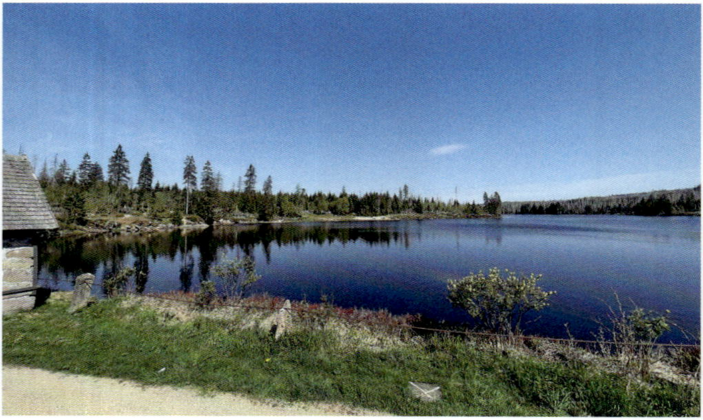

Am Oderteich startet der Weg

ausgetauscht werden können, sind die von 1715 verlegten Rohre noch immer in Betrieb. Wir laufen also an der großen Ausflut vorbei und steigen auf der anderen Seite wieder empor. Dann wenden wir uns auf dem Schotterweg nach rechts. An der nächsten Gabel halten wir uns nochmals rechts, dann wandern wir stetig auf diesem Weg fast eineinhalb Stunden an der Oder entlang ins Odertal. Kurz nach der zweiten Oderquerung weist uns schließlich ein Wegschild scharf nach links zum **Rinderstall** 02. Hier kehren wir gemütlich ein, bevor uns das letzte Wegstück aufnimmt. Wir kreuzen nochmal die Oder und laufen an der **Wildtier-Beobachtungsstation** 03 vorbei. Zwanzig Minuten später stehen wir am **Oderhaus** 04.

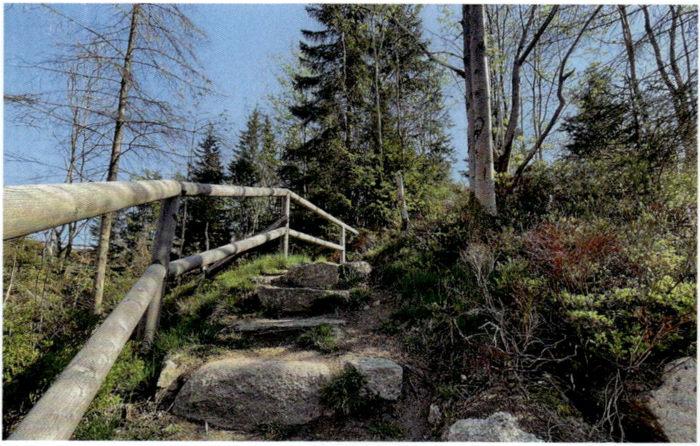

Über Steintreppen steigen wir wieder empor

VON ODERBRÜCK AUF DIE ACHTERMANNSHÖHE

Durch Moorlandschaft zu einem aussichtsreichen Gipfel

11,5 km 3:15 h 275 hm 275 hm

START | Parkplatz beim Ehrenfriedhof: B4, ca. 1 km hinter Oderbrück Richtung Torfhaus auf der linken Seite. In den Weg einfahren, Parkplatz liegt etwas erhöht versteckt.
[GPS: UTM Zone 32 x: 606959.895 y: 5738234.030]
CHARAKTER | Die Wege verlaufen auf dieser Runde meist auf breiten Schotterwegen, kurz nach und kurz vor dem Parkplatz über einen Wiesenpfad. Der Anstieg auf die Achtermannshöhe ist kurz, aber steil und steinig. Der Weg vom Fuße des Gipfels ist steinig und technisch schwer, ebenso wie der Pflasterweg nach Oderbrück.

Neben unserem aussichtsreichen Ziel, der Achtermannshöhe, erwartet uns auf dieser Wanderung das Hochmoor Bodebruch. Es ist eines von mehreren Hochmooren im Oberharz und grenzt im Norden an das Brockenfeld, im Südosten an das Rote Bruch und im Südwesten an das Oderbruch. Es ist ca. 4000 Jahre alt und somit noch relativ jung. Torfmoos kann 25 mal mehr Wasser aufnehmen,

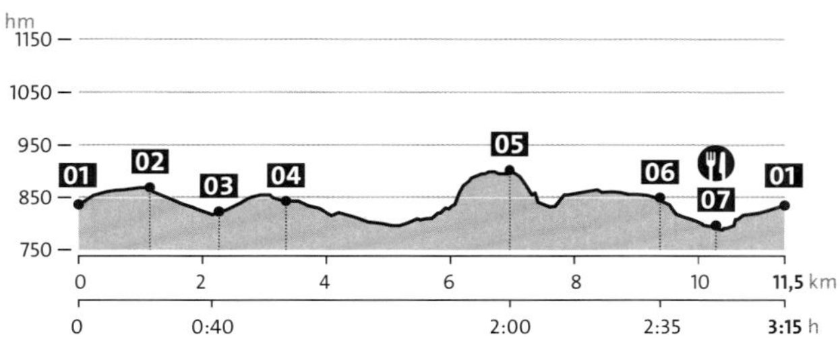

01 Parkplatz beim Ehrenfriedhof, 822 m; 02 Rastplatz beim Brockenfeld, 868 m; 03 Brücke, 811 m; 04 Aussichtsplattform Bodebruch, 836 m; 05 Achtermannshöhe, 926 m; 06 Historischer Pflasterweg, 849 m; 07 Oderbrück, 796 m

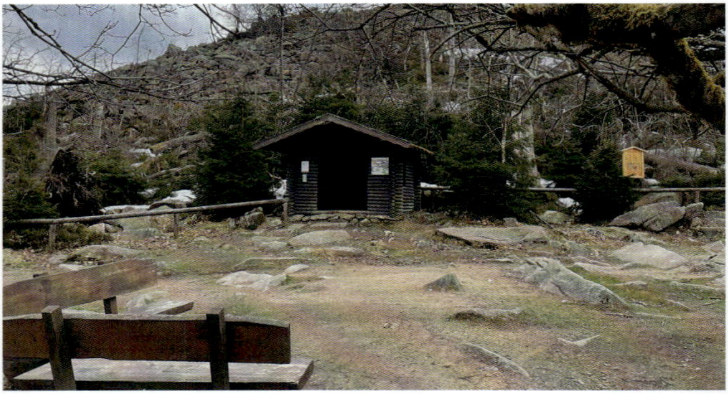

Am Fuße der Achtermannshöhe

als seine Trockenmasse wiegt. Unten stirbt es mit der Zeit ab, oben wächst es weiter. Durch den Sauerstoffmangel verrottet das tote organische Material nicht vollständig und bildet Torf und damit ein Moor. Im Bodebruch entspringt die Quelle der Großen Bode.

▶ Vom **Parkplatz beim Ehrenfriedhof 01** wenden wir uns zunächst nach Osten und folgen dem Teerweg hinauf, bald am Ehrenfriedhof (rechter Hand) vorbei. Ab hier empfängt uns ein Schotterweg, der uns in einer guten viertel Stunde an den **Rastplatz beim Brockenfeld 02** bringt. Hier wenden wir uns nach rechts Richtung Oderbrück auf den blauen Punkt. Er bringt uns über den Kaiserweg bald an eine Kreuzung: Wir schwenken nach links über eine **Brücke 03** Richtung Aussichtsplattform. Auch hier sind leider die von Borkenkäfer und Trockenheit angerichteten Schäden unübersehbar. Am nächsten Wanderschild führt uns der Weg über einen breiten, mit Steinen durchsetzten Pfad Richtung Hochmoor. Knapp zehn Minuten später beginnt der Plankenweg. An einer Gabelung halten wir uns links, nur wenig später erreichen wir die **Aussichtsplattform am Bodebruch 04**. Weiter geht es zum befestigten Weg, dem wir nach rechts Richtung Achtermannshöhe folgen. Linker Hand begleitet uns die Große Bode. Eine halbe Stunde später halten wir uns an der Gabelung mit der Hütte geradeaus, gleich darauf an der nächsten Gabelung biegen wir rechts ein. Hinauf geht's nun zum Gipfelaufbau der Achtermannshöhe. Zwischendurch kreuzen wir noch einmal einen breiteren Weg. Jetzt beginnt der kurze, aber knackige Schlussanstieg auf den Gipfel der **Achtermannshöhe 05**. Wir werden mit tollen Weitblicken belohnt. Wieder zu Füßen des Gipfels wenden wir uns nun nach Süden Richtung Königskrug auf dem „Schwierigen" Weg. In der Tat, der mit Felsbrocken durchsetzte Pfad ist nicht ganz einfach zu laufen. Am Schotterweg halten wir uns rechts Richtung Oderbrück. Gute zwanzig Minuten später weist uns ein Wegschild nach links – über den felsdurchsetzten Kaiserweg, teils als **historischer Pflasterweg 06**, hinab nach Oderbrück. Nur ca.

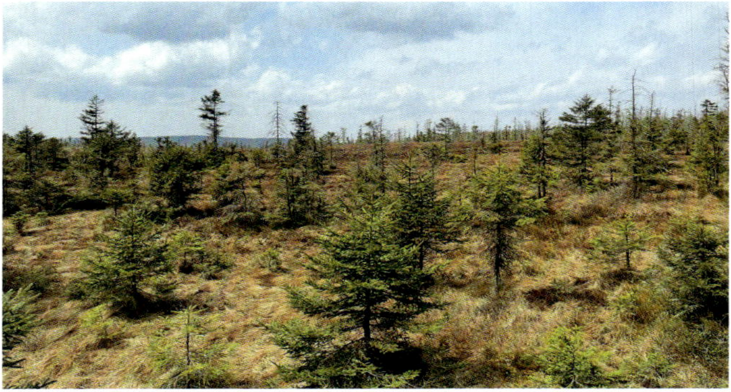

Bodebruch

200 Meter nach Beginn dieses Weges halten wir uns an der Gabelung rechts. Schließlich gelangen wir nach **Oderbrück** **07**. Vor der Straße halten wir uns rechts über einen Bohlenstieg, queren eine Schotterstraße schräg nach rechts, laufen den Schotterweg kurz hinauf und wechseln dann nach links auf einen Wiesenweg in guten zehn Minuten zurück zum **Parkplatz am Ehrenfriedhof** **01**.

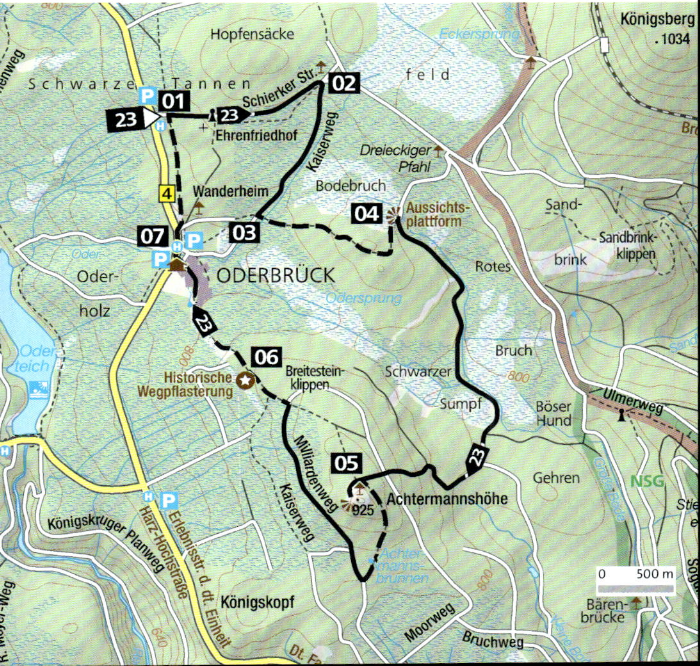

RUND UM ST. ANDREASBERG

Bergwiesen und Weitsichten rund um die Bergbaustadt

17,6 km | 4:40 h | 410 hm | 410 hm

START | Dreibrodeparkplatz, ca. 1 km nach St. Andreasberg an der Clausthaler Straße links.
[GPS: UTM Zone 32 x: 605137.650 y: 5731912.554]
CHARAKTER | Die Wanderung ist technisch einfach, aber sehr lang. Meistens wandern wir auf bequemen und breiten Wegen, oftmals über Wiesen.

Auf dieser langen, aber einfachen Runde begegnen wir einmal einer ganz anderen Seite des Harzes: Wiesen, so weit das Auge reicht, mit teils tollen Blicken auf St. Andreasberg und die nähere Umgebung. Gerade vom Galgenberg hat man einen herrlichen Rundumblick auf die Sperrentaler Wiesen, zum Sieberberg mit der Silberhütte sowie zum Stöberhai und dem Glockenturm. Besonders schön ist diese Wanderung im Mai und Juni, wenn die Wiesen in voller Blüte stehen!

▶ Los geht es am Wanderparkplatz **Dreibrodeparkplatz** 01. Unser Weg führt uns zunächst mit dem blauen Dreieck schräg nach links über die Straße. Nach ein paar Minuten erreichen wir den **Sonnenberger Graben** 02. Hier gabelt sich der Weg: Wir schlagen die Route nach rechts am Wassergraben ent-

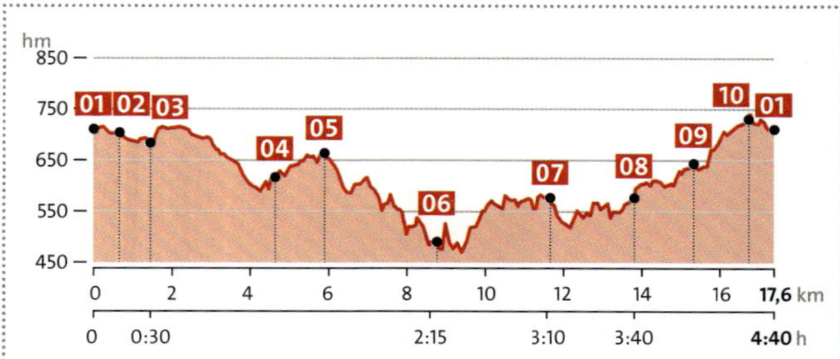

01 Dreibrodeparkplatz, 710 m; 02 Sonnenberger Graben, 690 m; 03 Geseher Wasserlauf, 698 m; 04 St. Anna Stollen, 619 m; 05 Bergstation Seilbahn, 659 m; 06 Wäschegrund, 482 m; 07 Galgenberg, 561 m; 08 Brücke über die Sperrlutter, 573 m; 09 Sperrentaler Wiesen, 633 m; 10 Gesteinskundlicher Lehrpfad, 718 m

lang ein, nun begleitet uns der Harzer Hexenstieg. Nach einer viertel Stunde erreichen wir den **Geseher Wasserlauf** 03 und sein Pegelhaus. Wir gehen geradeaus weiter, hinauf und an ein paar Häusern vorbei bis zur nächsten Kreuzung: Hier biegen wir links ein und folgen noch gute fünfzehn Minuten dem Hexenstieg an Wiesen entlang. An der Kreuzung dann geradeaus weiter und hinab zur Braunlager Straße. Wir überqueren sie und halten uns nur dreihundert Meter später rechts nach Westen auf dem Beerbergweg. Über die Wiesen hinab und an der Grube Bär und dem **St. Anna Stollen** 04 vorbei wandern wir nun auf dem geologisch-bergbauhistorischen Lehrpfad um den Beerberg herum. Nach der Talstation der Seilbahnen halten wir uns rechts, ca. 20 Minuten später passieren wir deren **Bergstationen** 05. Von der Matthias-Schmidt-Berg-Baude geht es nun eine drei viertel Stunde teils sehr steil abwärts, anfangs auf schmalem Weg, dann weiter über den Forstweg Köhlergrund. Schließlich erreichen wir die Straße **Wäschegrund** 06, der wir nach links folgen. Nach nur 150 Metern halten wir uns wieder rechts und wandern nun über den Hüttenweg stetig hinauf. Nach einer viertel Stunde halten wir uns an den Gabelungen stets links, auf den Weg „Schiefe Halbe“. Er mündet schließlich nach einer Brücke im Ort auf den „Schwalbenherd“. Wir biegen links ein und laufen immer geradeaus auf „Auf der Höhe“. Am Ende der Wohnhäuser können wir geradeaus über einen Wiesenpfad einen Abstecher zum **Galgenberg** 07 machen – es lohnt

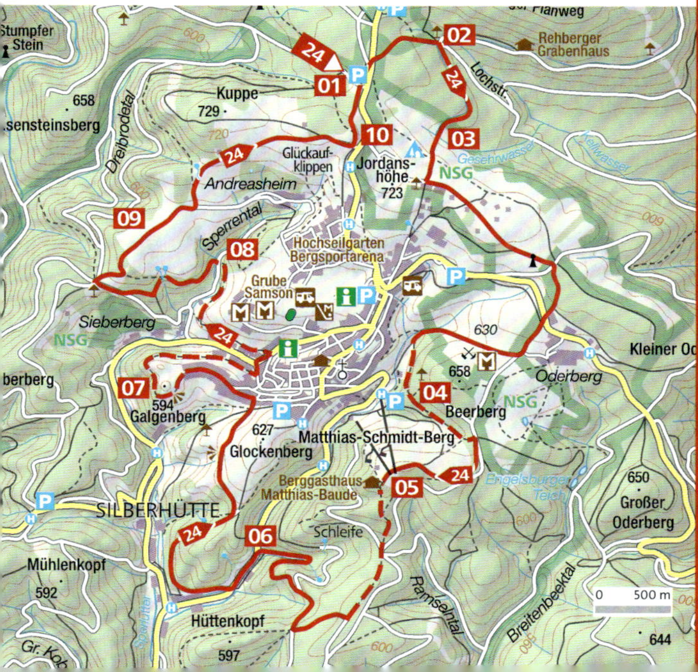

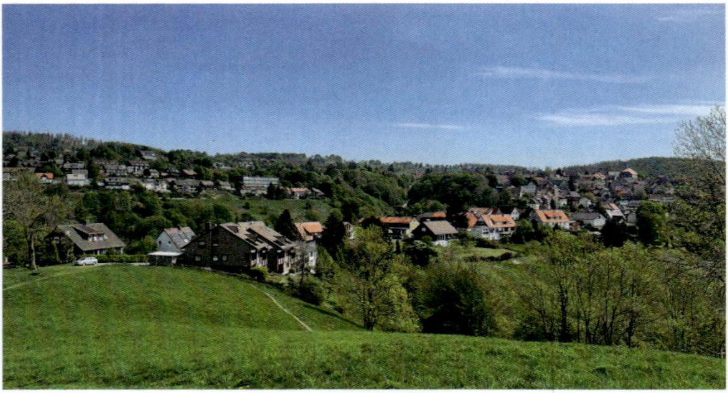

Blick vom Galgenberg auf St. Andreasberg

sich! Danach halten wir uns am letzten Haus Richtung Südwesten auf einen Pfad hinab. Auf dem Fritz-Schlamelcher-Weg geht es um den Galgenberg herum. Wieder im Ort führt uns die Krumme Straße schnell nach links auf die Mühlenstraße. Die Untere Grundstraße überqueren wir nach rechts, kurz über den Bäckerhügel, dann nach rechts auf den Gerenner Weg. Am Schotterweg halten wir uns kurz rechts, dann biegen wir wieder links ein und überqueren auf einer Holzbrücke die **Sperrlutter** 08. Wir wandern nun in einen lichten Hochwald durch das Sperrental hinauf bis zur Kurt-Reulecke-Hütte. Hier folgen wir dem Weg „Auf der Kuppe" nach rechts, bald durch einen Hochwald und sanft hinauf zu den **Sperrentaler Wiesen** 09. An der nächsten Gabelung halten wir uns nochmals links und erreichen schließlich einen Bergbauernhof samt Stallungen. Wir laufen weiter bis zum **Gesteinskundlichen Lehrpfad** 10. Hier folgen wir einem Pfad parallel zur Straße nach links. Er bringt uns in wenigen Minuten zurück zum **Dreibrodeparkplatz** 01.

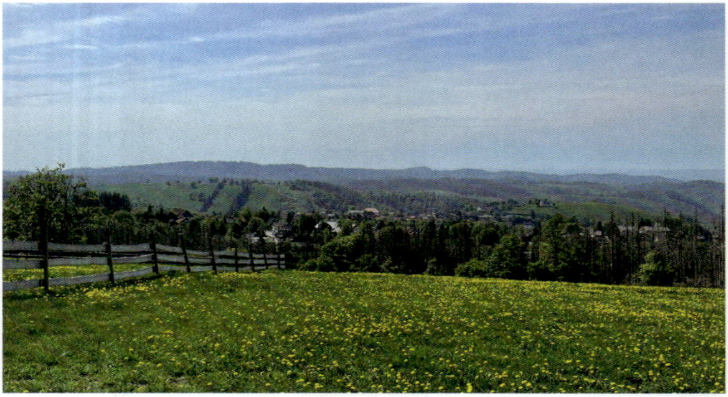

Herrliche Wiesen beim Höhenwanderweg

VON KÖNIGSKRUG NACH BRAUNLAGE

Zu den Hahnenkleeklippen und den Bodefällen

14,2 km | 4:00 h | 304 hm | 304 hm

START | Königskrug.
[GPS: UTM 32 x: 608836.295 y: 5733969.173]
CHARAKTER | Schmale Pfade, teils steinig, wurzelig und steil, wechseln sich mit Wald-, Forstwegen und auch mal einem asphaltierten Weg ab.

Unsere heutige Runde führt uns zunächst idyllisch an der Bode entlang vorbei an den Oberen und Unteren Bodefällen. Die beiden Hauptflüsse der Bode sind die Warme und die Kalte Bode. Sie entspringen im Oberharz am Fuße des Brockens und vereinen sich in Königshütte unterhalb der Burgruine Königsburg. Nach einem kurzen Besuch in Braunlage geht es dann weiter über den Naturmythenpfad zum Silberteich. Schließlich steigen wir auf zu den Hahnenkleeklippen. Sie bilden eine 700 Meter breite Felswand über dem Odertal. Von hier oben hat man eine herrliche Aussicht auf den Rehberg und den künstlich angelegten „Rehberger Graben“.

Von **Königskrug** 01 aus wenden wir uns zunächst nach rechts, die B4 Richtung Oderbrück entlang. Doch schon nach wenigen Metern halten wir uns leicht rechts auf dem Moorweg, ein Forstweg parallel zum Kaiserweg. Nach ein paar Minuten folgen wir dem Moorweg nach rechts auf dem roten Punkt. Nur wenig später, am nächsten Abzweig, geht es nochmals rechts

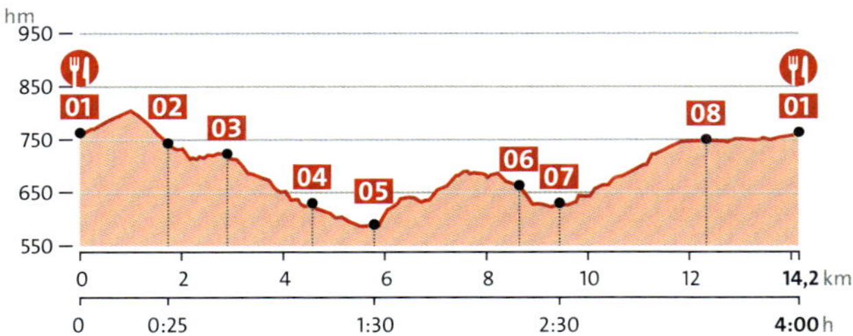

01 Königskrug, 756 m; 02 Kleine Bode, 755 m; 03 Bärenbrücke, 712 m; 04 Unterer Bodefall, 627 m; 05 Braunalge/K68, 583 m; 06 Naturmythenpfad, 660 m; 07 Silberteich, 630 m; 08 Hahnenkleeklippen, 759 m

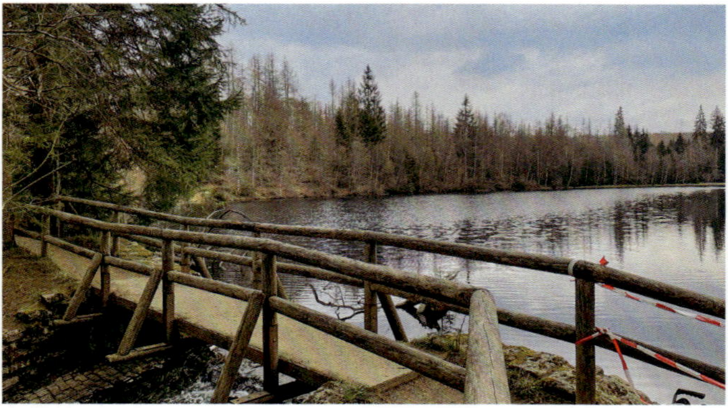
Am Silberteich

den angenehmen Weg entlang, bis wir auf die **Kleine Bode** 02 treffen. Wir folgen ihr ca. 500 Meter angenehm hinab. Dann biegen wir links Richtung Bärenbrücke ein. An der **Bärenbrücke** 03 mit der Alfred-Rieche-Schutzhütte wenden wir uns nach links. Ein naturnaher, manchmal etwas steiniger Weg begleitet uns an der Großen Bode hinab, vorbei erst am Oberen, dann am **Unteren Bodefall** 04. Nach ca. einer halben Stunde schwenken wir nach links über eine Brücke, um gleich danach direkt wieder rechts abzubiegen, nun an der anderen Seite des Flüsschens entlang. Der breite Weg bringt uns bis kurz vor den Großparkplatz „Am Pfaffenstieg". Doch vorher wenden wir uns nach rechts, überqueren die Warme Bode und kurz darauf am Ortsrand von **Braunlage die K68** 05 bzw. die Harzburger Straße schräg nach rechts. „Unter den Buchen" führt uns nach rechts weiter; nach einer knappen viertel Stunde wenden wir uns an der Alten Harzburger Straße nach rechts. Die B4 überqueren wir, nur wenige Minuten später biegen wir an der Kreuzung Brunnenbach links ab und folgen nun dem blauen Punkt Richtung Lausebuche und Silberteich. Zehn Minuten später bleiben wir an der Gabelung nochmals geradeaus, biegen jedoch kurz darauf rechts auf einen schmalen Weg ein. Der **Naturmythenpfad** 06 bringt uns abwärts, an verschiedenen Märchenstationen vorbei. Nach gut 400 Metern stoßen wir auf einen Schotterweg. Ihm folgen wir nach links, kurz darauf biegen wir links über eine Brücke ab. Wenig später erreichen wir den **Silberteich** 07. An seinem Ende leitet uns nun der Harzer Hexenstieg über einige Treppen hinab Richtung St. Andreasberg. Am Teich entlang geht es danach wieder aufwärts bis an einen breiten Schotterweg. Hier biegen wir links ein, an der darauffolgenden Kreuzung folgen wir dem asphaltierten Weg nach rechts hinauf. Nach ca. einer halben Stunde Aufstieg weist uns ein Wegschild nach links – ein steiniger Pfad führt hier in wenigen Minuten zu den **Hahnenkleeklippen** 08. Nach einer wunderbaren Aussicht folgen wir dem Weg weiter – er bringt uns direkt zurück nach **Königskrug** 01.

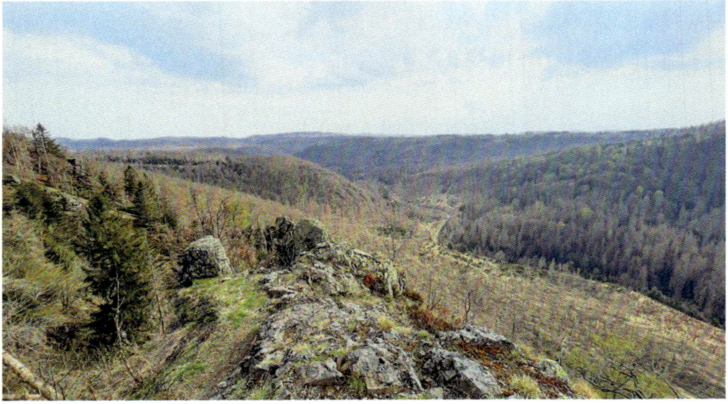

Blick herab von den Hahnenkleeklippen

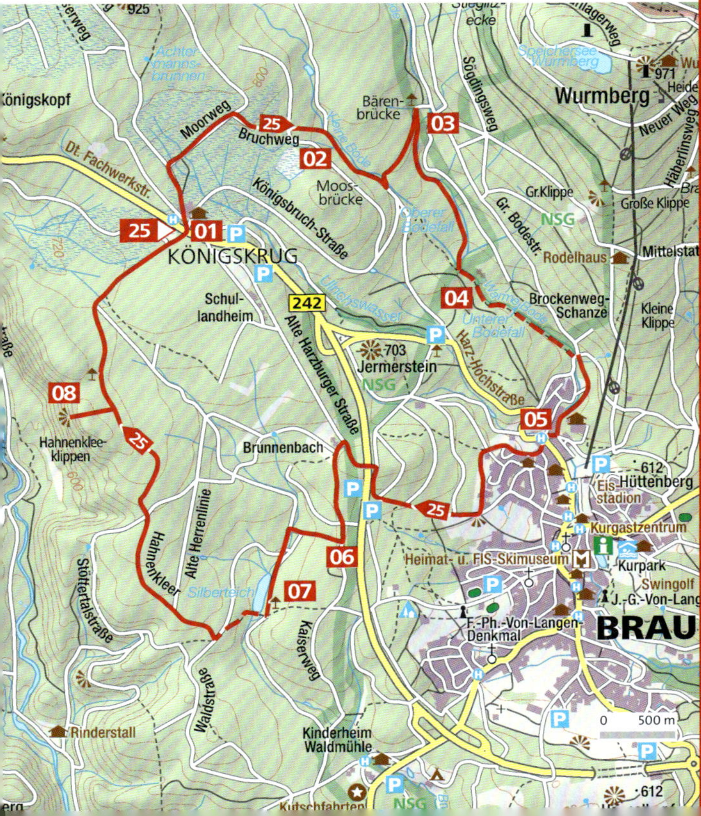

VON BRAUNLAGE AUF DEN WURMBERG

Auf den höchsten Berg Niedersachsens

17,4 km 4:45 h 503 hm 503 hm

START | Parkplatz Bremketal. Von Braunlage über die B27 Richtung Elend. Kleiner Parkplatz nach ca. 1,3 km auf der linken Seite. [GPS: UTM Zone 32 x: 613041.477 y: 5732844.927]
CHARAKTER | Lange Rundwanderung, bei der einige Höhenmeter bewältigt werden müssen. Der Abstieg vom Wurmberg zum Loipenhaus ist sehr steil und steinig. Der Kolonnenweg ab Loipenhaus ist ein wenig schwer zu laufen. Der Harzer Hexenstieg an der B27 zurück zum Bremketal verlangt Orientierungssinn, auf Grund der Unmengen von herumliegenden Ästen ist er nicht immer eindeutig zu sehen! Insgesamt benötigt man vor allem auf dem Rückweg ein wenig Orientierungssinn, da Waldsterben und Stürme den Wegverlauf nicht immer ganz eindeutig machen. Meist unterstützen jedoch Wanderschilder.

Der Wurmberg – nicht nur höchster Berg Niedersachsens, auch zweithöchster Berg des Harz-Mittelgebirges. Der Brocken ist von seinem Gipfel aus zum Greifen nah, wird jedoch vom Tal der Kalten Bode getrennt. Bis 2006 gehörte der Wurmberg zum Natur-

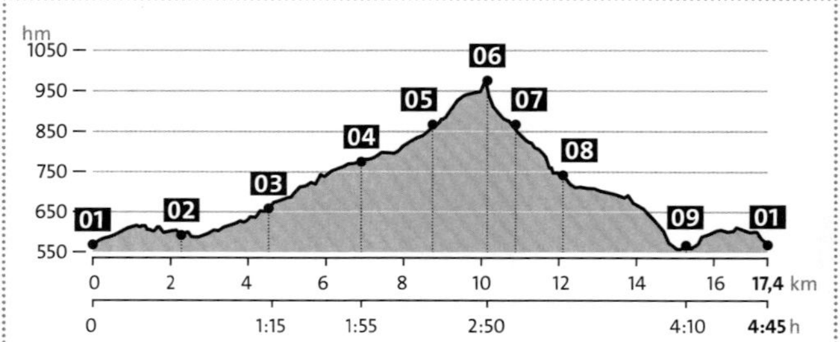

01 Parkplatz Bremketal, 570 m; 02 Wurmbergseilbahn, 573 m; 03 Oberer Bodefall, 651 m; 04 Rastplatz „Böser Hund", 766 m; 05 Stieglitzecke, 862 m; 06 Wurmberg, 971 m; 07 Loipenhaus, 878 m; 08 Kolonnenweg, 747 m; 09 Harzer Hexenstieg, 549 m

schutzgebiet Oberharz. Um den alpinen Skiraum zu vergrößern, wurden dann jedoch nur noch zwei Teilflächen mit zusammen 183 ha Fläche am West- und Südwesthang als Naturschutzgebiet ausgewiesen. Ein Kleinod in diesem Schutzgebiet ist das Wurmbergmoor. Auch interessant auf dem Rückweg sind die Scherstorklippen, eine durch Wollsackverwitterung entstandene Granitfelsformation.

▶ Unsere abwechslungsreiche und spannende Wanderung auf den Wurmberg beginnt am kleinen **Wanderparkplatz Bremketal** **01**. Von hier aus wechseln wir zunächst die Straßenseite und wenden uns dann nach rechts, an der B27 gut 300 Meter entlang. Dann überqueren wir die Straße und folgen dem Harzer Hexenstieg in den Wald. An der folgenden Gabel halten wir uns links, die nächste Gabel nochmals links. Schließlich erreichen wir nach ca. 200 Metern einen asphaltierten Weg, dem wir nach rechts folgen. Doch schon kurz darauf biegen wir wieder links ein, auf den linkeren Weg (Glashüttenweg). Nochmals hundert Meter später halten wir uns an der Kreuzung wieder links. An der nächsten Kreuzung geht's dann nach rechts auf den Braunlager Rundweg Richtung Braunlage Mitte. Nach wenigen Minuten treten wir aus dem Wald heraus: Wir bleiben auf dem breiten Weg, der uns nach links unter der **Wurmbergseilbahn** **02** hindurchführt. Dann laufen wir über einen Teerweg knapp oberhalb des Großparkplatzes „Am Pfaffenstieg“ entlang. Gleich dahinter wenden wir uns vor der Brücke nach rechts, den Teerweg Richtung Brockenwegschanzen an der Warmen Bode entlang. Nach gut 500 Metern biegen wir unterhalb der Skischanze nach links ab, überqueren die Brücke und folgen dem wurzeligen Weg zu den Unteren Bodefällen. In angenehmer Steigung bringt er uns bergan. Etwa fünfzehn Minuten nach den ersten Bodefällen passieren wir die **Oberen Bodefälle** **03**. Weiter hinauf geht's dann bis zur Bärenbrücke mit der Alfred-Rieche-Schutzhütte. Wir überqueren die Brücke und folgen dann der Großen Bode nach

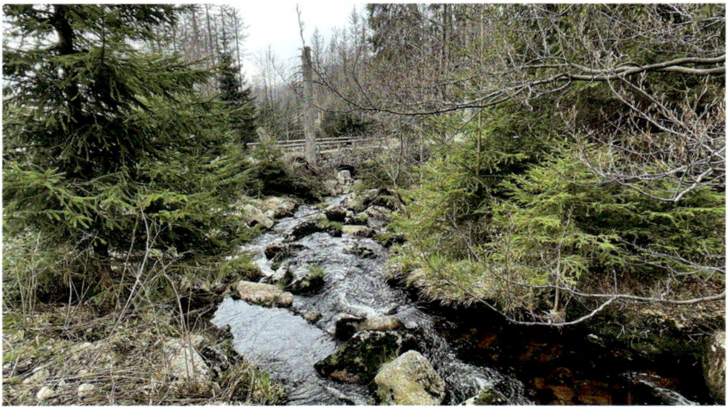
An der Großen Bode

rechts auf einem breiten Schotterweg weiter ansteigend Richtung Dreieckiger Pfahl auf dem grünen Dreieck. Nach zwanzig Minuten führt der Weg um eine Rechtskurve – hier haben wir am **Rastplatz „Böser Hund“** **04** die Möglichkeit für eine kurze Verschnaufpause. Zu unserer Rechten hat sich schon vor einigen Minuten das Wurmbergmoor aufgetan. Wir wandern weiter auf unserem Weg am Moor entlang bis zur nächsten Kreuzung – auch mit Rastmöglichkeit. Hier laufen wir nun nach rechts gewandt auf dem Ulmer Weg über einen Pfad weiter am Moor entlang Richtung Wurmberg. Nach fünf Minuten am Brockenstein vorbei weiter auf dem Weg. Etwas später halten wir uns mal links Richtung Ulmer Weg, kurz darauf geht's wieder nach rechts auf einen wurzeligen Pfad (die Wegführung ist auf Grund der äußeren Umstände manchmal ein wenig kompliziert). Nach weiteren zehn Minuten halten wir uns kurz vor einer verfallenen Hütte rechts Richtung Stieglitzecke. Der Pfad führt uns schnell an einen Teerweg an der **Stieglitzecke** **05**, dem wir nach links hinauf zum Wurmberg folgen. Schließlich stehen wir auf dem **Gipfel des Wurmberges** **06**. Leider ist der Gipfel sehr zugebaut. Dafür hat man einen wundervollen Blick in alle Richtungen. Für den Abstieg gehen wir bis hinter den Turm und folgen hier dem steilen Pfad hinab. Unten halten wir uns geradeaus auf dem Weg, noch am **Loipenhaus** **07** vorbei und dann auf dem Grenzweg nach rechts. Nach wenigen hundert Metern folgen wir dem Weg nach links; gleich darauf wieder nach rechts. Nach ein paar Minuten führt der Weg (noch voll von Ästen vom letzten Sturm) an der nächsten Kreuzung nach links. Wir befinden uns nun auf dem Wurmbergstieg. Er macht eine Rechtskurve und leitet uns nach ca. 5 Minuten an der nächsten Gabelung nach links Richtung

Info:

Das Wurmbergmoor Paradoxerweise gab es dieses Moor bereits vor 150 Jahren. Das damals baumfreie Gebiet wurde entwässert, trockengelegt und anschließend mit Fichten aufgeforstet. Bis 2019 wurde es noch von einem dichten Fichtenwald bedeckt. Borkenkäfer und Trockenheit setzten ihm jedoch ein Ende. Heute wird das Wurmbergmoor – wie viele andere Moore im Harz – von den Niedersächsischen Landesforsten wieder renaturiert. Aufwändig wurden mit hoch spezialisierten Geräten die Fichtenstämme über dem Boden schwebend abtransportiert, um ihn nicht zu zerstören. Die Entwässerungsgräben wurden zurückgebaut. Am Rand des Moores entsteht ein Bruchwald. So soll Lebensraum für seltene Tier- und Pflanzenarten zurückgewonnen werden, aber auch zum Klimaschutz wird beigetragen: Moore können große Mengen an CO^2 binden. Das ca. 6 ha große Moor liegt zwischen Braunlage und Torfhaus. Es speist sich aus Quellen im oberen Hang und entwickelt sich augenmerklich nach und nach zum Waldmoor.

Schierke über einen wurzeligen Weg weiter hinab. Schließlich erreichen wir einen Waldweg, dem wir nach rechts folgen und der uns nach ein paar Minuten als **Kolonnenweg 08** eine drei viertel Stunde an der Ostseite des Wurmberges hinabführt. Zwischendurch machen uns Hinweisschilder auf die interessante Felsformation der Scherstorklippen aufmerksam. Kurz vor der B27 folgen wir dann dem **Harzer Hexenstieg 09** nach rechts. Er führt erst auf einem Weg, dann über einen Pfad nun relativ nah an der Bundesstraße entlang zurück zum **Parkplatz Bremketal 01**.

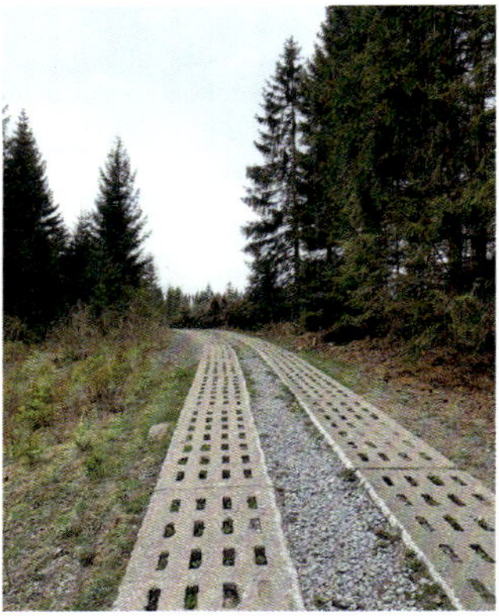

Zurück auf dem Kolonnenweg

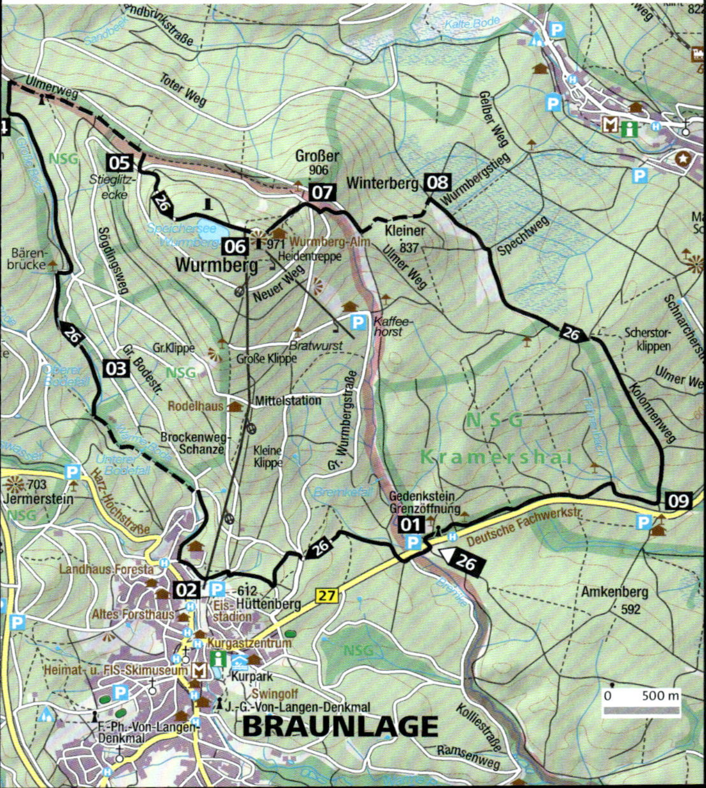

KLIPPENLANDSCHAFT RUND UM SCHIERKE

Klippenwanderung zu Schnarcherklippen, Feuersteinklippen und Co

13,9 km 3:45 h 470 hm 470 hm

START | Schierke. Wanderparkplatz. Von Elend kommend an der Kreuzung L100/K1356 schräg rechts, direkt am Beginn der Bahnhofstraße.
[GPS: UTM Zone 32 x: 616272.905 Y: 5735357.651]
CHARAKTER | Fordernde Klippenwanderung. Trittsicherheit im Bereich aller Klippen von Vorteil. Abstieg ins Elendstal steil!

An den Hängen des Brocken bildeten sich im Laufe von Jahrmillionen unterschiedlichste Felsformationen heraus. Ein paar davon stehen heute ganz im Zeichen unserer Wanderung. Auf wunderschönen Wegen und Pfaden erkunden wir die Klippenlandschaft der südöstlichen Hänge des Brocken. Dabei stoßen wir auf ganz unterschiedliche, doch gleichbleibend beeindruckende Gebilde.

Vom **Wanderparkplatz** 01 kurz vor Schierke überqueren wir die Straße und laufen auf einem Pfad Richtung Schierke. Gleich nach dem Harz Mountain Camp zweigen wir links ab und laufen bis zu den Gästehäusern des „Brockenblick“. Direkt am letzten Haus

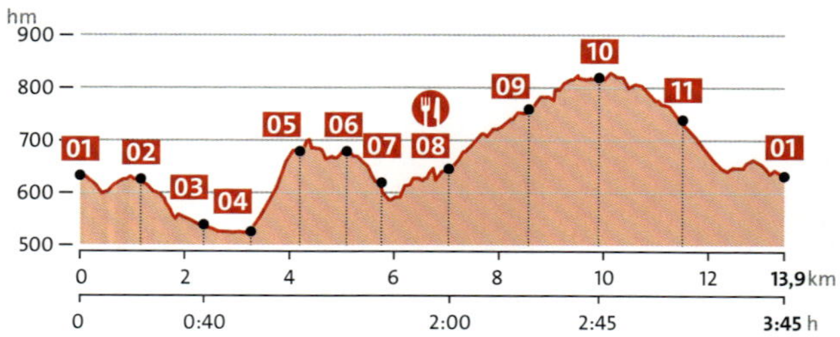

01 Wanderparkplatz, 635 m; 02 Helenenruh, 612 m; 03 Elendstal, 562 m; 04 Brücke, 525 m; 05 Aussichtskanzel Barenberg, 619 m; 06 Schnarcherklippen, 669 m; 07 Mäuseklippe, 670 m; 08 Bergkirche Schierke, 615 m; 09 Feuersteinklippe, 727 m; 10 Ahrensklint, 803 m; 11 Spinne, 767 m

besuchen wir in einem kurzen Abstecher den Aussichtspunkt **Helenenruh** 02. Dann kehren wir zu den Gästehäusern zurück und steigen einen Pfad nach links hinab Richtung Elendstal. Am breiten Weg biegen wir links ab, dann halten wir uns kurz darauf rechts. Wir sind im **Elendstal** 03 angekommen. Elend ist es hier aber nicht, eher ganz romantisch. Rechts über die Brücke ist ein kleiner Rastplatz. Anmerkung des Autors: Zu Recherchezeiten war der Teufelstieg auf der anderen Bachseite gesperrt. Daher wenden wir uns nach links und folgen dem Waldweg an der Kalten Bode entlang. Nach einer viertel Stunde überqueren wir an einer kleinen **Brücke** 04 den breiten Bach und folgen hier nun dem Teufelsstieg nach links. Nach neuerlicher Bachquerung halten wir uns kurz vor Elend rechts und folgen dem breiten Weg hinauf Richtung Aussichtskanzel. Erst durch den Wald, dann durch abgeholztes Gebiet erreichen wir eine knappe viertel Stunde später die **Aussichtskanzel Barenberg** 05. Von hier aus wandern wir weiter mit den Wegschildern bergauf, um ein paar hundert Meter später nach links über einen Pfad abzuzweigen. Mit vielen Wurzeln bringt er uns zum Barenberg. Ab hier laufen wir wieder bergab, geradewegs zu den **Schnarcherklippen** 06. Der Teufelstieg führt uns an ihnen vorbei relativ schnell aus dem Wald heraus und leicht links gehalten zu den **Mäuseklippen** 07. Wir passieren sie und steigen ab nach Schierke. Durchs Wohngebiet und über den „Barenberg" nach rechts überqueren wir die Kalte Bode und schwenken links in den Kirchberg ein. Dann kürzen wir nach rechts, vorbei an der **Bergkirche Schierke** 08 ab. Direkt gegenüber der Kirche laufen wir ein paar Schritte in den Ottoweg hinein, dann geht's

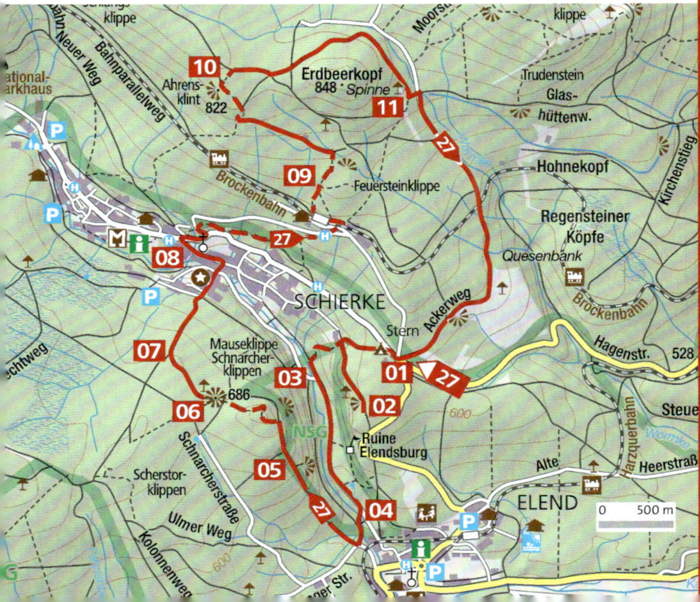

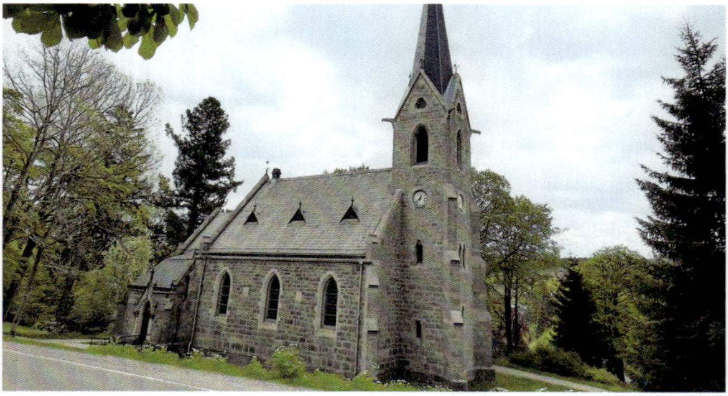

Bergkirche Schierke

rechts am Friedhof vorbei hinauf zum Bahnhof Schierke. Über die Gleise und links folgen wir kurz den Schienen, dann biegen wir rechts ein. Über ein paar Treppen und dann direkt auf die **Feuersteinklippe** 09 zu. Hier verrät uns eine Infotafel Wissenswertes über die Klippen. Weiter aufwärts geht's auf steinigen Steigen bis zum breiten Schotterweg. Hier folgen wir den Schildern nach links, an der Hütte vorbei Richtung Ahrensklint. An der folgenden Kreuzung steigen wir den Pfarrstieg nach rechts empor; nur ein paar Minuten später stehen wir am **Ahrensklint** 10. Der Blick ist herrlich. Wir wandern noch kurz auf dem Stieg weiter bis zum Glashüttenweg, dem wir nach rechts folgen. Er bringt uns – nach einem Rechtsbogen über einen moorigen Steig – zur Kreuzung **Spinne** 11. Hier halten wir uns rechts auf dem Ackerweg, auf der rechten Seite der Wormke entlang hinab. Dabei kreuzen wir einmal die Gleise. Zehn Minuten später haben wir den **Wanderparkplatz** 01 erreicht.

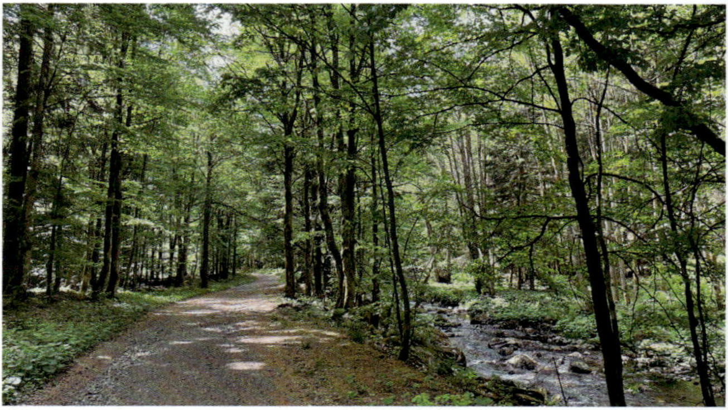

Durchs Elendstal

VON ELEND AUF DEN BROCKEN

Über die Schnarcherklippen mit dem Teufelsstieg auf den Höchsten des Harzes

10,8 km 2:50 h 768 hm 123 hm

START | Parkplatz Elend an der B27. Direkt am Kreisverkehr. [GPS: UTM Zone 32 x: 616463.361y: 5733912.142]
CHARAKTER | Schwerster Aufstieg auf den Brocken. Die schmalen, wurzeligen und steinigen Pfade verlangen Trittsicherheit. Zwischendurch angenehme Wege.

Der Teufelsstieg übers Eckerloch gilt als der schwerste Aufstieg auf den Brocken. Wir umgehen das Elendstal aber über die Schnarcherklippen. Elend selbst war ehemals ein Weiler. Er wurde von den Bewohnern der Elendsburg gegründet: Im 12. Jh. kamen Mönche auf die verlassene Burg. Da es sich die Mönche zur Aufgabe gemacht hatten, Fremden und Pilgern in diesem unsicheren Teil des Harzes zu helfen, gründeten sie am Fuße der Burg eine Siedlung, den Weiler Elend.

Von **Elend** **01** starten wir am Parkplatz und überqueren die Hauptstraße nach links. Durch den Park Kirchwiese am Kircherl vorbei halten wir uns am Ende des Parks rechts und überqueren nochmals die B27 leicht nach links. Die Alte Braulager Straße bringt uns nun geradeaus empor, bald leicht rechts gewandt über einen

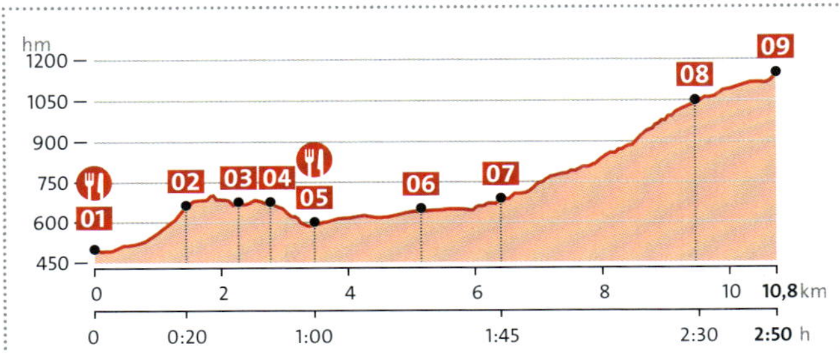

01 Elend, 493 m; **02** Aussichtskanzel Barenberg, 618 m; **03** Schnarcherklippen, 671 m; **04** Mäuseklippen, 675 m; **05** Schierke, 587 m; **06** Sandbrinkstraße, 636 m; **07** Eckerlochstieg, 670 m; **08** Schmalspurbahn, 1029 m; **09** Brocken, 1141 m

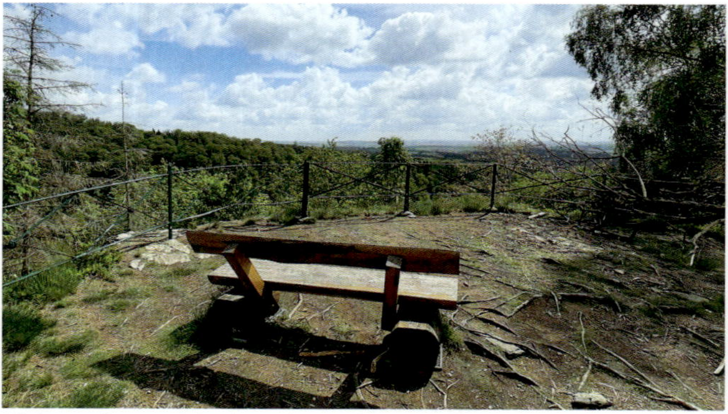

Blick von der Aussichtskanzel Barenberg

Steig und abgeholzten Wald zur **Aussichtskanzel Barenberg** **02**. Nach schönen Blicken auf Elend und Schierke und ins Herz des Nationalparks folgen wir der Markierung weiter aufwärts. Im Wald halten wir uns mal links, etwas steiler über einen wurzeligen Pfad über den Barenberg. Auf seiner anderen Seite steigen wir wieder hinab und stehen wenig später an den **Schnarcherklippen** **03**. Wir passie-

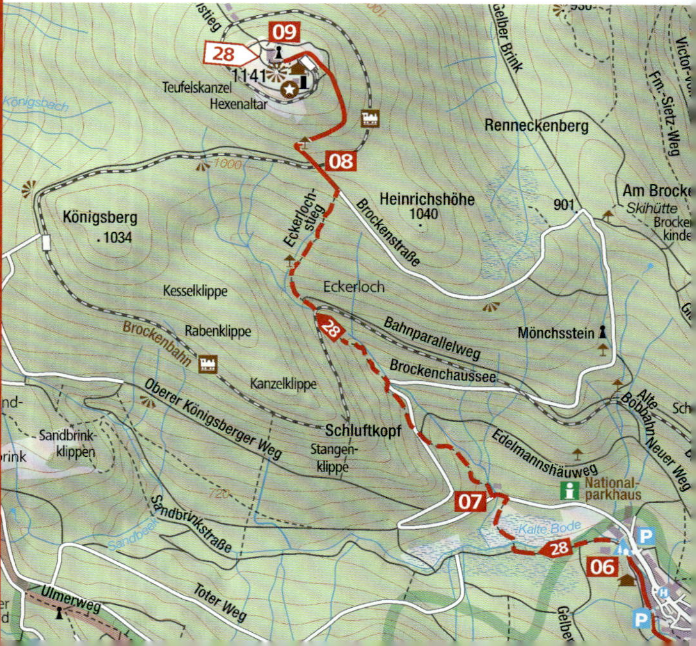

ren sie geradeaus und erreichen knappe zehn Minuten später die **Mäuseklippen** 04. Wir laufen den abgeholzten Hang hinab, geradewegs nach **Schierke** 05 hinein. Der „Barenberg" lässt uns links abknicken, und über „Am Winterbergtor" laufen wir aus dem Ort hinaus. Bevor die Straße rechts um die Kurve biegt, wechseln wir geradeaus auf einen Steig. Die **Sandbrinkstraße** 06 leitet uns an der Kalten Bode entlang. Nach ca. 750 Metern zweigt nach rechts ein schmaler Weg ab. Wir überqueren erst die Kalte Bode, dann das Schwarze Schluftwasser. Die Brockenstraße überqueren wir nach links und folgen gleich darauf dem **Eckerlochstieg** 07 hinauf. Eine drei viertel Stunde nun steigen wir über einen steinigen, teils vewurzelten und stellenweise steilen Pfad – mal breiter, mal schmäler – hinauf. Er mündet schließlich in die Brockenstraße. Sie bringt uns das letzte Stück bergan, über die Gleise der **Schmalspurbahn** 08 und die letzten knappen 100 hm hinauf bis zum **Brocken** 09.

Info:

Für den Rückweg nehmen wir die Brockenbahn und steigen bei Drei Annen Hohe aus. Hier wechseln wir in die Harzquerbahn und fahren noch eine Station bis Elend. Die Harzquerbahn fährt viermal am Tag. Infos unter www.hsb-wr.de/Fahrplan-Tarife/Fahrplaene. Alternativ können wir in Schierke aussteigen und nach Elend zurückwandern.

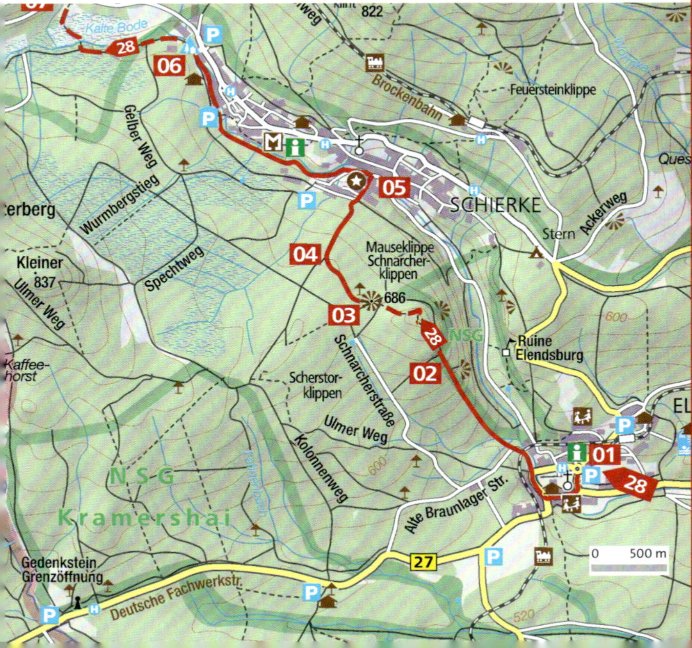

VON SCHIERKE AUF BROCKEN UND WURMBERG

Auf die zwei höchsten Gipfel des Harzes

21,9 km 5:45 h 766 hm 766 hm

START | Schierke. Parkplatz „Am Thälchen“.
[GPS: UTM Zone 32 x: 614989.078 Y: 5736150.855]
CHARAKTER | Lange Wanderung, teils auf breiten Wegen, teils auf wurzeligen, schmalen Pfaden. Hier ist Trittsicherheit verlangt. Trotz der langen Strecke sind die hm überschaubar.

Der Brocken und sein kleinerer Nachbar der Wurmberg – bekannt und viel begangen erwandern wir heute gleich beide Gipfel in einer Rundtour. Dabei erleben wir schöne Aussichten an den Südhängen des Brocken und schöne Wege über den Wurmberg. Gerade auf dieser Tour wird aber auch der Wandel des Waldes im Harz deutlich.

In **Schierke** **01** beginnen wir die lange Runde am Parkplatz „Am Thälchen“. Zunächst gibt uns die Brockenstraße den Weg vor. Wir wandern sanft bergan, nach einer viertel Stunde am **Café Winkler** **02** vorbei: Hier können wir uns nochmal mit Brotzeit eindecken. Tipp fürs Ende der Tour: Nochmal reinschaun und ein Stück der leckeren Brockentorte probie-

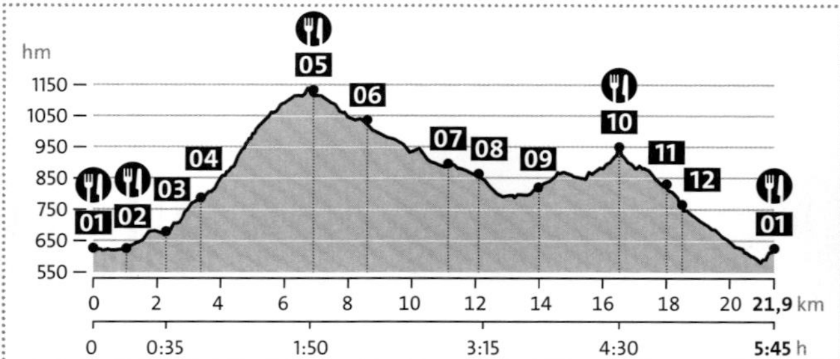

01 Schierke, 614 m; **02** Café Winkler, 620 m; **03** Nationalparkhaus Schierke, 666 m; **04** Brockenstraße, 760 m; **05** Brocken, 1141 m; **06** Neuer Goetheweg, 1026 m; **07** Eckersprung, 900 m; **08** Dreieckiger Pfahl, 879 m; **09** Ulmer Weg, 793 m; **10** Wurmberg, 966 m; **11** Loipenhaus, 881 m; **12** Wurmbergstieg, 842 m

ren! Weiter geht es geradewegs, am **Nationalparkhaus Schierke** **03** vorbei. Kurz nachdem wir das Schwarze Schluftwasser gequert haben, leitet uns der Eckerlochstieg nach rechts auf der Beschilderung des Teuelsstieges. Aufwärts wandern wir mit dem schönen Steig, nach zwanzig Minuten kreuzen wir die **Brockenstraße** **04**. Gemeinsam mit dem Teufelsstieg geht's nun auf wunderschönen Wegen an Granitfelsen aufwärts. Auch Goethe hat zu seiner Zeit diesen Weg gewählt. Nach einiger Zeit stoßen wir wieder auf die Brockenstraße. Auf ihr erklimmen wir den Schlussanstieg auf den **Brocken** **05**. Nach langem Genuss der tollen Aussicht steigen wir auf dem selben Weg bis zur Abzweigung **Neuer Goetheweg** **06** ab. Ihm folgen wir parallel zur Trasse der Brockenbahn hinab. Wir passieren den **Eckersprung** **07** samt Hütte (etwas rechts den Weg reingehen) und verlassen hier den Goetheweg. Eine viertel Stunde später erreichen wir den Rastplatz **Dreieckiger Pfahl** **08**. Durch mooriges Terrain leitet uns der Grenzweg weiter abwärts. Nach etwas mehr als eineinhalb km weist ein Wegschild über einen schmalen Pfad durch das Nadelgehölz nach rechts: Wir stehen an einer Kreuzung mit Rastbank und Tisch. Nach links schicken wir uns an, den **Ulmer Weg** **09** zum Wurmberg zu beschreiten. Der Anfangs breite Weg am Wurmbergmoor entlang wird immer schmäler. Schließlich schickt uns die Wegmarkierung nach rechts über einen kurzen und recht steilen Aufstieg auf den **Wurmberg** **10**. Auf dem selben Weg steigen wir auch wieder ab, geradeaus bis zum **Loipenhaus** **11**. Hier rechts auf dem Kolonnenweg hinab, doch nur ein paar hundert Meter, dann schickt uns der **Wurmbergstieg** **12** nach links Richtung Schierke. An der Rennrodelbahn nach einer knappen halben Stunde und durch teils sehr feuchtes Gebiet halten wir uns rechts. Am Ortsrand folgen wir „Barenberg" nach rechts, dann links über die Kalte Bode und über den Kirchberg zurück zum Parkplatz „Am Thälchen" in **Schierke** **01**.

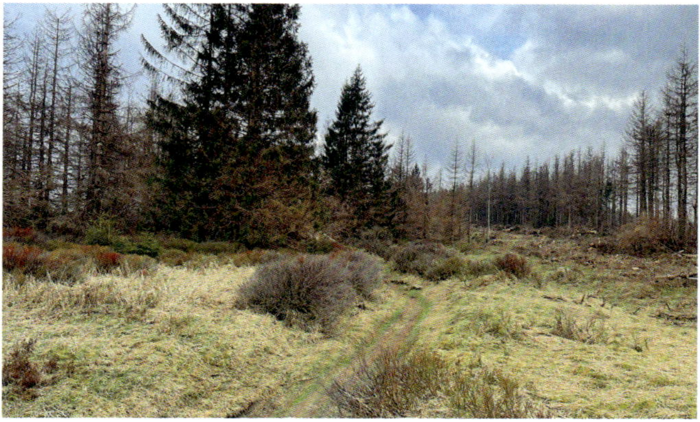

Auf dem Ulmer Weg

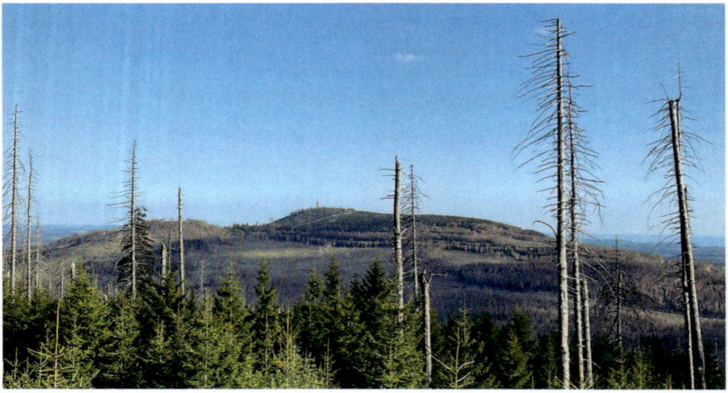

Blick auf den Wurmberg

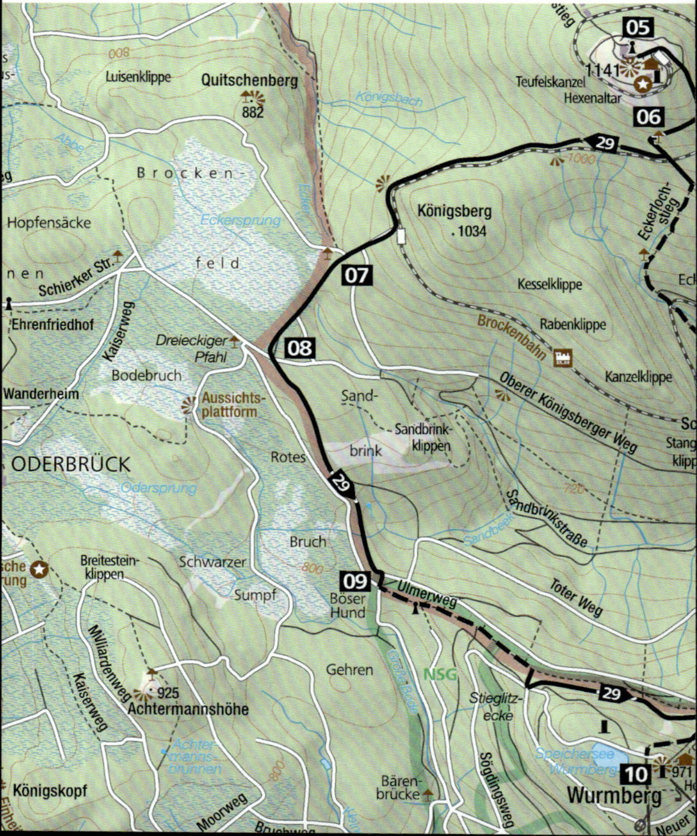

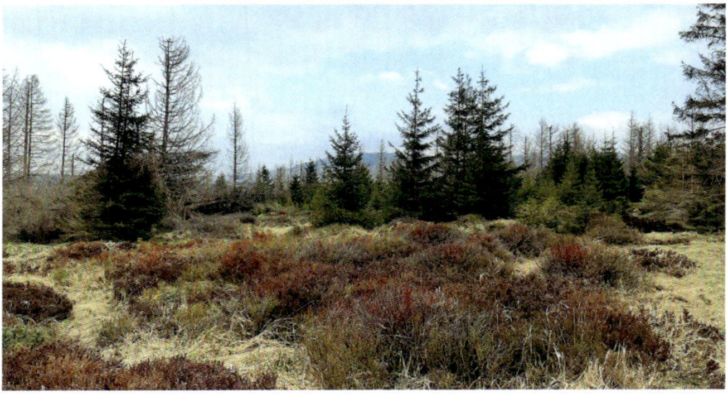
Das Wurmbergmoor

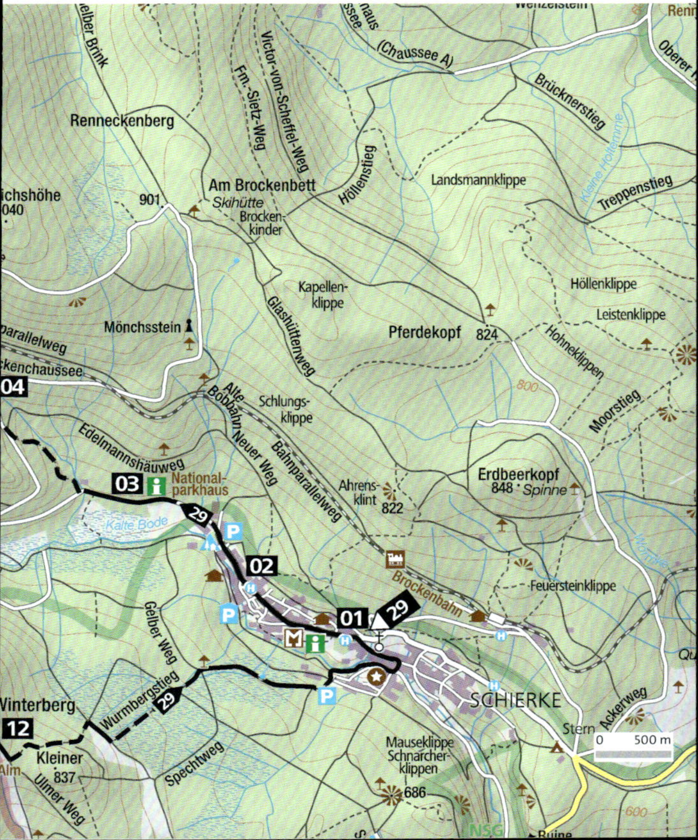

VON GOSLAR AUF DEN RAMMELSBERG

Wald- und Stadtrunde um eine geschichts- und kulturträchtige Stadt

12,4 km | 3:20 h | 335 hm | 335 hm

START | Parkplatz Bleiche Goslar. Schützenallee in Goslar ganz hinauf fahren, nur wenige Meter hinter dem letzten Gebäude kleiner versteckter Parkplatz auf der rechten Seite.
[GPS: UTM 32 x: 599581.784 y: 5750983.683]
CHARAKTER | Vornehmlich breite Wald- und Forstwege auf dem Weg zum Naturschutzgebiet Blockschutthalde.
Schmale Spazierwege in Goslar. Der Anstieg auf den Rammelsberg ist zwar lang, aber gemütlich.

Das Naturschutzgebiet Rammelsberger Blockschutthalde liegt südlich der UNESCO-Weltkulturerbe Stadt Goslar; es stellt die Blockschutthalde des ehemaligen Erzbergwerkes am Rammelsberg sowie angrenzende Waldflächen unter Schutz. Das Naturschutzgebiet ist ein Extremstandort und von zahlreichen Flechten besiedelt, darunter auch Arten, die auf schwermetallhaltigem Gestein überleben können. 1982 wurde hier die Flechte Lecidea ullrichii entdeckt. Sie wurde vom einheimischen Flechtenforscher Hans Walter zuerst beschrieben und kommt nur in diesem Gebiet vor.

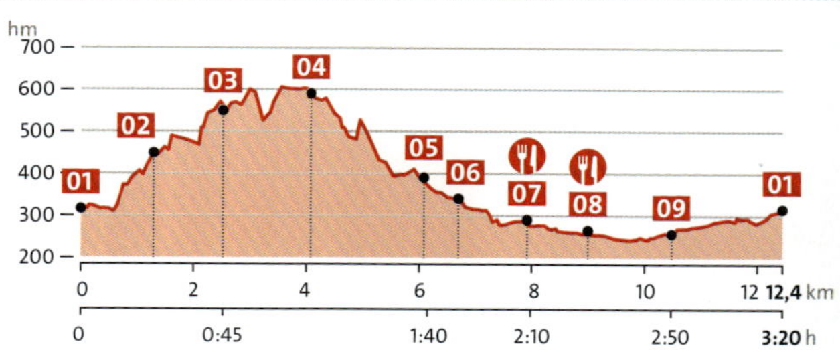

01 Parkplatz Bleiche, 336 m; 02 Ausblick Goslar, 462 m; 03 NSG Rammelsberger Blockschutthalde, 574 m; 04 Waldschrathütte, 601 m; 05 Maltermeister Turm, 430 m; 06 Heidelbeerwald, 361 m; 07 Kaiserpfalzgarten, 289 m; 08 Museum im Zwinger, 266 m; 09 Klusfelsen, 264 m

Vom **Parkplatz Bleiche** 01 am Ende der Schützenstraße folgen wir zunächst dem Waldweg am Wohnblock und am Zaun entlang. Er führt um eine Rechtskurve, wir bleiben hier an der Gabelung rechts, und am folgenden, breiten Weg geht es dann links hinauf. Kurz darauf gelangen wir dann nochmals an eine Kreuzung: Die Wegschilder weisen uns weiter geradeaus hinauf Richtung Maltermeister Turm, gemeinsam mit dem grünen Punkt. An einer Bank mit schönem Blick auf Goslar, nur kurze Zeit später, weist uns der grüne Punkt nach links Richtung Ramseck, hinauf in den Wald. Bald wandern wir über einen Pfad, jedoch stetig weiter den Berg hinauf. Wir kreuzen zweimal einen Forstweg, nur wenig später, nach dem zweiten Forstweg, treten wir auf abgeholzte Fläche. Hier folgen wir einem breiten Weg weiter hinauf. Am querverlaufenden Forstweg biegen wir rechts ein, gleich darauf nehmen wir den linken, oberen Weg. Von hier bietet sich auch ein schöner **Ausblick auf Goslar** 02. Ohne Markierung geht es nun weiter; der breite Forstweg bringt uns leicht ansteigend immer weiter auf den Rammelsberg hinauf. Nach zehn Minuten macht der Weg eine Linkskehre. Gute zweihundert Meter später, bei ein paar Birken, knicken wir dann wieder scharf rechts ab. Schließlich erreichen wir das **Naturschutzgebiet Rammelsberger Blockschutthalden** 03. Entlang der Blockschutthalde gelangen wir an eine Schutzhütte (Sparkassen Hütte) mit einem wunderschönen Aussichtspunkt. Hier folgen wir dem schönen Weg weiter, wieder auf dem grünen Punkt. Er bringt uns einige Minuten am gerodeten Hang entlang, dann nimmt uns der schöne Wald wieder auf. An einem breiten Wirtschaftsweg halten wir uns rechts, bis wir kurz darauf an die **Waldschrathütte** 04 gelangen. Hier biegen wir nochmals rechts ein und folgen dem blauen Punkt auf dem Borchersweg hinab. Nach guten eineinhalb Kilometern bleiben wir an einer Weggabel mit einer Futterhütte geradeaus Richtung Goslar. Nur wenige Minuten später erreichen wir den **Maltermeister Turm** 05. Einhundert

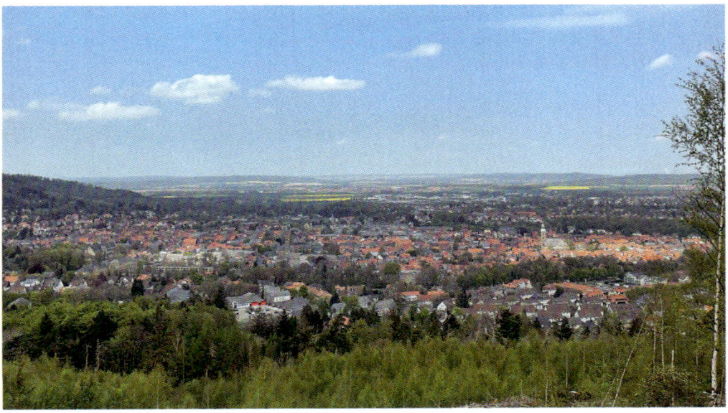

Blick auf Goslar

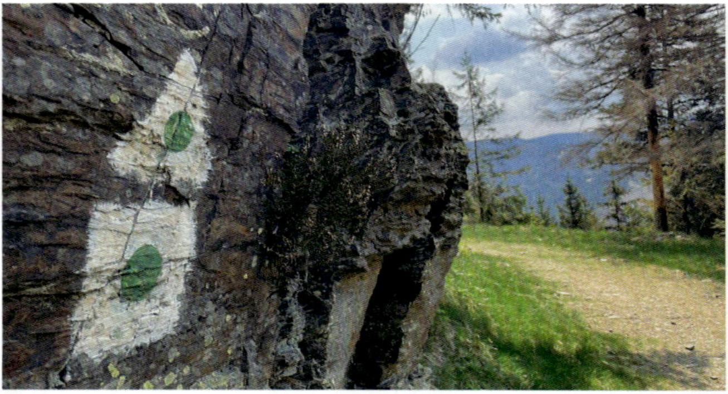

Wegführung auf dem Rammelsberg

Meter später, nach dem Parkplatz, halten wir uns links auf einen Pfad unmarkiert hinab. Nur wenige Minuten später kreuzen wir eine asphaltierte Straße, dann geht es weiter durch den **Heidelbeerwald** 06 hinunter. Wir stoßen auf einen schönen Waldweg, dem wir nach links folgen. Kurz darauf biegen wir an der asphaltierten Bruchchaussee rechts ein. In ihrer Linkskurve verlassen wir sie geradeaus über einen schmalen Schotterweg, der alsbald als Teerweglein hinabführt. Wir steigen ein paar Treppen zur Clausthaler Straße hinunter, überqueren sie und laufen die Bergstraße hinein. Gleich darauf halten wir uns rechts in den **Kaiserpfalzgarten** 07. Wir durchqueren die Parkanlage, bald an der Kaiserpfalz vorbei und den Domplatz hinab, geradewegs über den Parkplatz hinüber. An der Wallstraße biegen wir rechts ein, kurz vor der Ampel geht es dann nochmals links durch die Parkanlage und am Kahnteich vorbei. Wir passieren das **Museum im Zwinger** 08 und queren die Köhterstraße schräg nach links. Dann laufen wir an den Judenteichen parallel zur Hauptstraße entlang. Wir bleiben stets geradeaus auf diesem Weg, bis er uns ca. 300 Meter hinter dem Tiefer-Julius-Fortunatus-Stollen an die Hauptstraße bringt. Wir

Tipp:

In unmittelbarer Nähe zum Maltermeister Turm befindet sich das Besucherbergwerk Rammelsberg. Ebenfalls zum UNESCO-Weltkulturerbe deklariert, ist das Erzbergwerk als einziges Bergwerk der Welt kontinuierlich über 1000 Jahre in Betrieb gewesen. Sein Silberreichtum und die fast 30 Millionen Tonnen Erz haben die Geschichte und Entwicklung der Stadt Goslar geprägt. Das Bergwerk kann von April bis Oktober im Rahmen einer Führung besichtigt werden. Infos unter www.rammelsberg.de

überqueren sie geradeaus in die Martin-Luther-Straße hinein. Auf einem Fußweg laufen wir parallel zu ihr gut 400 Meter geradeaus, dann biegen wir rechts ab und laufen hinauf zum **Klusfelsen 09**. Der Weg bringt uns weiter oberhalb des Klusteiches vorbei, dann folgen wir dem Weg in einem Rechtsbogen. Wir ignorieren die nächsten Gabelungen, nach ca. 600 Metern halten wir uns rechts auf einen Wald- und Wiesenweg und erreichen kurz darauf den „Paradiesgrund“. Wir folgen dem asphaltierten Weg nach rechts, an der Schützenallee biegen wir wieder links ein und laufen das Sträßlein hinauf bis zum **Parkplatz Bleiche 01**.

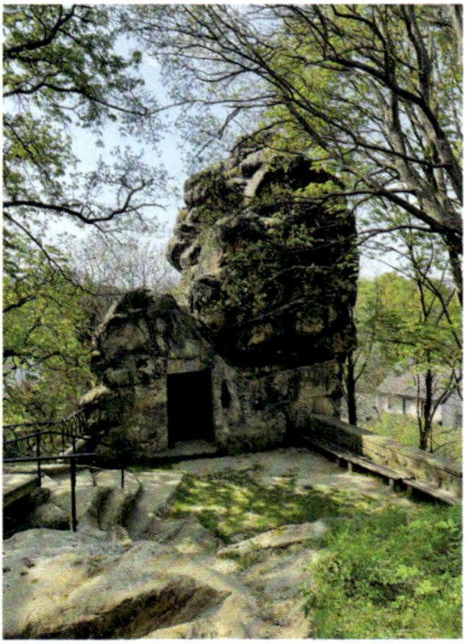

Kluskapelle bei Goslar

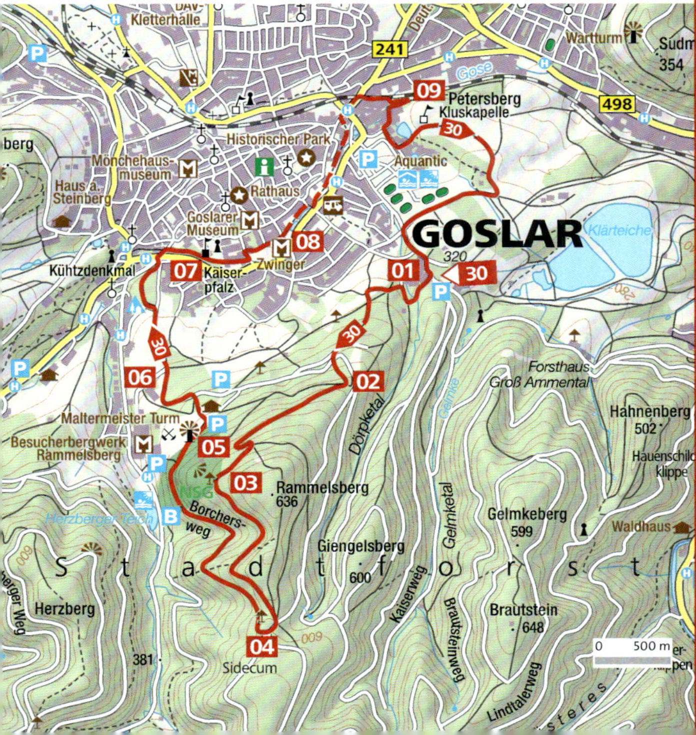

ÜBER DEN GRANESTAUSEE NACH HAHNENKLEE

Tolle Aussichten mit Wasserbegleitung

21,9 km 5:50 h 505 hm 505 hm

START | Von Goslar den „Nonnenberg“ bis zum Parkplatz „Unter den Eichen“ auffahren.
[GPS: UTM Zone 32 x: 595948.219 y: 5750325.332]
CHARAKTER | Sehr lange Wanderung, die Ausdauer erfordert. Die Wege sind jedoch meist sehr bequem.

Die Wanderung führt über den Steinberg durch wunderschönen Wald und mit tollen Aussichten nach Hahnenklee. Wer noch fit ist, kann hier nochmal den Aussichtspunkt auf dem Bocksberg ansteuern. Zwischendurch wandern wir ein Stück am Granestausee entlang: Der Stausee wurde zwischen 1966-69 errichtet und hat einen 600 m langen und 67 m hohen Damm. Er staut das Wasser der Grane und anderer Bäche. Rundherum führt ein 16 km langer Rad- und Fußweg. Baden ist hier allerdings verboten, der Granestausee ist ein reiner Trinkwasserstausee.

Los geht's am Parkplatz **Unter den Eichen** 01. Wir laufen zunächst mit dem roten Punkt am Spielplatz vorbei Richtung Steinberg. Wenige Minuten später passieren wir die Steinberg Alm;

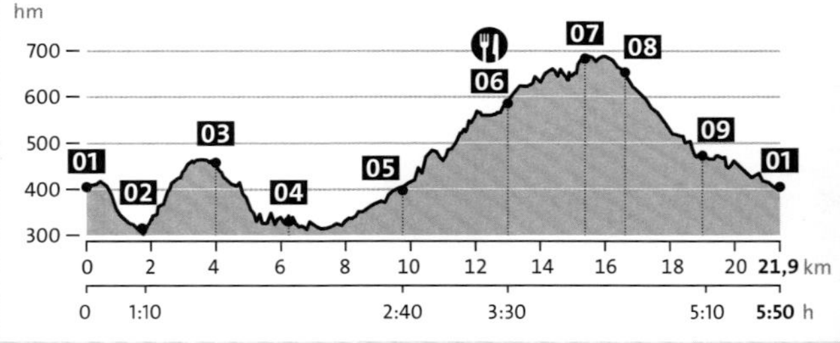

01 Unter den Eichen, 395 m; 02 Frankenberger Teich, 308 m; 03 Steinberg, 472 m; 04 Granestausee, 336 m; 05 Graneblockhaus, 381 m; 06 Hahnenklee, 568 m; 07 Abstecher zum Bocksberg, 680 m; 08 Alte Harzer Straße, 678 m; 09 Glockenberg, 471 m

dann weiter geradeaus, vorbei an herrlichen Feuchtwiesen. Hier ist definitiv der Weg das Ziel. Bald wird der Weg schmäler und wir gelangen an einen asphaltierten Weg. Links gewandt, am **Frankenberger Teich 02** vorbei und dann gleich wieder links in die „Alte Rodelbahn“. Kurz vor Ortsende laufen wir nach links über einen Pfad durch den Wald. Er stößt direkt auf die asphaltierte Zufahrtsstraße zum Steinberg. Wir steigen die paar hundert Meter an und besuchen den Aussichtsturm auf dem **Steinberg 03**. Ein Stück den selben Weg wieder zurück, dann wenden wir uns an der Schranke nach rechts. Aus dem Wald hinaus, dann am Waldrand entlang abwärts verläuft der breite Weg nun stetig geradeaus. Die Abzweigungen beachten wir nicht. So erreichen wir nach ca. 20 Minuten den **Granestausee 04**. Bevor wir nach links weiterwandern, rasten wir bei einem kleinen Pavillon mit Bänkchen oberhalb des Sees und genießen den schönen Blick auf den See. Dann folgen wir dem grünen Dreieck am **Stausee 04** entlang auf breitem Weg. Am südöstlichen Ende des Stausees orientieren wir uns am Granebach. Durch die waldreichen Berghänge geht's aufwärts; am **Graneblockhaus 05** haben wir die Möglichkeit, wieder eine Rast einzulegen. Bald verlassen wir im Quellgebiet der Grane das Tal und steigen in ein paar Serpentinen nach **Hahnenklee 06** auf. Unter der Seilbahn des Bocksberg hindurch, halten wir uns an der Seilbahnstation links. Durch die Rathausstraße, an der Stabkirche vorbei und am Parkplatz rechts gehalten, wandern wir mit dem roten Punkt aufwärts. Die Route beschreibt eine weite Linkskurve und trifft auf den Liebesbankweg. An der Verzweigung für den **Abstecher zum Bocksberg 07** folgen wir der Gipfelzufahrt nach rechts hinab, dabei stoßen wir schnell auf die **Alte Harzer Straße 08**. Sie führt uns gute 3 km mit dem blauen X bis zum Parkplatz Hohkehl. Kurz danach verlässt uns das blaue X nach rechts, wir laufen weiter auf der Alten Harzstraße mit dem blauen Punkt. An der ehemaligen Schiefergrube **Glockenberg 09** vorbei und queren den Waidmannsweg. Danach halten wir uns rechts und folgen dem Taubenstieg in einer halben Stunde zurück zum Parkplatz **Unter den Eichen 01**.

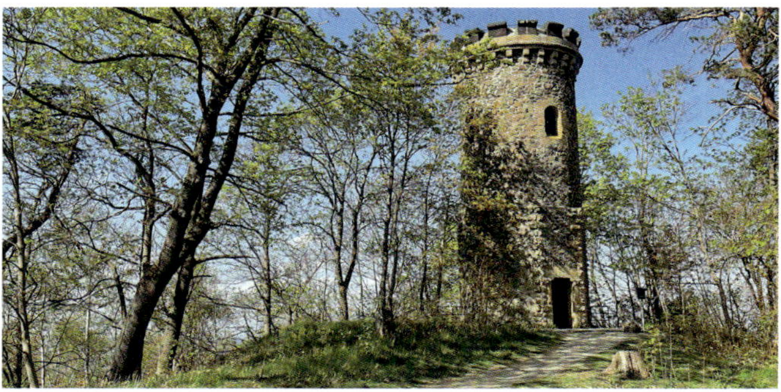
Turm auf dem Steinberg

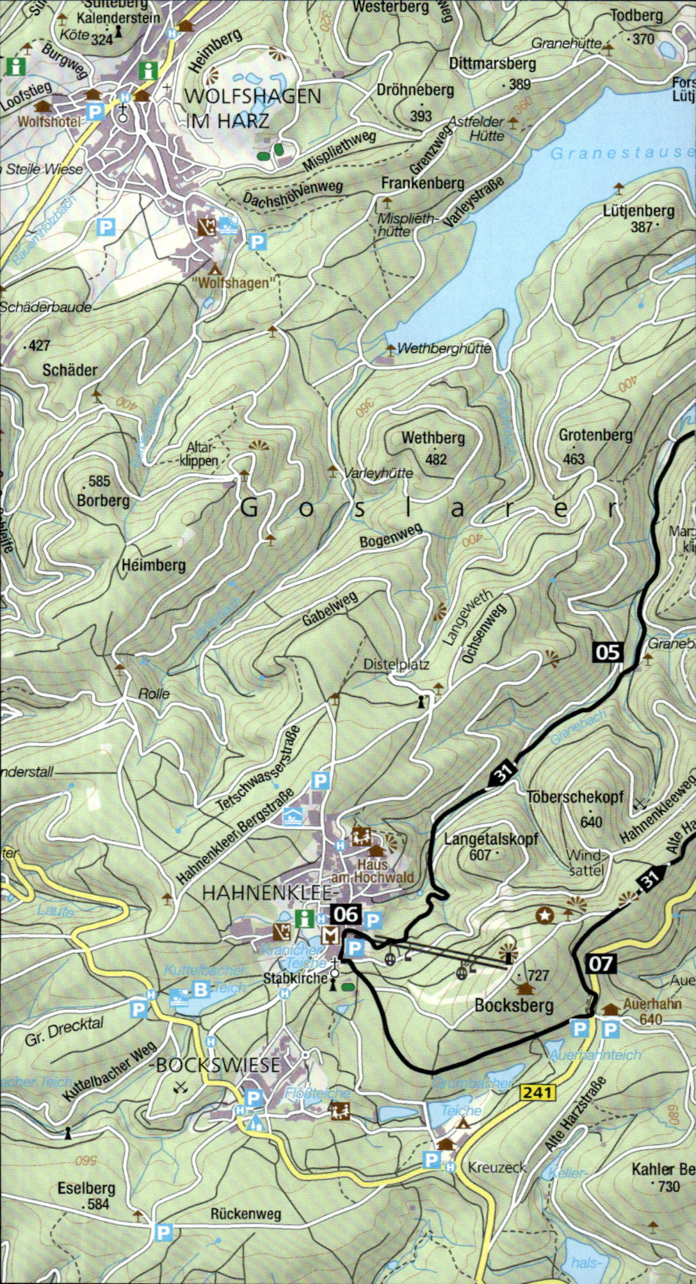
Kalenderstein
Köte 324
Burgweg
Loofstieg
Wolfshotel
Heimberg
WOLFSHAGEN
IM HARZ
Westerberg
Todberg
370
Granehütte
Dittmarsberg
389
Dröhneberg
393
Astfelder
Hütte
Granestausee
Mispliethweg
Grenzweg
Steile Wiese
Dachshöhlenweg
Frankenberg
Varleystraße
Lütjenberg
387
Misplieth-
hütte
"Wolfshagen"
Schäderbaude
427
Schäder
Wethberghütte
Altar-
klippen
Wethberg
482
Grotenberg
463
585
Borberg
Varleyhütte
Goslarer
Bogenweg
Heimberg
Gabelweg
Langeweth
Ochsenweg
05
Distelplatz
Rolle
Granebach
Tetschwasserstraße
31
Töberschekopf
640
Hahnenkleeweg
Hahnenkleer Bergstraße
Langetalskopf
607
Wind-
sattel
Haus
am Hochwald
HAHNENKLEE-
06
31
Kranicher
Teiche
Stabkirche
727
07
Bocksberg
Auerhahn
640
Kuttelbacher
Teich
Gr. Drecktal
Kuttelbacher Weg
-BOCKSWIESE
Auerhahnteich
Grumbacher
Teiche
241
Floßteiche
Alte Harzstraße
Kreuzeck
Kahler Berg
730
Eselberg
584
Rückenweg

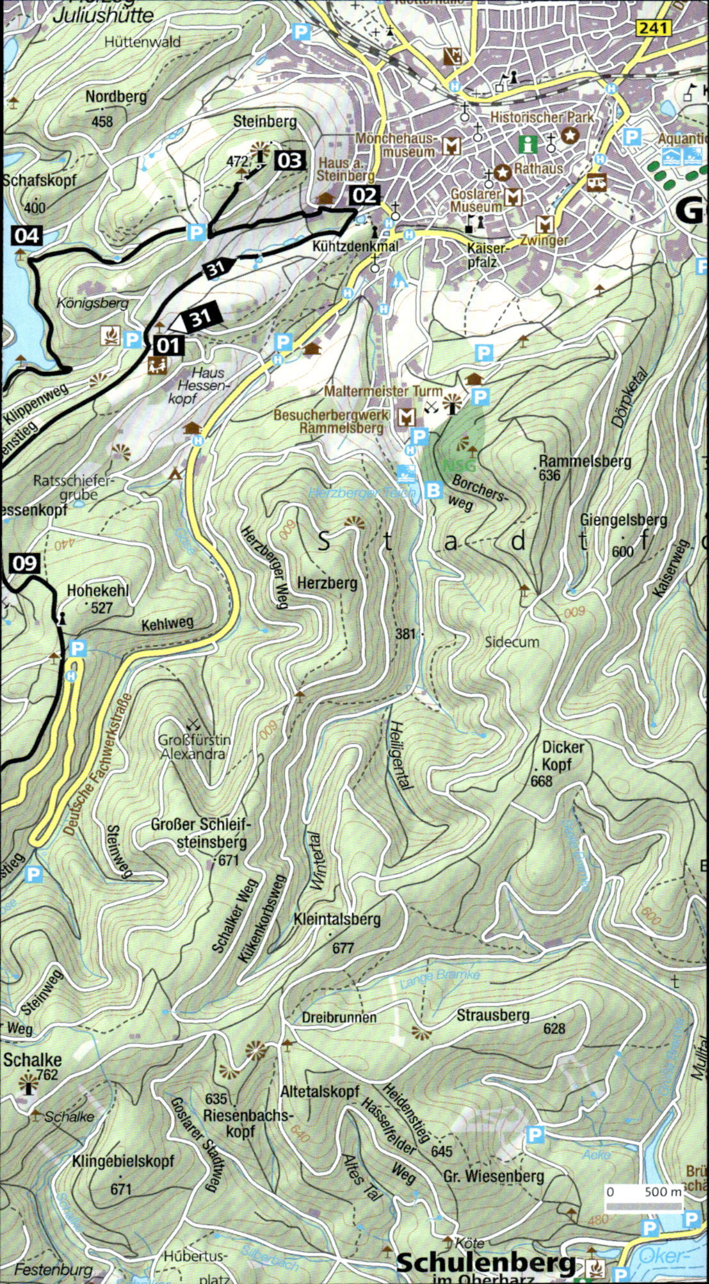
Juliushütte
Hüttenwald
Nordberg
458
Steinberg
472
03
Schafskopf
400
02
Haus a. Steinberg
Mönchehaus-museum
Historischer Park
Rathaus
Goslarer Museum
Kaiserpfalz
Zwinger
Aquantic
241
04
31
Kühtzdenkmal
Königsberg
01
Haus Hessenkopf
Klippenweg
Maltermeister Turm
Besucherbergwerk Rammelsberg
Rammelsberg
636
NSG
Borchersweg
Herzberger Teich
Ratsschiefergrube
Dörpketal
Giengelsberg
600
Herzberger Weg
Herzberg
stadtforst
09
Hohekehl
527
Kehlweg
381
Sidecum
Kaiserweg
Großfürstin Alexandra
Heiligertal
Dicker Kopf
668
Deutsche Fachwerkstraße
Großer Schleifsteinsberg
671
Steinweg
Wintertal
Schalker Weg
Kükenkorbsweg
Kleintalsberg
677
Lange Bramke
Dreibrunnen
Strausberg
628
Schalke
762
Altetalskopf
635
Riesenbachskopf
Heidenstieg
Hasselfelder Weg
645
Gr. Wiesenberg
Goslarer Stadtweg
Altes Tal
Klingebielskopf
671
Köte
Hubertusplatz
Festenburg
Schulenberg im Oberharz
Oker-
0 500 m

DURCH DIE WÄLDER BEI LAUTENTHAL

Vom Kranichsberg zu tollen Aussichtspunkten und in die Vergangenheit der Bergbaugeschichte

15,5 km | 4:20 h | 360 hm | 360 hm

START | Pakrplatz am Maaßener Gaipel. Von der L516 aus Lautenthal kommend, nach ca. 1 km rechts einbiegen. Man kann auf der Sandstraße bis zum Gasthaus Maaßener Gaipel hochfahren. [GPS: UTM Zone 32 x: 588899.399 y: 5746639.320]
CHARAKTER | Lange Runde, die um den Maaßener Gaipel ein wenig Trittsicherheit verlangt. Sonst meistens angenehme Wald- und Forstwege. Ab Lautenthal keine Einkehrmöglichkeit, also Brotzeit und Wasser nicht vergessen.

Der Maaßener Gaipel wurde 1924 auf Initiative des Harzklubs auf dem ehemaligen Bergwerksgelände eingerichtet. Bis 1978 wurde er immer wieder erweitert, modernisiert und umgebaut. Auf dem Rückweg inspizieren wir den äußerst interessanten Bergbaulehrpfad, der auf dem Gelände angelegt ist und in die 700-jährige Geschichte des Bergbaus entführt. Doch zuvor führt unsere Runde über Lautenthal auf den Aussichtspunkt Bielstein. Von hier aus erwartet uns eine lange Waldwanderung über Forstwege zu den Altarklippen. Zurück geht's auf Waldwegen und übers Bergwerksgelände zum Startpunkt.

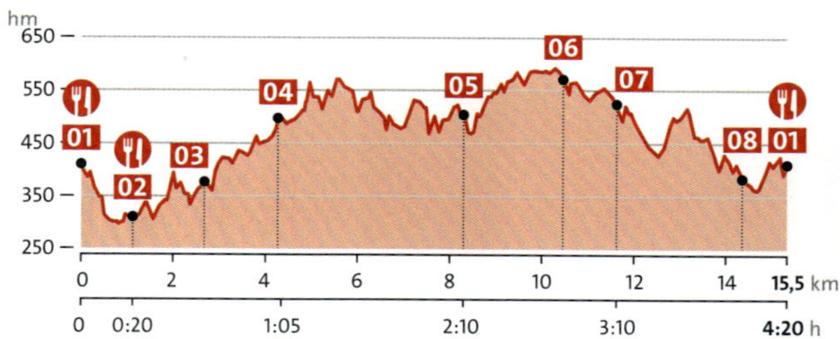

01 Maaßener Gaipel, 422 m; 02 Lautenthal Marktplatz, 315 m; 03 Schöne Aussicht Bielstein, 424 m; 04 Sattelplatz, 487 m; 05 Altarklippen, 517 m; 06 Rolle, 551 m; 07 Abzweig Schulbergweg, 528 m; 08 Bergbaulehrpfad, 378 m

▶ Gleich hinter der Holzkonstruktion des Maaßener Förderschachtes beim **Maaßener Gaipel** 01 führt rechts ein schmaler Weg hinab Richtung Lautenthal. Mit dem gelben Dreieck geht's hinab durch den Wald. Am Osterfeuerplatz geradeaus hinüber, dann halten wir uns leicht rechts auf einem Pfad, dann mal ein paar Treppen, stetig abwärts. Am Ortsrand von Lautenthal wenden wir uns am Kranichsberg links hinab. „Am Graben" biegen wir rechts ein, dann folgen wir dem Wegweiser hinauf zum historischen **Marktplatz Lautenthal** 02. Wir laufen über den Marktplatz und folgen dem Bischofsthal nach links durchs Wohngebiet hindurch. Fast am Ortsende angekommen, biegen wir links ein und folgen dem blauen Querbalken Richtung Waldspielplatz und „Schöne Aussicht". Zehn Minuten später knicken wir scharf rechts auf einen schmäleren Pfad weiter aufwärts ab. Wir erreichen den Pavillon **Schöne Aussicht Bielstein** 03. Hier wechseln wir auf den breiten Forstweg „Bielsteinweg" um die Rechtskurve Richtung Sattelplatz. Nach eineinhalb Kilometern haben wir die Kreuzung **Sattelplatz** 04 erreicht. Wir knicken scharf rechts ein und laufen weiter aufwärts ohne Markierung. An der nächsten Gabelung biegen wir um 180° nach links auf den „Grünen Weg" Richtung Sommerberghütte. Das grüne X führt uns nach ein paar hundert Metern weiter Richtung Altarklippen. Wir bleiben stets auf dem Hauptweg. Eine Drei viertel Stunde später stehen wir an einer großen Kreuzung,

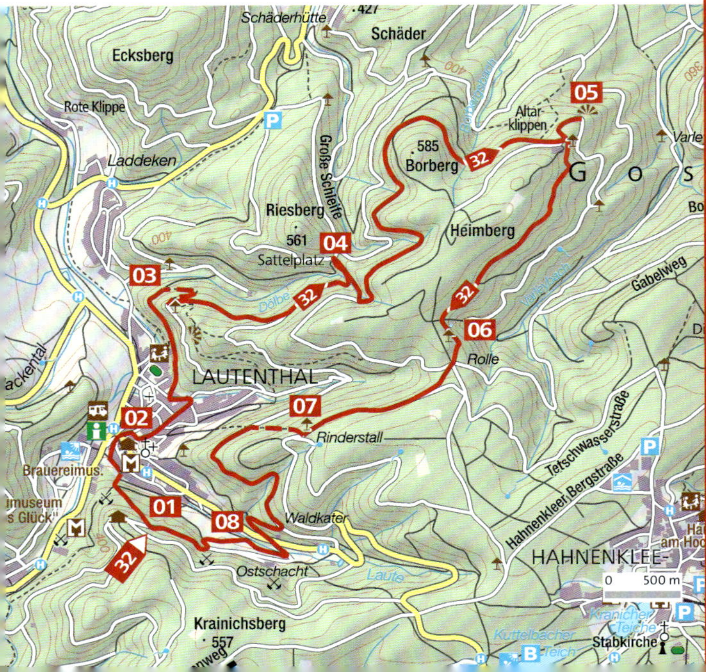

von der aus wir nach links einen Abstecher zu den **Altarklippen** 05 unternehmen. Die Aussicht auf den Granestausee und die Wälder um Wolfshagen ist toll. Zurück an der Kreuzung bleiben wir jetzt geradeaus. Nach eineinhalb Kilometern zweigt rechter Hand ein Steiglein ab zum Roller Pavillon, wer ihn besuchen mag. An der darauffolgenden Kreuzung **Rolle** 06 halten wir uns schräg rechts auf dem gelben Punkt Richtung Rinderstall (zweiter Weg von rechts). Kurz nach der Schutzhütte, ca. 20 Minuten später, steigen wir an dem **Abzweig Schulbergweg** 07 rechts ab und steigen hinab nach Lautenthal über den extrem steilen „Gartenstieg". Unten am breiten Waldweg, dem „Arbeitsdienstweg", geht es links Richtung Bergbaulehrpfad. Der breite Forstweg führt uns allmählich abwärts. Nach gut 20 Minuten biegen wir bei den Wanderschildern scharf rechts um 180° auf einen Pfad hinab Richtung Lautenthal. Hier folgen wir dem gelben X und Weg 1C. Am Ende des Pfads halten wir uns links auf den Waldweg, überqueren im Folgenden die Straße und halten uns am Parkplatz rechts auf den **Bergbaulehrpfad** 08. An der „Schwarzen Grube" wandern wir entlang in den Wald. Beim Forstweg nach dem Schacht geht's links hinauf, dann führt uns ein Pfad zu einer lichten Stelle mit einem Grasweg. Hier wandern wir nach links an der Holzkonstruktion des Förderschachtes vorbei. Dann halten wir uns auf einem Pfad nach rechts wieder hinauf. Wir überqueren den Maaßener Wasserlauf und erreichen kurz darauf den Parkplatz vom **Maaßener Gaipel** 01.

Info:

Gaipel war ein gängiger Begriff im Harz. Er steht für ein Schachtgebäude und geht auf den (Pferde-)Göpel zurück, mit dessen Hilfe früher Schachtförderungen und Wasserhaltungsmaschinen angetrieben wurden. Das Bergwerk am Kranichsberg existierte vom Anfang des 17. Jahrhunderts bis zum Jahr 1930.

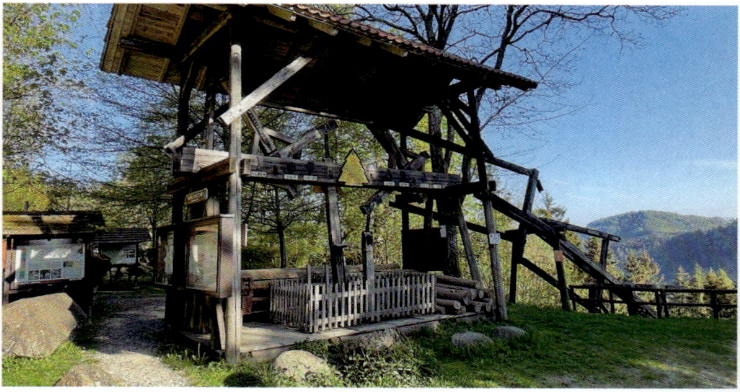

Förderschacht beim Maaßener Gaipel

RUND UM HAHNENKLEE

Über den Schalker Aussichtsturm auf den Bocksberg

12,2 km | 3:20 h | 325 hm | 325 hm

START | Parkplatz Auerhahn. Über die B241 von Clausthal-Zellerfeld kommend vor den Gebäuden von Auerhahn rechts.
[GPS: UTM Zone 32 x: 594011.847 y: 5745682.669]
CHARAKTER | Schöne, abwechslungsreiche Wanderung auf meist breiten Teer-, Wald- und Forstwegen. Pfade entlang des Schalker Graben. Zum Aussichtsturm Schalke und auf den Bocksberg ein langgezogener und ein steilerer Anstieg.

Vom **Parkplatz Auerhahn** **01** bei Hahnenklee folgen wir zunächst dem geteerten Weg ansteigend Richtung Schulenberg. Er bringt uns nun stetig hinauf. Die nächsten Abzweigungen ignorieren wir und folgen dem Weg nach einiger Zeit um eine Rechtskurve herum und in guten 25 Minuten hinauf zum **Aussichtsturm Schalke** **02**. Nach einem Turmbesuch folgen wir dem Weg noch ein kurzes Stück bis an eine Kreuzung: Hier wenden wir uns nach rechts Richtung Festenburg. Ein Forstweg bringt uns abwärts, nach ein paar hundert Metern halten wir uns an der Gabelung auf dem rechten Weg. Er mündet schließlich in einen breiteren Schotterweg, an dem wir scharf nach links einknicken. Nur ca. einhundert Meter folgen wir ihm, dann zweigt rechter Hand ein aufgewühlter Waldweg hinab ab. Der Weg wird schmäler, führt über

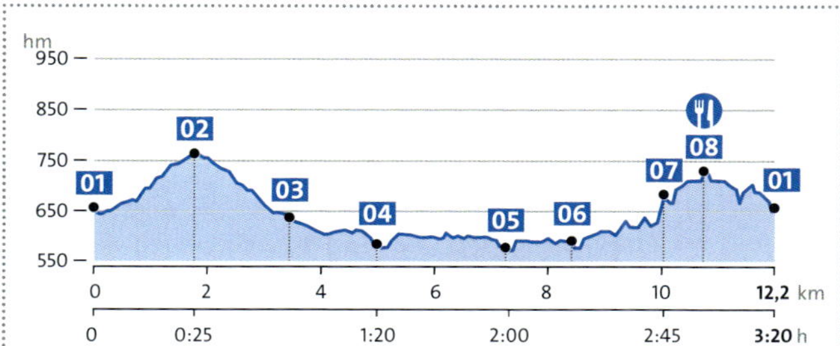

01 Parkplatz Auerhahn, 635 m; **02** Aussichtsturm Schalke, 762 m; **03** Oberer Schalker Graben, 604 m; **04** Großer Kellerhalsteich, 584 m; **05** Mittlerer Grumbacher Teich, 564 m; **06** Stabkirche, 582 m; **07** Liebesbankhütte, 686 m; **08** Bocksberg, 727 m

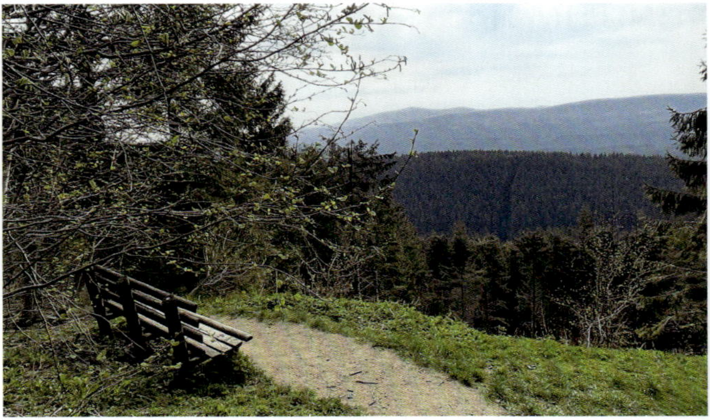

Aussichtsbank an der Wegkreuzung Schalke

einen Steg und endet am **Oberen Schalker Graben** 03. Ihm folgen wir nun nach rechts über einen schönen breiten Pfad erst durch freie Fläche, dann in den lichten Wald hinein. Zehn Minuten später kreuzen wir einen Schotterweg. Wir halten uns weiter geradeaus am Wasser entlang Richtung Hahnenklee und Bockswiese. Nach fünfzehn Minuten leitet uns der Pfad nach links, das Ende unseres Weges am Graben entlang ist erreicht. Wir laufen über den Damm des **Großen Kellerhalsteiches** 04 und folgen danach stetig geradeaus einem Pfad. Nach zehn Minuten queren wir die B241 schräg nach rechts. Weiter geht's, nochmal auf schmalem Pfad durch den Wald. Zwischendurch ignorieren wir eine Abzweigung nach rechts, unser Pfad endet an der Straße. Wir überqueren sie und folgen einem breiten Forstweg weiter geradeaus. Der Weg fällt leicht ab, dann stoßen wir auf eine Kreuzung: Ein schmaler Pfad bringt uns geradeaus Richtung Hahnenklee. Kurz darauf gelangen wir zum **Mittleren Grumbacher Teich** 05. Wir laufen am Damm entlang und dann den Pfad hinauf. Am schmalen Waldweg halten wir uns links. Der Weg macht alsbald eine Rechtsbiegung und führt oberhalb des Thanteiches entlang. Schließlich gelangen wir an ein Teersträßlein und einen Fußballplatz. Hier machen wir einen Abstecher nach links zur **Stabkirche** 06. Danach geht es rechts weiter, am Parkplatz vorbei und auf einem Waldweg Richtung Liebesbank. Hier orientieren wir uns am grünen Punkt und der Markierung 2L. Der Weg steigt an und bringt uns über den Liebesbankweg vorbei an diversen Liebesbänken. Nach ca. eineinhalb Kilometern, kurz nach der **Liebesbankhütte** 07, stoßen wir auf einen Teerweg. Nach rechts machen wir einen Abstecher auf den **Bocksberg** 08, mit schöner Aussicht vom Turm. Dann kehren wir an die Kreuzung bei der Liebesbankhütte zurück und wenden uns nach rechts Richtung Auerhahn. Nach wenigen Minuten halten wir uns an der Gabel links und steigen hin-

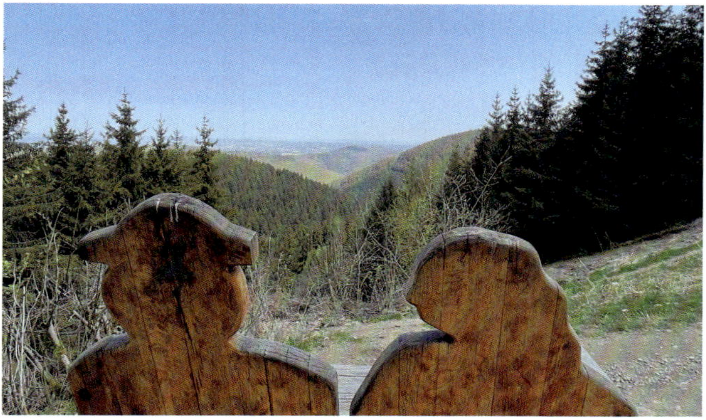

Auf dem Liebesbankweg

unter bis kurz vor die B242. Ein Pfad leitet uns nach rechts, ein paar Meter parallel zur Bundesstraße. Dann überqueren wir die Bundesstraße und kehren zurück zum **Parkplatz Auerhahn 01**.

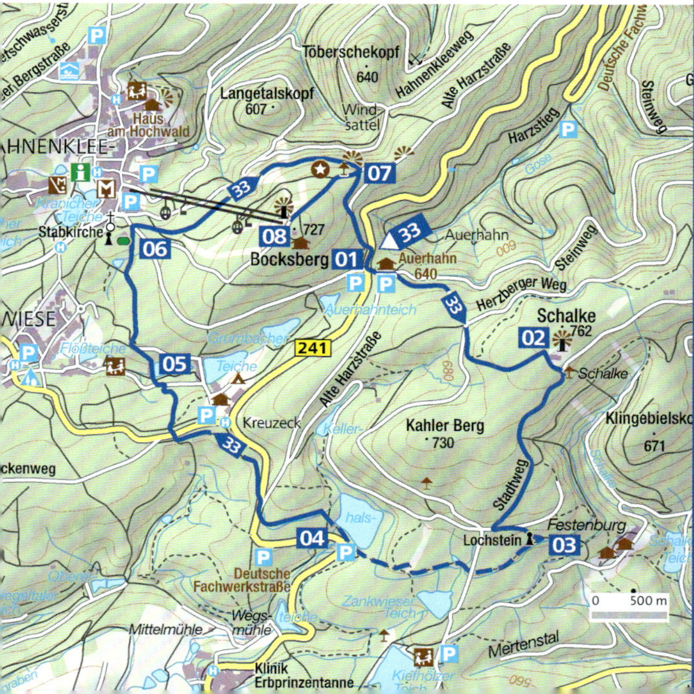

ÜBER BAD GRUND ZUR IBERGER TROPFSTEINHÖHLE

Schöne Ausblicke auf dem Karstwanderweg

12,4 km 3:15 h 400 hm 400 hm

START | Wanderparkplatz Bad Grund. Von Bad Grund über die B242 Richtung Clausthal Zellefeld. Parkplatz ca. 2 km nach Ortsausgang, hinter der Rechtskehre.
[GPS: UTM Zone 32 x: 587535.530 y: 5740432.883]
CHARAKTER | Schmale Pfade und breite Waldwege wechseln sich ab. Steiler Abstieg und etwas steilerer Anstieg vom Schweinebraten zur Luchsklippe.

Die Runde führt abwechslungsreich durch die Wälder um Bad Grund und gibt zugleich Einblicke in die Geschichte des Steinbruchs in diesem Tal. Sie führt vorher jedoch um die Iberger Tropfsteinhöhle herum, die tief im Kalk eines einstigen Korallenriffs liegt. Im Steinbruch Winterberg-Iberg wird Kalkstein abgebaut, der im Werk Münchehof zu Branntkalk weiterverarbeitet wird. Kurz darauf wartet der Albertturm auf eine Besteigung.

▶ Vom **Wanderparkplatz in Bad Grund** 01 – gegenüber des Ternplatzes (wegen Holzlagerung zu Recherchezeiten 2022 nicht als Parkplatz benutzbar) überqueren wir zunächst die B242. Wir folgen dem Harzer Baudensteig Richtung

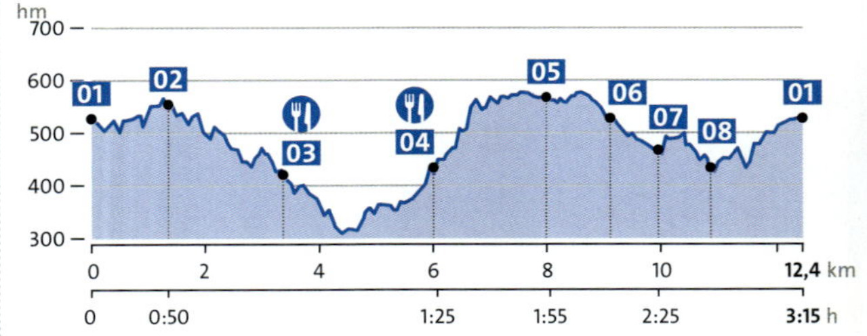

01 Wanderparkplatz Bad Grund, 526 m; 02 Gewitterhütte, 556 m; 03 Bad Grund, 405 m; 04 Iberger Tropfsteinhöhle, 427 m; 05 Iberger Albertturm, 566 m; 06 Kreuzung Schweinebraten, 530 m; 07 Luchsklippe, 495 m; 08 Harzclub Wanderheim, 462 m

Gewitterplatz nach rechts, zunächst über einen Forstweg. Nach zwanzig Minuten erreichen wir die Kreuzung mit der **Gewitterhütte** **02**. Hier biegen wir scharf rechts auf den Moossteig ab Richtung Schönhofsblick. Ein schmaler Pfad führt uns nun geradewegs durch abgeholztes Gebiet. (Achtung, zu Recherchezeiten lagen hier noch etliche entwurzelte Bäume herum, die das Vorankommen schwierig gestalten.) Gute eineinhalb Kilometer führt uns nun der schmale Pfad gen Westen. Schließlich gelangen wir an einen Forstweg. Wir überqueren ihn geradeaus und folgen dem Pfad in einer Rechtskurve. Er bringt uns – am Schluss kurz wieder über einen Forstweg – zum Oberen Eichelsberger Graben mit dem Rastplatz Fritze's Ruh. Hier biegen wir links auf einen Wald- und Forstweg ab, folgen ihm stetig geradeaus, bis wir an den Eichelsberger Pavillon kommen. Nachdem wir den tollen Blick auf Bad Grund genossen haben, halten wir uns links erst über einen Pfad hinab, dann über ein paar Treppen hinab nach **Bad Grund** **03**. Am Ortsrand laufen wir links die Braugasse hinab bis zur Clausthaler Straße, an der wir uns rechts halten. An der Bergstraße biegen wir links ab, folgen ihr wenige Meter hinauf, um dann auf Höhe des Hotel-Parkplatzes links den Steig hinaufzulaufen. Wir wandern wieder auf dem Baudensteig kurz hinauf bis zu einem Waldweg, an dem wir uns rechts halten. Wenig später laufen wir nochmals schräg über in die Bergstraße, dann folgen wir dem geteerten Weg Richtung **Iberger Tropfsteinhöhle** **04**. Es geht am Sportplatz vorbei, dann folgen wir dem Wirtschaftsweg am Parkplatz vorbei und gelangen so zum „Steinpfad". Der Weg führt uns am Märchenpark vorüber, kurz darauf überqueren wir die B242. Ein Steig bringt uns links herum am Gebäude der Iberger Tropfsteinhöhle entlang hinauf. Er wird immer breiter und bringt uns im Zickzackkurs empor, nun wieder mit dem Zeichen des Karstwanderweges. Wir wandern am Höhlenausgang vorbei, kurz darauf geht es auf schmalem Weg

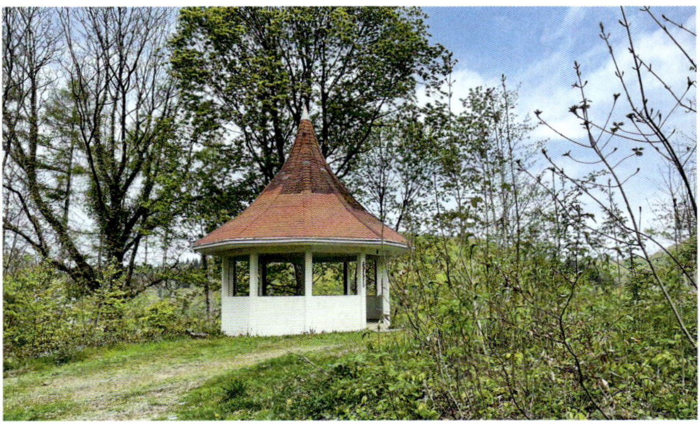

Eichelberger Pavillon oberhalb von Bad Grund

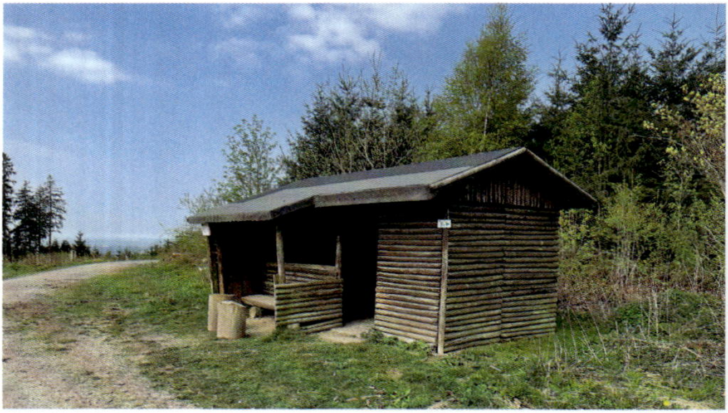

Gewitterhütte

links weiter aufwärts auf dem Karstwanderweg Richtung Iberger Albertturm. Der Weg weist uns an der nächsten Gabel nach links, über die Bismarckklippe, dann rechts kurz hinauf und nochmals rechts relativ eben an interessanten Gesteinsformationen entlang. Am Schotterweg halten wir uns wieder links, kurz darauf biegen wir rechts ab mit Blick auf den Steinbruch. Ein schmaler, steiniger Weg führt nun am Steinbruch entlang, bestückt mit diversen Schautafeln. Ein paar Minuten später stehen wir am **Iberger Albertturm** 05. Eine Linkskurve führt uns zurück auf den Schotterweg. Nach zehn Minuten halten wir uns rechts über den Baudensteig hinab zur **Kreuzung Schweinebraten** 06. Hier geht es nach links Richtung Wildemann. IN der folgenden Linkskurve weiter geradeaus, bald steil hinab weiter Richtung Wildemann und Oberstadt. Der Steig erreicht einen Forstweg: wir folgen ihm geradeaus auf einem zerfurchten Wald-und Forstweg Richtung Luchsklippe. Schon bald steigen wir wieder bergan. Nach der **Luchsklippe** 07 mündet der Weg in einen Pfad. Bald wandern wir durch sumpfiges Gebiet, an einer Lichtung mit schönem Blick und einer Bank vorbei. Wieder im Wald beschreibt der Pfad eine Linkskurve, dann halten wir uns wieder rechts. Ein Steig leitet uns über ein klitzekleines Bächlein. Nur wenige Meter dahinter stoßen wir auf einen Forstweg. Wir

Info:

Die Höhlen im Iberg sind nicht wie andere Höhlen entstanden, sondern auf weltweit äußerst seltene Weise: Die Verwitterung des Eisenerzes Siderit, das sich im Kalk gebildet hatte, verstärkte die Höhlenbildung. So wurde der Iberg auch für den historischen Eisenerzbergbau und Naturhöhlenbergbau schon seit etwa 100 v. Chr. bedeutend.

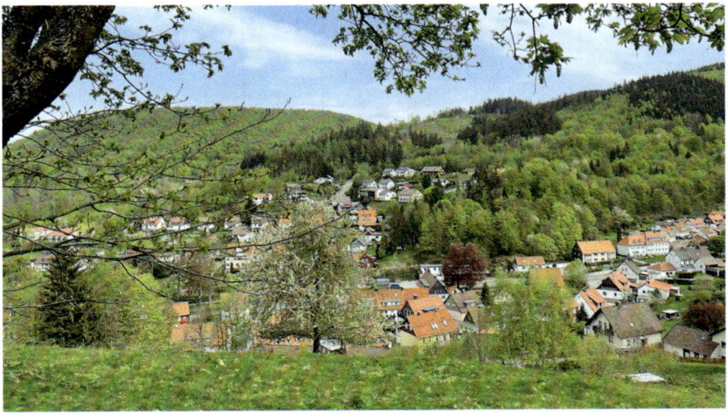

Blick von Fritze's Ruh auf Bad Grund

folgen ihm geradeaus – linker Hand, nach ca. 200 Metern, befindet sich das **Wanderheim des Harzclubs 08**. An der Straße halten wir uns rechts auf einen Pfad. Er bringt uns in einer viertel Stunde zurück zum **Wanderparkplatz Bad Grund 01**.

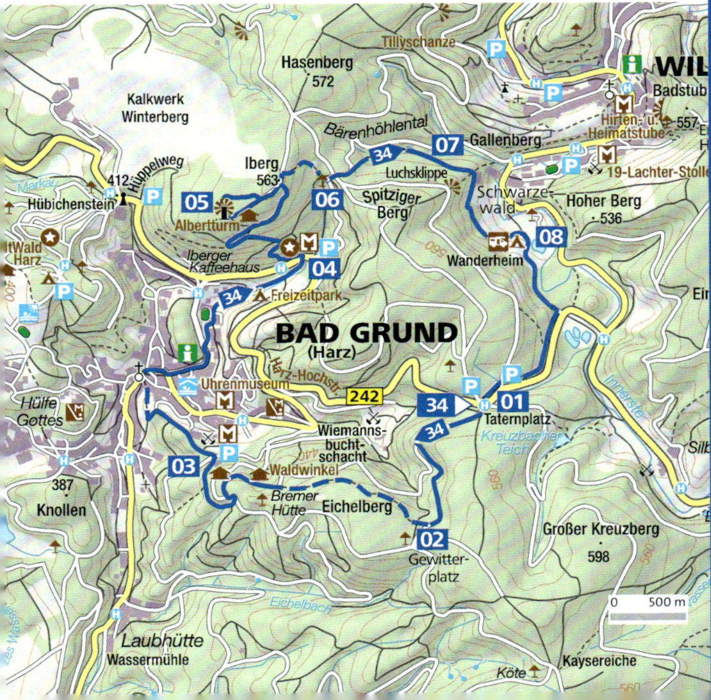

35

ZU DEN BUNTENBOCKER TEICHEN

Teichrunde zum Ursprung der Innerste

13,3 km 3:30 h 234 hm 234 hm

START | An der B242 50 Meter hinter der Tankstelle beim Ortsausgang kleiner Parkplatz auf der rechten Seite. Nicht der Parkplatz vom Kleingartenverein 75 Meter weiter!
[GPS: UTM Zone 32 x: 592685.245 y: 5739464.239]
CHARAKTER | Angenehme Rundwanderung auf einfachen Wegen mit wenigen Höhenunterschieden. Unterwegs gibt es einige Wasserläufe und versteckte Wassergräben. An heißen Tagen kann man sich hier und da abkühlen.

Dicht an dicht angelegt verwandeln diese Bergbauteiche die Clausthaler Hochfläche in eine wunderschöne Wasserlandschaft. Ketten unterirdischer Wasserläufe leiteten das Wasser der Bergwiesen zu weit entfernten Erzgruben im Rosenhöfer Revier bei Clausthal.

Wir starten heute am kleinen **Parkplatz in Clausthal-Zellerfeld** 01 an der Andreasberger Straße. Wir wenden uns nach rechts Richtung Tankstelle, kurz vorher biegen wir dann links auf den Teerweg ab. Nach ca. achthundert Metern leitet uns linker Hand ein Wiesenpfad den Hang hinab. Er macht nach 500 Metern beim **Schwarzenbacher Teich** 02 einen kleinen Rechtsknick, an Schilf vorbei und kurz darauf an der Pfadgabelung links. Bald

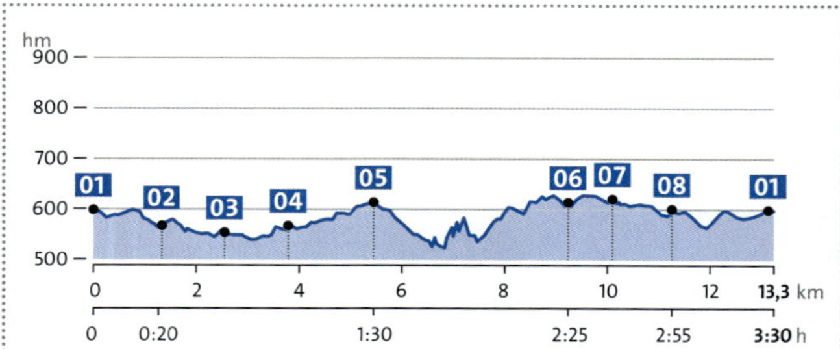

01 Parkplatz Clausthal-Zellerfeld, 600 m; 02 Schwarzenbacher Teich, 561 m; 03 Sumpfteich, 548 m; 04 Ziegenberger Teich, 559 m; 05 Braunseck, 608 m; 06 Huttaler Widerwaage, 605 m; 07 Innerstesprung, 621 m; 08 Nassenwieser Teich, 587 m

werden wir über einen Waldweg hinauf geleitet. Bald kreuzen wir einen breiteren Weg, dann fällt der Weg wieder leicht ab zum Pixhaier Teich. Wir laufen geradewegs an seinem Damm entlang, kurz vor dessen Ende biegen wir dann unmarkiert auf einen Pfad rechts hinab ab. Gleich an der nächsten Kreuzung halten wir uns rechts und erreichen eine Brücke. Wir passieren sie, halten uns links über den Parkplatz und gelangen zur Pixhaier Mühle. Am Gasthof halten wir uns rechts über einen Schotterpfad, queren nochmals eine Brücke und wandern nun Richtung Buntenbock entlang dem Flambacher Mühlengraben. Er begleitet uns nun bis zum **Sumpfteich** **03**. Wir laufen an seinem Ufer entlang, dann kurz über ein asphaltiertes Stück. Danach wenden wir uns nach links, am südwestlichen Ufer des Sumpfteiches weiter. Am Ende des Teiches überqueren wir eine Brücke, dann stehen wir am Taubefrauer Graben. Wir halten uns links, den Pfad hinauf. Den folgenden Schotterweg überqueren wir schräg nach rechts. Ein wurzeliger Wiesenpfad bringt uns wieder an einen Schotterweg, dem wir nach links folgen, am **Ziegenberger Teich** **04** entlang. Beim Schotterweg am Bärenbucher Teich biegen wir rechts ab und folgen nun dem Harzer Hexenstieg. Nach ca. 500 Metern halten

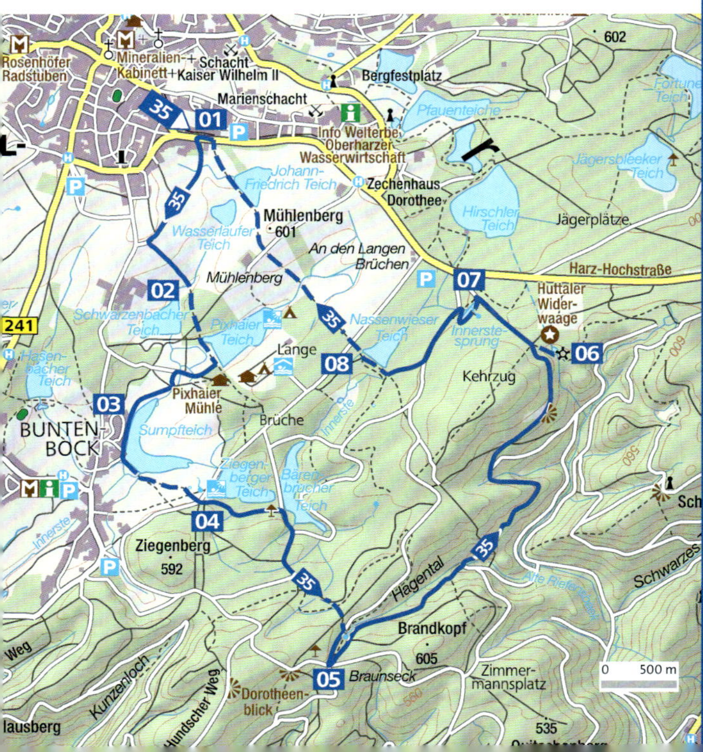

wir uns an einer Wegkreuzung mit Bank links. Der Schotterweg verlässt uns um eine Rechtskurve und wir wandern auf einem breiten Waldweg weiter. Nach guten fünf Minuten folgen wir einem Schotterweg nach rechts. Er bringt uns nach einem kurzen Wegstück an eine Kreuzung mit der Gerhard-Gartner-Hütte. Hier am **Braunseck** 05 biegen wir scharf links ein und folgen nun stetig diesem Weg ins Hangental. Nach zwanzig Minuten erreichen wir eine Kreuzung, an der wir uns links halten. Dann stets weiter auf dem Hauptweg, der nach einigen Minuten um eine Linkskurve führt. An der darauf folgenden Gabelung halten wir uns links und wandern dann nochmal gut eineinhalb Kilometer auf diesem Weg Richtung Innerstesprung, bis uns ein Schild nach rechts auf einen schmalen Weg weist: Hier können wir der **Huttaler Widerwaage** 06 einen kurzen Besuch abstatten. Zurück auf dem Hauptweg folgen wir ihm nochmal gute 500 Meter, dann biegen wir am Entensumpf links ab und laufen über einen Pfad zum **Innerstesprung** 07. Weiter geht's, einmal um den Entensumpf herum, auf der anderen Seite stoßen wir wieder auf einen Schotterweg. Wir folgen ihm nach links, biegen zehn Minuten später aber wieder rechter Hand auf einen wurzeligen Pfad ab. Er führt leicht hinab zum Oberen **Nassenwieser Teich** 08 und an seinem Damm entlang. Auf der anderen Seite bringt uns der Pfad zu dem Sträßlein „An den langen Brüchen" und einem kleinen Parkplatz. Wir passieren beides und laufen geradeaus auf dem Wald- und Forstweg weiter. Am Waldrand und zwischen Wiesen entlang geht es nun stetig geradeaus, mal hinab und wieder hinauf. Nach einem knappen Kilometer überqueren wir den „Mühlenberg" und laufen weiter geradeaus über die Bergwiesen. Dann führt der Wiesenpfad leicht hinab, am Johann-Friedricher-Teich vorbei bald wieder auf befestigtem Weg geradeaus zurück zum Parkplatz in **Clausthal-Zellerfeld** 01.

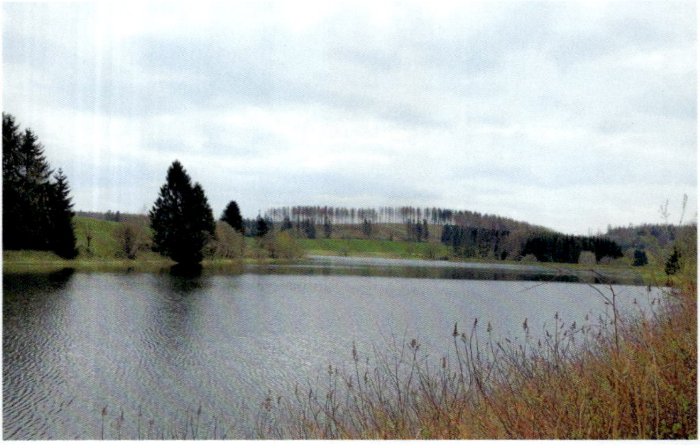

Am Sumpfteich

VON BUNTENBOCK NACH LERBACH

Aussichtsreiche und historische Runde entlang der Eisensteingruben

13,2 km | 3:40 h | 339 hm | 339 hm

START | Parkplatz Dorfmitte Buntenbock am Mittelweg [GPS: UTM Zone 32 x: 591942.827 y: 5737004.686]
CHARAKTER | Mal breitere, mal schmälere Waldwege und -pfade. Der Anstieg auf die Kuckholzklippe ist ein wenig steil.

Auf der heutigen Rundwanderung bringt uns der Harzer Hexenstieg mit ein paar schönen Ausblicken von Buntenbock nach Lerbach. In diesem beschaulichen Ort im Lerbachtal wurde bereits Mitte des 16. Jahrhunderts Eisenerz abgebaut. Zahlreiche Bergwerke brachten ihm auch den Ruf als „Bergdorf“ ein. In der zweiten Hälfte des 19. Jahrhunderts kam der Eisenerzabbau zum Erliegen. Auf Empfehlung von Medizinern wurde Lerbach bald zum Bade- und Luftkurort. Auf dem Rückweg nach Buntenbock wandern wir auf dem die ehemaligen Eisenerzgruben tangierenden Eisensteinlehrpfad, dessen Route viele interessante Infotafeln säumen. Ein weiteres Highlight ist der Aussichtsturm auf der Kuckholzklippe. Zudem befinden sich an den Berghängen des Lerbachtals zahlreiche wertvolle und als Biotop schützenswerte Bergwiesen.

Von der **Dorfmitte in Buntenbock** 01 laufen wir nach Süden über den Mittelweg und „An der Trift“. An der Gabel halten wir uns „Am Ziegenberg“ links und

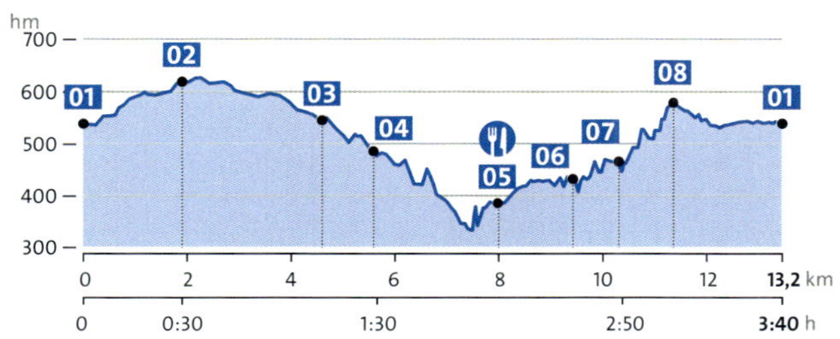

01 Dorfmitte Buntenbock, 538 m; 02 Hundschen Weg, 622 m; 03 Mangelhalber Tor, 541 m; 04 Marienblick, 486 m; 05 Lerbach, 335 m; 06 Concordiaklippe, 415 m; 07 Claras Höhe, 455 m; 08 Kuckholzklippe, 556 m

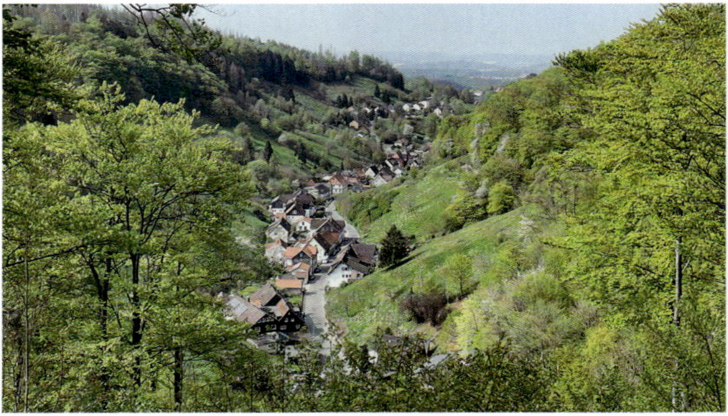

Blick auf Lerbach

lassen bald auf einem Schotterweg Buntenbock hinter uns. Die Route schwingt sanft nach rechts, an der Kreuzung mit dem **Hundschen Weg** 02 folgen wir demselben nach rechts. Der Weg ist breit und geschottert und führt an den Heidelbeerköpfen vorüber. Hier verläuft die Wasserscheide zwischen der Söse und der Innerste. Zwischendurch locken kleine Abstecher wie Dorotheenblick oder Ackerblick. Am Rastplatz **Mangelhalber Tor** 03 empfängt uns der Nachbau des Tores von 1992. Eine viertel Stunde später haben wir dann den **Marienblick** 04 erreicht. Hier erwartet uns eine Schutzhütte samt schöner Aussicht auf die Mühlenteiche. Ca. eine viertel Stunde nach dem Rastplatz zweigt ein Pfad nach rechts ab, hinab nach **Lerbach** 05. An der Friedrich-Ebert-Straße biegen wir links ein und folgen dann nur 50 Meter später dem Baudensteig nach rechts. Er bringt uns zwischen den Häusern durch, an Gärten vorbei hinauf bis zu einer Bank und einem Wegschild mit toller Aussicht auf Lerbach. Der Pfad führt uns nach rechts, fünf Minuten später wandern wir auf einem Waldweg rechts weiter Richtung Concordiaklippe. Weitere fünf Minuten später verlassen wir den Waldweg nach rechts über einen breiten Pfad entlang der Eisensteingruben. Wenige Minuten darauf stehen wir an der **Concordiaklippe** 06; die Aussicht hier wird jedoch von dichtem Laubwerk ein wenig getrübt. Nach eineinhalb Kilometern auf dem Eisensteinlehrpfad, begleitet von mehreren, interessanten Infotafeln über den Eisenerzabbau, gelangen wir an **Claras Höhe** 07. Der Baudensteig schickt uns scharf nach links, hinter der Leitplanke entlang der Straße (der Weg musste hier umgeleitet werden auf Grund einer Wegsperrung). Zweihundert Meter später queren wir die Straße und steigen noch einmal gute zehn Minuten über einen Waldpfad hinauf zur **Kuckholzklippe** 08 und ihrem Aussichtsturm. Von seiner Plattform bietet sich ein toller Ausblick bis hin zum Nationalpark Harz. Ein Schotterweg bringt uns zu einer T-Kreuzung: Wir biegen rechts ein, nur wenig später führt der Baudensteig nach links. Leicht hinab geht es bald nach rechts. An der

B241 halten wir uns rechts und folgen einem Pfad parallel zur Straße. Wir treffen auf die Zufahrtsstraße vom Pflegezentrum und überqueren sie geradeaus. Dem geteerten Weg folgen wir höchstens 150 Meter hinauf, dann halten wir uns rechts auf den Schotterweg. Wenige Minuten später halten wir uns links auf einen Pfad. Er bringt uns an einer schönen Aussichtsbank und einem Infoschild über die Buntenbocker Bergwiesen vorbei. Vor dem Holzzaun und den Häusern biegen wir rechts ab und laufen die Wiese hinab zur Straße. Nach rechts geht es in wenigen Schritten zurück zum Parkplatz in der **Dorfmitte von Buntenbock** 01.

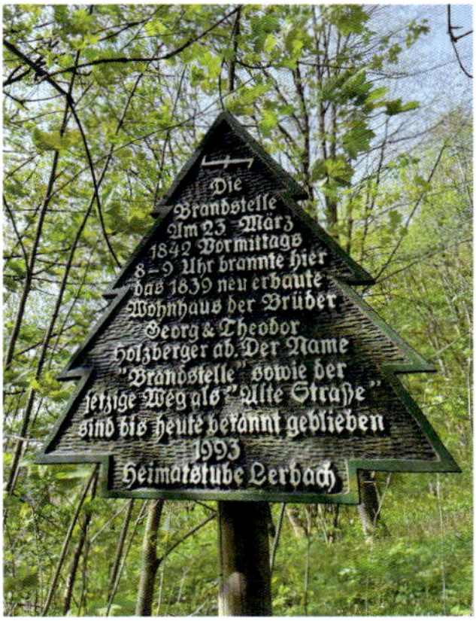

Infotafel auf dem Eisensteinlehrpfad

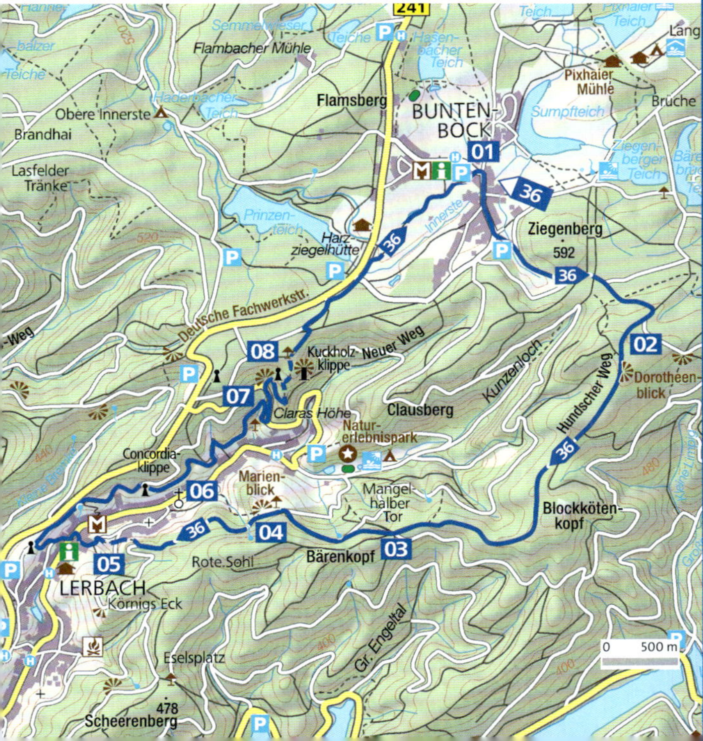

VON RIEFENSBEEK NACH OSTERODE

Lange Wanderung über die Hanskühnenburg

16,8 km | 4:45 h | 414 hm | 615 hm

START | Parkplatz am Ende der Unteren Herrentalstraße bei der Kirche in Riefensbeek.
[GPS: UTM Zone 32 x: 595620.093 y: 5734354.375]
CHARAKTER | Schwere Wanderung, die eine gute Kondition erfordert. Der Anstieg zur Hanskühnenburg ist nicht so lang, teils aber steil.

Die Hanskühnenburg ist seit über 100 Jahren bereits DAS Wanderziel im Harz. 1889 wurde der erste Turm aus Holz eingeweiht. 1914 wurde der Holzturm zu einem Steinturm umgebaut und für die Öffentlichkeit freigegeben. In den Jahren 1974/75 wurde der Turm vom Landkreis Osterode am Harz saniert und die gesamte bauliche Anlage wurde erweitert. Vom Aussichtsturm aus hat man einen phänomenalen Blick.

Wir starten am Parkplatz in **Riefensbeek** 01 bei der Christus-Kapelle. Gleich vom Parkplatz aus folgen wir einem Schotterweg geradeaus bergan. Er bringt uns zu einer großen Kreuzung mit Grillplatz. Wir wandern weiter geradeaus. An der nächsten Kreuzung würde der eigentliche Weg leicht nach rechts versetzt über einen Steig hinauf weiterführen. Auf Grund einer Sperrung wenden wir uns nach links und folgen dem breiten

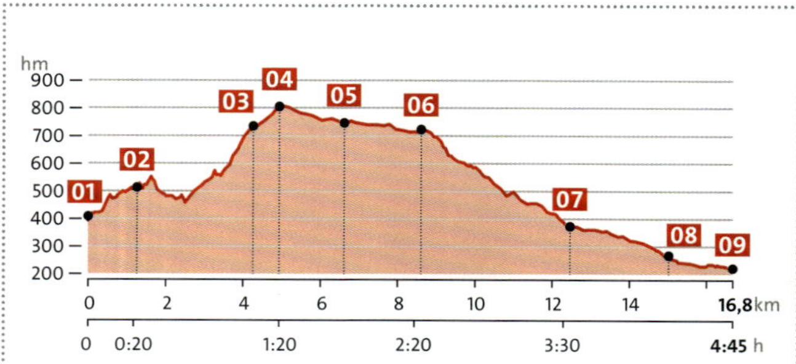

01 Riefensbeek, 426 m; 02 Pavillion Ackerblick, 502 m; 03 Grüner Platz, 741 m; 04 Hanskühnenburg, 798 m; 05 Seilerklippe, 751 m; 06 Haspelkopf, 721 m; 07 Nasser Weg, 379 m; 08 Osterode, 290 m; 09 Bushaltestelle Harz Mitte, 225 m

Schotterweg nun ein gutes Stück am Hang entlang. Der Wegverlauf macht eine Rechtskurve und bringt uns zu einer Kreuzung mit dem **Pavillon Ackerblick** 02. Hier halten wir uns geradeaus, durch schönen Laubwald, bald leicht hinab. Dann machen wir mit dem Weg eine 180°-Rechtskurve, überqueren dabei die Kleine Molle und laufen an ihrem linken Ufer weiter. Doch nur ein paar hundert Meter, dann biegen wir nach dem breiten Forstweg links auf einen schmäleren Weg ab. Gute vierzig Minuten folgen wir dem Steig nun bergan, dabei kreuzen wir mehrmals die breite Schotterstraße. An der Kreuzung **Grüner Platz** 03 halten wir uns dann links und bündeln nochmals unsere Kräfte für den Schlussanstieg zur **Hanskühnenburg** 04. Nach ausgiebiger Rast setzen wir unseren Weg fort; vom Gasthaus folgen wir dem Baudensteig und dem blauen Dreieck auf dem Ackerfastweg, einem schmalen Pfad, Richtung Westen. Ein wunderschöner Waldpfad leitet uns nun, mal breiter, mal schmäler, bald an der **Seilerklippe** 05 vorüber. Dann überschreitet der Weg über den **Haspelkopf** 06 die Grenze des Nationalparks. Nach gut eineinviertel Stunden ab Verlassen der Hanskühnenburg verlassen wir den Ackerfastenweg an einem breiten, feinsandigen, dann schottrigen Weg. Wir folgen unserer Beschilderung weiter Richtung Osterode, nach einer Verzweigung folgen wir dem **Nassen Weg** 07. Neben dem blauen Dreieck hat sich jetzt noch der grüne Punkt zu uns gesellt. Schließlich haben wir nun nach insgesamt 10 km ab Gasthaus mit immer wieder schönen Blicken über die Wälder zwischen Söse- und Apenketal den Ortsrand von **Osterode** 08 erreicht. Der Fuchshaller Weg bringt uns über die B421. Dann geht's immer geradeaus weiter über die Obere Neustadt, an der Alten Feuerwache Osterode vorbei und an einem Stück alter Stadtmauer entlang, geradeaus über den Kreisel und die Dörgesstraße entlang in wenigen Minuten zur **Bushaltestelle Osterode Harz Mitte** 09. Der Bus 462 Richtung Kamschlacken Lange Wiese fährt stündlich hier ab. Haltestelle ist Riefensbeek Diestelwiese. Von dort laufen wir in 5 Minuten zum Parkplatz zurück.

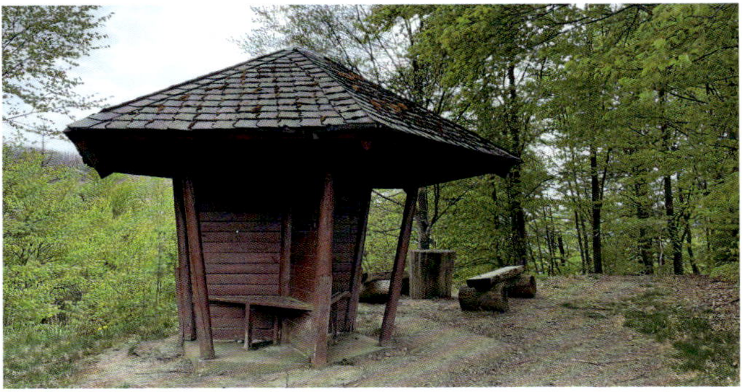

Pavillon Ackerblick

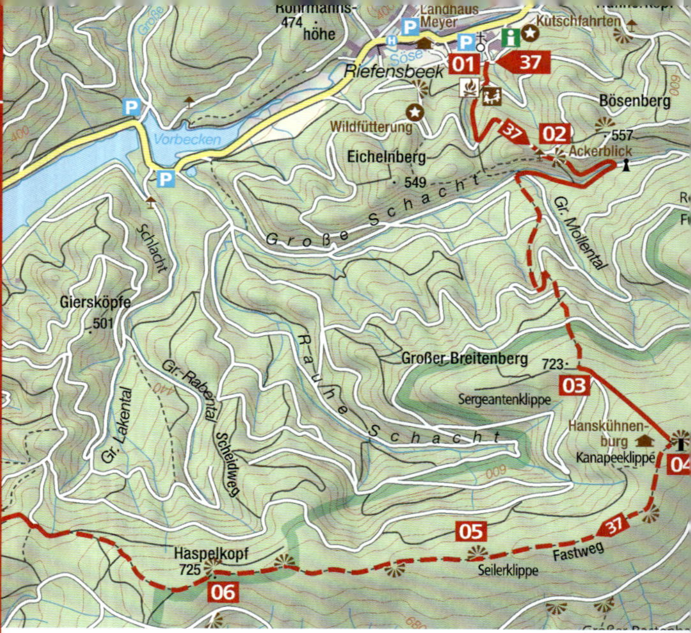
474
höhe
Landhaus
Meyer
Kutschfahrten
Riefensbeek
Söse
01
37
Bösenberg
Wildfütterung
02
557
Ackerblick
Vorbecken
Eichelnberg
549
Große Schacht
Gr. Mollental
Schlacht
Gierskopfe
501
Rauhe Schacht
Großer Breitenberg
723
03
Sergeantenklippe
Gr. Rabental
Gr. Lakental
Scheidweg
Hanskühnenburg
Kanapeeklippe
05
Haspelkopf
725
06
Seilerklippe
Fastweg

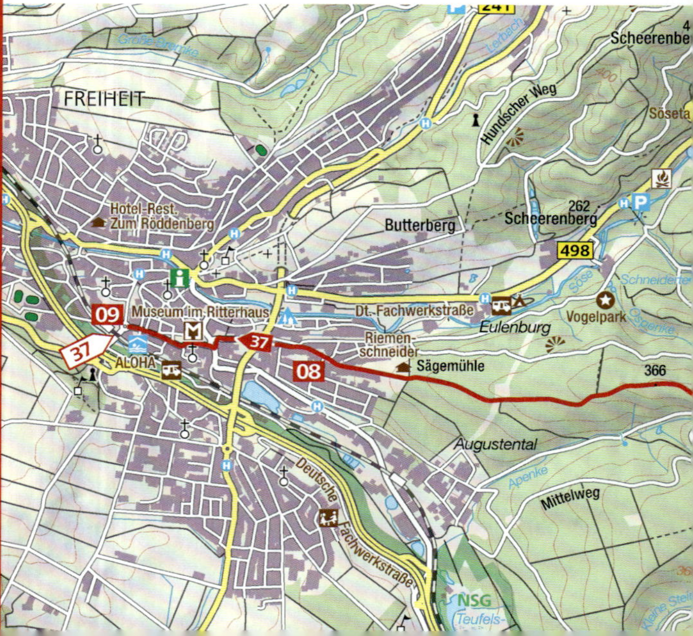
241
Scheerenbe
FREIHEIT
Hundscher Weg
Söseta
Hotel-Rest.
Zum Röddenberg
Butterberg
262
Scheerenberg
498
09
Museum im Ritterhaus
Dt. Fachwerkstraße
Eulenburg
Vogelpark
37
ALOHA
Riemen-
schneider
08
Sägemühle
366
Augustental
Mittelweg
Deutsche Fachwerkstraße
NSG
Teufels-

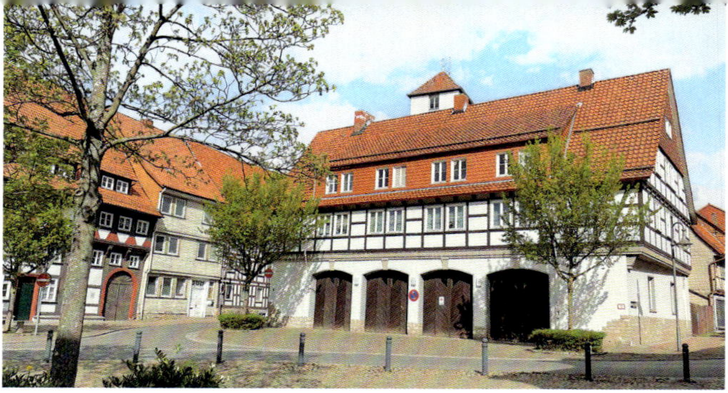

Alte Feuerwache Osterode

Info:

Der heutige Anstieg ist der steilste und kürzeste zur Hanskühnenburg. Zu Recherchezeiten war der direkte Weg diritissima geradeaus gesperrt. Eine Umleitung war ausgeschildert. Da diese Umleitung einen schönen Weg mit sich brachte, haben wir diesen Weg beibehalten. Der Normalweg ist ausgeschildert, falls er wieder begangen werden kann.

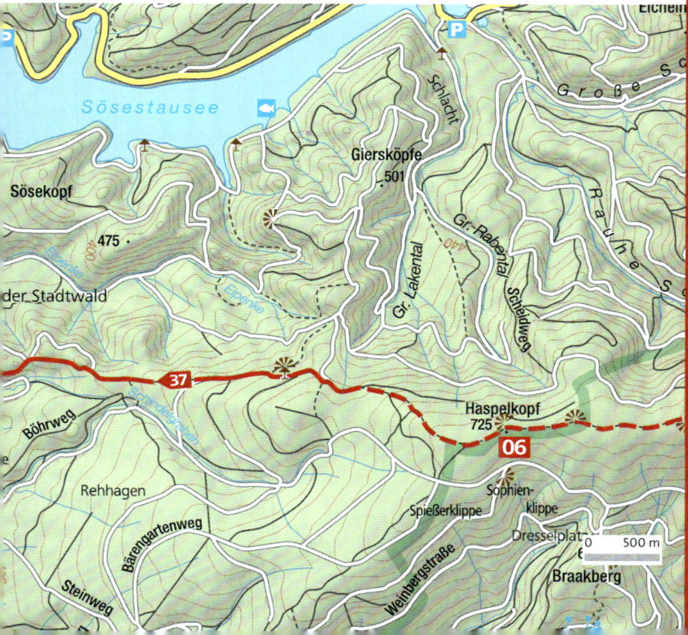

VON SIEBER AUF DIE HANSKÜHNENBURG

Waldwanderung zu einem bekannten Gasthaus

11,5 km 3:00 h 479 hm 479 hm

START | Ausgangspunkt ist der Parkplatz am Tiefenbeek in Sieber. Wir fahren den Ort von Herzberg am Harz über die L521 an. [GPS: UTM Zone 32 X: 598388.156 y: 5728357.040]
CHARAKTER | Sehr einfache Wanderung auf leichten Wald- und Forstwegen. Hin- und Rückweg sind identisch.

Die heutige Wanderung ist einfach und läuft auf gut markierten Wegen durch die Wälder oberhalb von Sieber. Dabei erhaschen wir immer wieder – wenn das Blattwerk noch nicht zu dicht ist – tolle Blicke auf das Örtchen und auch – sobald wir nur hoch genug gewandert sind – auf den Brocken. Unser Zeichen ist heute toujours der Baudensteig.

▶ Vom Parkplatz in **Sieber** 01 laufen wir zunächst ein kurzes Stück Richtung Westen an der Straße entlang. Dann überqueren wir sie und steigen mit einem Teerweglein bergan. Bald ist er mal geschottert, mal geteert, und bringt uns rasch in den Wald. Zunächst bleiben wir geradeaus, stets an Höhe gewinnend, und erreichen so nach einer guten viertel Stunde den **Naturerlebnispfad** 02. Er führt mit elf spannenden Stationen rund um Sieber. Nur ein paar Minuten später stehen wir am **Hegemeisterbrunnen** 03. Er ist Paul Andrae gewidmet, der viel dazu beigetragen hat, dass Sieber ein

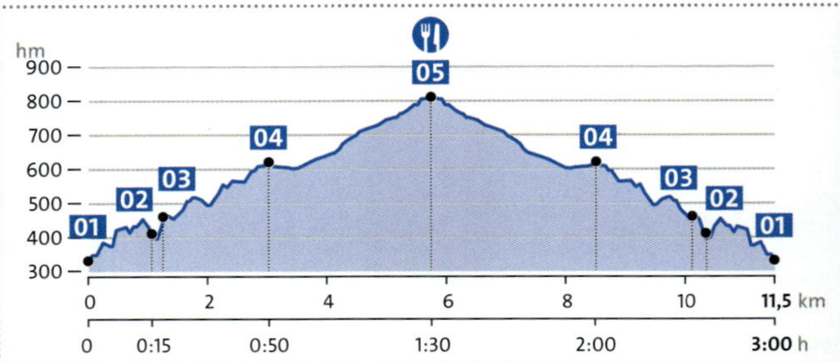

01 Sieber, 333 m; 02 Naturerlebnispfad , 406 m; 03 Hegemeisterbrunnen, 435 m; 04 Brockenblick, 607 m; 05 Hanskühnenburg, 808 m

Info:

Der Harzer Baudensteig verbindet die schönsten Waldgaststätten und Berggasthöfe (Bauden) der Harzer Sonnenseite und bietet ein Wandererlebnis mit wunderbaren Einkehrmöglichkeiten. Er führt mit braunem Symbol und zwei weißen Hütten. Auf 6 Etappen verläuft er ca. 100 km von Bad Grund bis zum Kloster Walkenried.

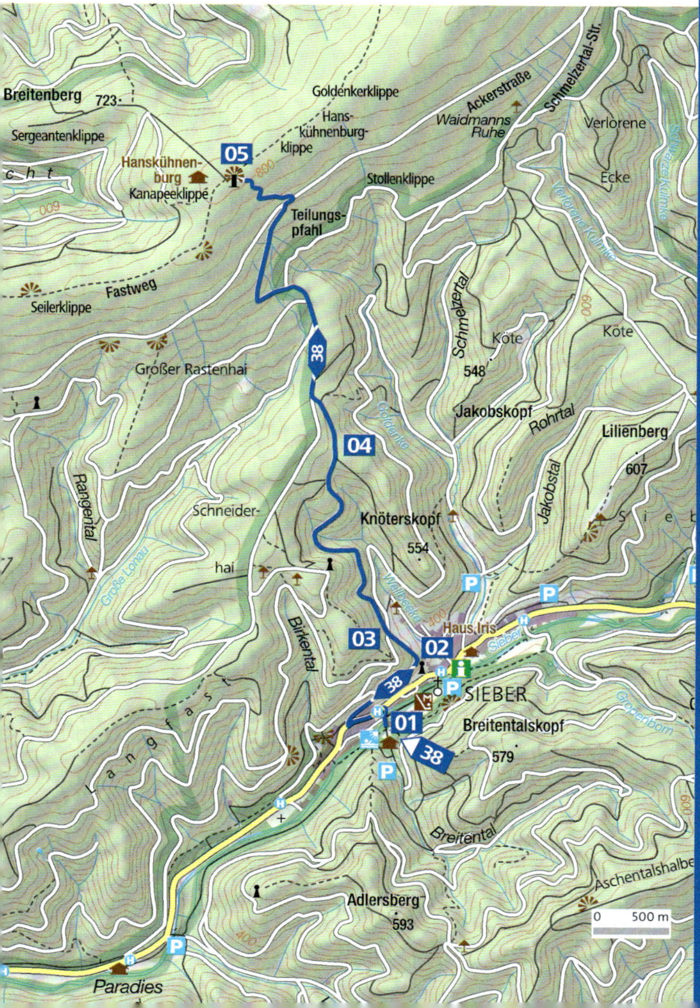

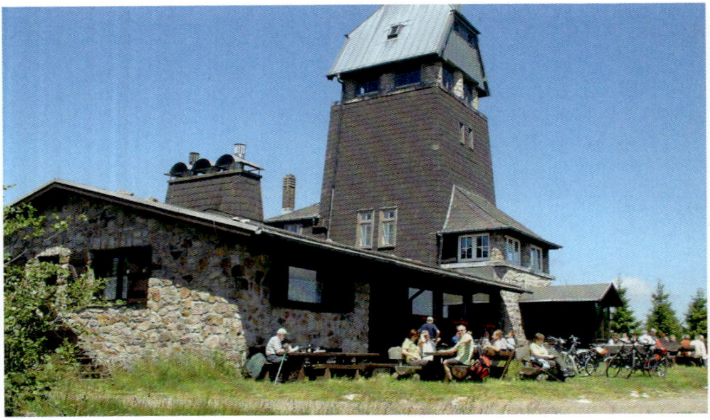
Eine schöne Einkehr ist die Hanskühnenburg

Kurort wurde. Kurz darauf kreuzen sich zwei Wege, wir halten uns hier links. Auf dem Andraeweg geht es nun weiter hinauf, immer wieder lichtet sich der Wald. An einer Stelle haben wir nach insgesamt 50 Minuten sogar einen schönen **Brockenblick** 04. Danach bleiben wir weiter auf dem Hauptweg und beachten die abzweigenden Wege nicht. Die Route macht im folgenden Verlauf eine Linkskurve und dann, ca. 250 Meter später, einen scharfen Knick nach rechts. Wir wandern nun schon auf der befestigten Kirchtalstraße. Nach zehn Minuten queren wir einen kreuzenden Weg und steigen die letzten Meter hinauf zur **Hanskühnenburg** 05. Von April bis Oktober bekommen wir hier täglich eine warme oder auch kalte Mahlzeit, die wir in tollem Ambiente genießen können. Der Rückweg verläuft auf dem selben Weg wie die Anstiegsroute.

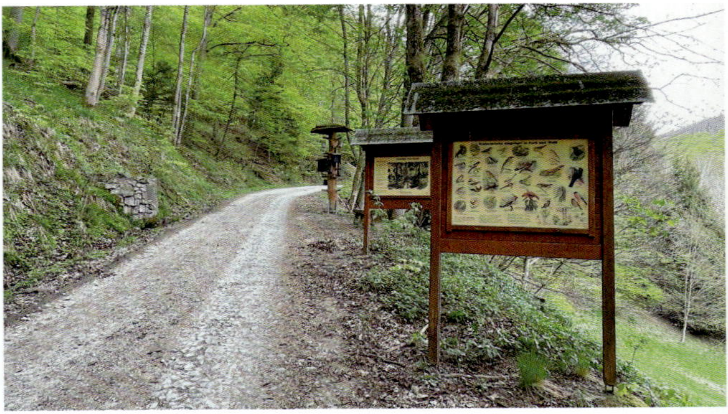
Auf dem Naturerlebnispfad

ZUR RUINE SCHARZFELS

Auf Waldpfaden zur einer Ritterburg und einer Schauhöhle

12,4 km 3:20 h 349 hm 349 hm

START | Parkplatz im Domänenweg in Scharzfeld. Der Wanderparkplatz am Olthorntalweg war zu Recherchezeiten gesperrt. Gpx-Daten: x: 598094.729y: 5720484.801
[GPS: UTM Zone 32 x: 597773.131. y: 5720078.631]
CHARAKTER | Die Pfade nach der Ruine Scharzfels sind sehr steil, ebenso kurz nach dem Ortsrand von Scharzfeld. Der folgende Pfad ist steil und immer wieder versperren umgestürzte Bäume den Weg. Hier ist extreme Vorsicht geboten!

Die Wanderung führt uns von Scharzfeld hinauf zur Ruine Scharzfels. Sie liegt auf einem Dolomitenfels und ragt stolz gut 150 Meter über dem Odertal empor. Die Burg wurde vermutlich im frühen 12. Jahrhundert auf den Resten einer noch älteren Befestigungsanlage erbaut. Sie liegt sehr exponiert und galt als uneinnehmbar. Vom Bauernkrieg und dem 30-jährigen Krieg verschont geblieben, wurde sie im Siebenjährigen Krieg dann von den Franzosen belagert und schließlich in Brand gesteckt. Auf unserer heutigen Wanderung ist sie unsere erste Anlaufstelle.

Wir starten im Ortsteil Barbis von **Bad Lauterberg** 01 im Domänenweg. Es geht zuerst vor zur

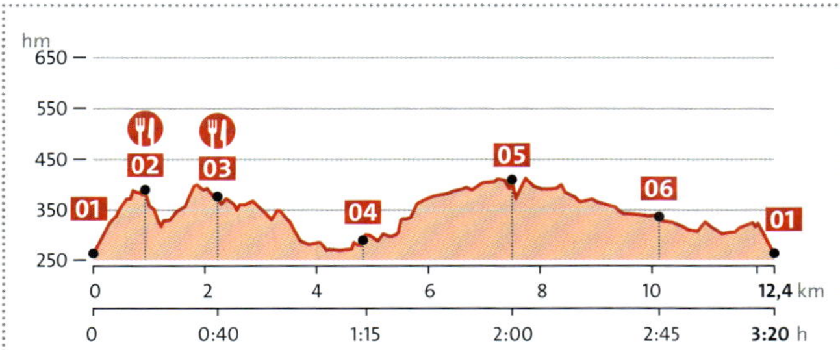

01 Bad Lauterberg, 257 m; 02 Ruine Scharzfels, 397 m; 03 Einhornhöhle, 368 m; 04 Naturschwimmbad Scharzfeld, 264 m; 05 Göttinger Hütte, 401 m; 06 Wassertretstelle, 340 m

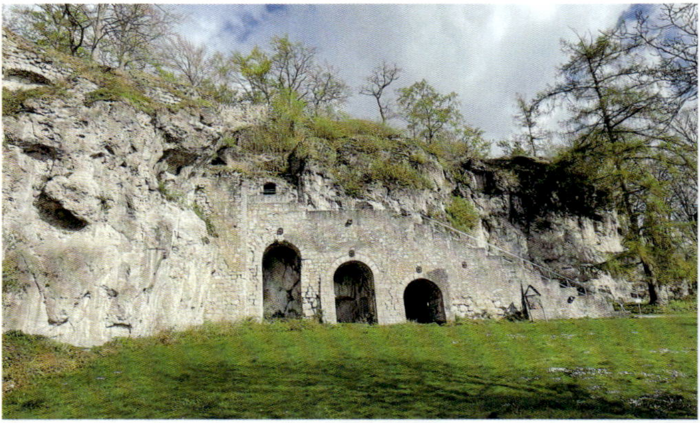

Mauerreste der Ruine Scharzfels

Barbiser Straße, dann links. Nur wenige Meter später folgen wir der Vorfahrtsstraße nach rechts, biegen aber sofort in den Seitenweg nach links ein zum Haus „Am Zoll 6". Vorbei an den Garagen der Rettungswägen geht es hinter den Häusern unter der B27 hindurch und hinauf bis an einen Waldweg. Wir überqueren ihn und folgen dem Karstwanderweg weiter aufwärts Richtung Ruine Scharzfels. Wir überqueren nochmals einen Waldweg, an einer Gabelung halten wir uns links. Der rechte Weg führt zwar auch zum Ziel, aber ist mehrmals versperrt durch umgestürzte Bäume. Nach knappen zehn Minuten haben wir dann die Ruine **Scharzfels** 02 erreicht. Nach einem Besuch der Mauerreste folgen wir dem Karstwanderweg zur Einhornhöhle: Der Weg führt hinab, kurz nach der Ruine Scharzfels gabelt sich der Weg: Wir halten uns rechts, nun steil hinunter. Am breiten Forstweg biegen wir rechts ein und schwenken jedoch schon nach ca. 100 Metern nach links über den Bach und einen anfangs wurzeligen schmalen Weg leicht aufwärts. An der **Einhornhöhle** 03 bleiben wir weiter auf dem Karstwanderweg, der uns über einen Pfad an bizarren Felsen und Felsblöcken vorbeiführt. Der Karstwanderweg bringt uns gut markiert mal durch den Wald, mal am Waldrand entlang. Nach fast einer halben Stunde nach Verlassen der Einhornhöhle gelangen wir an eine Straße und den Ortsrand von Scharzfeld. Wir biegen nach links ab, wenden uns nach wenigen Metern jedoch schon wieder nach rechts hinauf. Oben biegen wir um die Rechtskurve, dann schwenken wir gleich nach links und steigen einen schmalen Pfad hinab – Achtung, umgestürzte Bäume erschweren extrem den Abstieg! Wir treffen auf einen schottrigen Weg, dem wir nach rechts folgen. Er bringt uns bald an einem Campingplatz und am **Naturschwimmbad Scharzfeld** 04 vorbei. Nach einer viertel Stunde zweigt rechter Hand der Karstwanderweg ab. Steil bringt er uns hinauf. Wir wandern den gut ausgeschilderten Pfad – noch immer folgen wir dem K – durch den Wald Richtung Göttinger Hütte. Nach ca. 15 Minuten halten wir uns am Waldweg links, kurze Zeit später wird er wieder zu einem Pfad. Bald erreichen wir einen schmalen Weg, an dem wir uns links halten. Wir folgen ihm bis zur T-Kreuzung, biegen links auf den breiten Forstweg ein und erreichen nach gut 300 Metern die **Göttinger Hütte** **05**. Wir wandern den Weg weiter um den Herbstberg herum hinab. An der Kreuzung biegen wir links ab, dann sofort am Hüttchen wieder rechts. An der Gabelung nach wenigen hundert Metern biegen wir um die Rechtskurve, hinab ins Andreasbachtal. Wir folgen dem Weg – begleitet vom Bächlein links neben uns – nun fast eine drei viertel Stunde abwärts. Zwischendurch können wir die müden Füße an der **Wassertretstelle** **06** kühlen. Beim Parkplatz wechseln wir auf den rechten Weg hinauf. Er bringt uns zurück zur ersten Kreuzung. Hier biegen wir links ab und laufen über den Anfangsweg zurück zum Auto in **Bad Lauterberg** **01**.

Tipp:

Die Einhornhöhle ist als Naturdenkmal ausgewiesen und gilt als die größte Besucherhöhle im Westteil des Harzes. Sie weist eine Länge von fast 700 Metern auf. Außer Montag finden ab 11:00 Uhr Besichtigungen zu jeder vollen Stunde statt. Infos unter www.einhornhoehle.de

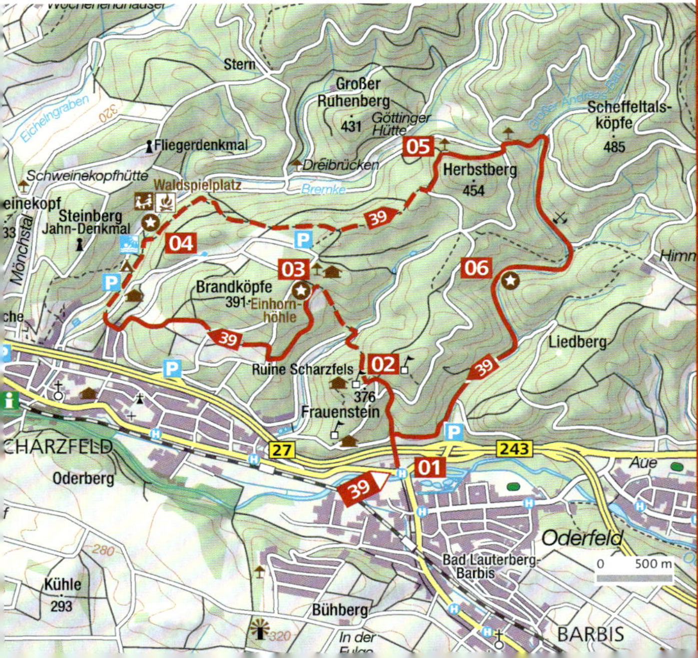

VON BAD LAUTERBERG AUF DEN GROSSEN KNOLLEN

Waldwanderung zu zwei Aussichtstürmen

16,4 km | 4:25 h | 690 hm | 690 hm

START | Bad Lauterberg. Sonntags kostenfreies Parken. Unter der Woche unterschiedliche Höchstparkdauer im Zentrum und in der Wissmannstraße. Kostenfreies Parken Mo-So in der Lutterstraße hinter den Supermärkten.
[GPS: Zone 32 x: 601623.924 y: 5720961.221]
CHARAKTER | Lange Rundwanderung, die größtenteils auf bequemen Wegen verläuft. Der Abstieg vom Bismarckturm ist steil, der Pfad vom Knollen hinab ist meist gut zu laufen.

Auf dieser schönen Runde beginnen wir ganz gemütlich: Mit der Burgseilbahn schweben wir 110 Höhenmeter hinauf zum Burgberg von Bad Lauterberg. Die Seilbahn ist eine der steilsten Doppelsesselbahnen in Deutschland mit einer Steigung von 63%. Sie wurde im August 1954 in Betrieb genommen. Von hier oben wandern wir dann zum Bismarckturm, der 1904 zu Ehren des Reichskanzlers Otto von Bismarck (1815 – 1898) errichtet wurde. Er lockt neben einer tollen Aussicht auch mit einer Waldgaststätte. Unser zweites, großes Ziel ist dann der höher gelegene Knollenturm auf dem Porphyrstock des Großen Knollen. Von seiner 20 Meter hohen Aussichtskanzel kann

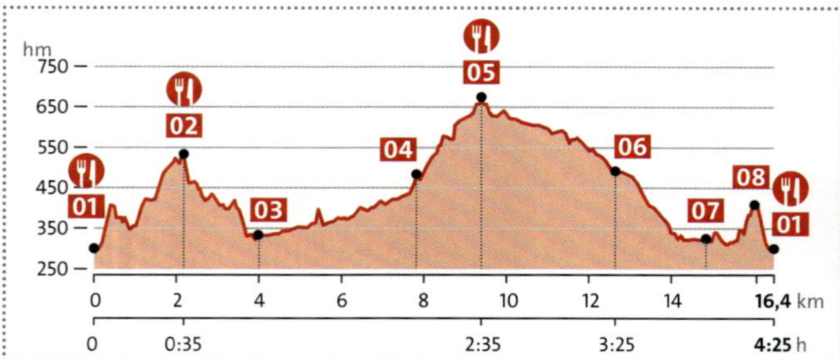

01 Bad Lauterberg, 289 m; 02 Bismarckturm, 533 m; 03 Kupferhütte, 326 m; 04 Knollental, 459 m; 05 Großer Knollen, 687 m; 06 Knollenkreuz, 489 m; 03 Kupferhütte, 326 m; 07 Abzweig 13D, 323 m; 08 Berggaststätte, 416 m

man bei gutem Wetter bis zum Thüringer Wald hinüberblicken.

▶ Los geht es in **Bad Lauterberg** 01. Von der Wissmannstraße biegen wir in die Ritscherstraße ab und folgen ihr bis zur Schulstraße, die uns nach links zur Burgbergbahn bringt. Einfach weil es so schön ist und uns tolle Blicke über Bad Lauterberg beschert, lassen wir uns bequem hinaufbefördern. Oben wandern wir zunächst in ein paar Kehren wieder hinab bis zum „Weinberg“. Wir wenden uns nach links, biegen jedoch schon nach ca. 20 Metern wieder rechts ein. Kurz hinauf, an der Gabelung rechts, dann gleich links um die Kurve – jedoch nicht den Lönsweg. Die Beschilderung weist uns nun stetig bergauf Richtung **Bismarckturm** 02 mit dem grünen Punkt. Nach fast zwanzig Minuten Aufstieg haben wir den Steinturm erreicht. Nach seiner Besteigung und eventuell einer kurzen Kaffeepause folgen wir weiter dem Baudensteig. Dafür gehen wir zwischen Gasthaus und Turm hindurch. Der schmale Weg bringt uns an eine Gabelung. Wir biegen mit dem Baudensteig links ab und wandern hinab, bis wir einen breiten Weg erreichen. Wir folgen ihm nach rechts, an der Gabelung halten wir

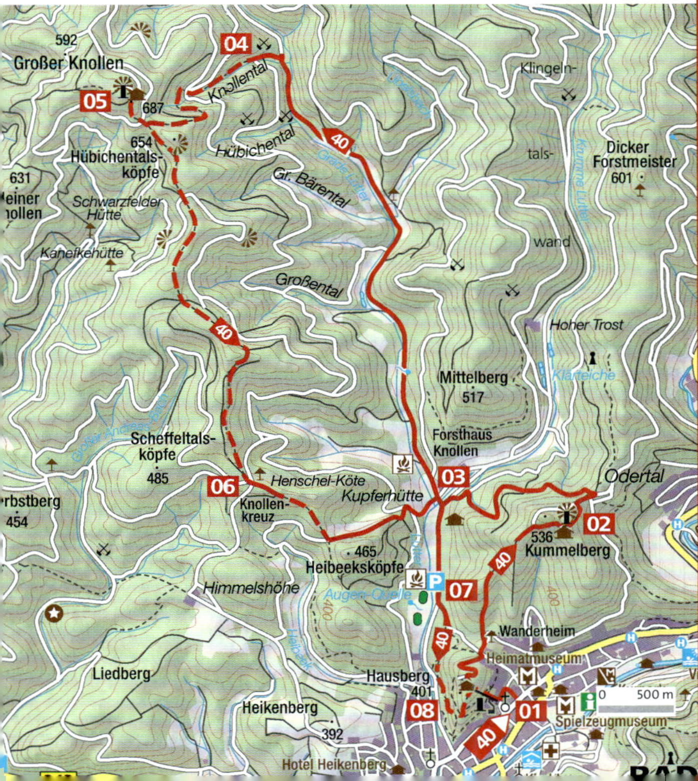

uns links. Nur wenige Meter später zweigt ein unscheinbarer Pfad linker Hand ab: Der Baudensteig führt hinab ins Tal Richtung Kupferhütte – der Weg ist nicht immer einfach zu begehen, an manchen Stellen liegen noch Äste und dünne Baumstämme, die man umgehen muss. Der schmale Waldweg führt uns gute zwanzig Minuten den Hang hinab – schließlich gelangen wir an einen breiten Weg, an dem wir uns links halten und bis zur Lauterberger **Kupferhütte** 03 laufen. Am Teerweg „Kupferhütte" geht es nach rechts, über die Lutter hinüber und dann geradeaus auf dem blauen Punkt an der Graden Lutter entlang. Nach einer knappen Stunde führt uns in einer Linkskehre ein schmaler Weg vom Hauptweg weg Richtung Knollenturm ins **Knollental** 04. Wir kreuzen noch einmal den Hauptweg und erreichen auf schönem, breitem Weg schließlich den **Großen Knollen** 05 samt Aussichtsturm. Nach einer Einkehr samt Turmbesteigung bringt uns ein schöner Pfad über die Bärenstalsköpfe und die Großentalsköpfe hinab, begleitet von tollen Aussichtspunkten. Schließlich erreichen wir das **Knollenkreuz** 06 mit der Henschel Köte. Der blaue Balken leitet uns ab hier wieder zurück zur Kupferhütte. An der Gabel nach ca. 500 Metern halten wir uns links, nach weiteren 500 Metern gelangen wir an einen breiten Weg, dem wir nach rechts zur **Kupferhütte** 03 zurückfolgen. Nach der Brücke folgen wir dem breiten Weg nach rechts, 150 Meter später biegen wir links auf einen Pfad ab. Er verläuft zunächst parallel zum Teerweg, steigt dann aber allmählich über die Häuser empor. Nach einigen hundert Metern gabelt sich der Weg, wir folgen der **Abzweigung 13D** 07 geradeaus über einen breiten Weg weiter auf dem Pfad. Nur wenig später geht es an einer Pfadgabel scharf links, kurz darauf wieder scharf rechts. Wir wandern nun im Wald oberhalb des Wohngebietes bis zum Ende des Burgberges, dann 180° links herum. Schnell bringt uns der Pfad geradewegs steil hinauf zur **Berggaststätte** 08 am Burgberg. Dann schweben wir wieder mit schönen Blicken über **Bad Lauterberg** 01 hinab in den Ort.

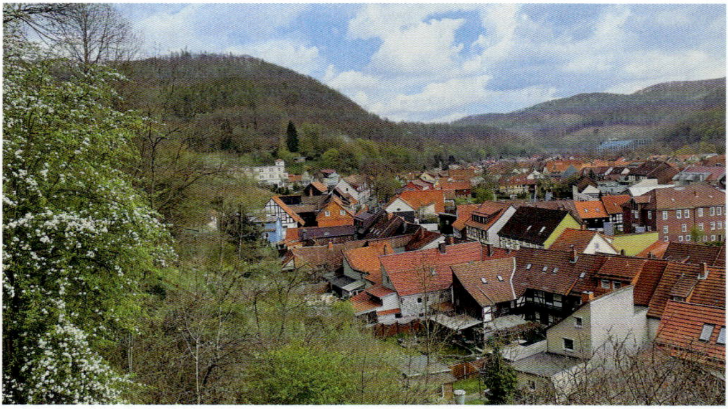

Blick auf Bad Lauterberg

VON WIEDA AUF DEN STÖBERHAI

Aussichtsberg im Südharz

15,3 km 4:00 h 475 hm 475 hm

START | Kleiner Parkplatz am Ende der „Pfarrwiese" in Wieda. [GPS: UTM Zone 32 x: 609478.968. y: 5719692.399]
CHARAKTER | Die Runde verläuft hauptsächlich auf bequemen Forst- und Waldwegen. Nach der Hans-Peters-Hütte wird es im Wald mal kurz ein wenig schmäler, steiler und matschig.

Der Stöberhai ist mit seinen gut 720 Metern Höhe der höchste Berg des Südharzes. Er erhebt sich zwischen dem Oderstausee und dem Bergstädtchen Wieda. Ende des 19. Jahrhunderts wurde hier das Berghotel Stöberhai erbaut. Es besaß einen Aussichtsturm, der Weitblicke bis in das südliche Harzvorland hinein ermöglichte. 1975 wurde der Betrieb eigestellt, 1980 brannte das gesamte Gebäude nieder. In den Zeiten des Kalten Krieges stand hier einer von fünf Aufklärungstürmen der BRD, von dem der militärische Funkverkehr auf dem Gebiet der DDR abgehört wurde. Im September 2005 wurde er neben weiteren Gebäuden aus dieser Zeit gesprengt. Heute ziert nur noch ein bescheidenes Schutzhüttchen seinen Gipfel. Schon eh und je ein beliebtes und bekanntes Ausflugsziel, war der Stöberhai seit 1899 über die Südharzeisenbahn ebenfalls gut erreichbar. Die Strecke wurde jedoch ab 1963 zurückgebaut. Noch immer führen zahlreiche Wanderwege auf seinen Gipfel.

▶ Wir laufen vom Parkplatz in

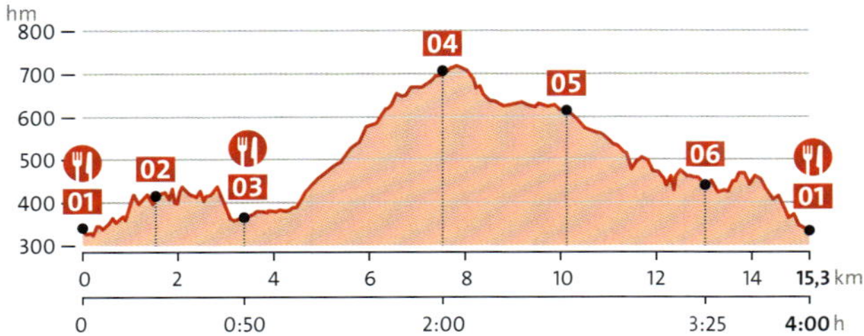

01 Wieda, 339 m; 02 Hans-Peters-Hütte, 423 m; 03 Glas- und Hüttenmuseum, 372 m; 04 Stöberhai, 720 m; 05 Dr. Hampe-Hütte, 603 m; 06 Talblick auf Wieda, 454 m

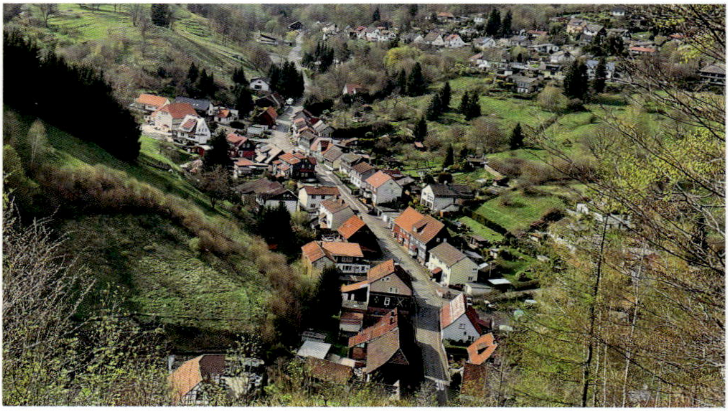
Blick auf Wieda

der „Pfarrwiese" in **Wieda** 01 zunächst wieder vor zur Hauptstraße. Dort überqueren wir die Straße nach rechts und biegen dann ins Eulental ein. An den letzten Häusern weist uns ein Schild Richtung Kreuztalklippen. Der breite Forstweg bringt uns in guten zwanzig Minuten zur **Hans-Peters-Hütte** 02, von der aus wir den ersten tollen Blick auf Wieda erhaschen. Am Schutzhüttchen nehmen wir den linken Weg hinab. Er kreuzt zweimal den Bach. Kurz vor dem Gegenanstieg halten wir uns rechts wieder aufwärts. Der Wegverlauf bringt uns an der Liesbeth-Pfeiffer-Hütte vorbei. Auch hier tun sich tolle Blicke auf den Ort auf. Schließlich folgen wir dem breiten Forstweg weiter Richtung Borntal. An der Gabelung halten wir uns links und steigen ab nach Wieda. Wir folgen der Hauptstraße nach rechts, kurz darauf passieren wir das **Glas- und Hüttenmuseum** 03. Kurz vor dem Parkplatz auf der rechten Straßenseite schwenken wir nach links über eine Brücke über die Wieda und folgen nun der ehemaligen Bahntrasse der Südharzeisenbahn. Wir passieren einen Parkplatz im Wald am Einstieg ins Frankental. Wir halten uns nun an den Forstweg mit dem gelben Dreieck. Der Weg führt nun hinauf, stets mit diesem Zeichen, bis zum Gipfel des **Stöberhai** 04. Die Weitsicht ist an klaren Tagen überwältigend, bis zum Brocken kann man blicken. Dann machen wir uns an den Abstieg: Er führt über der ehemaligen Gipfelzufahrt kurz hinab, dann geradeaus. Ca. 150 Meter vor der großen Kreuzung mit der

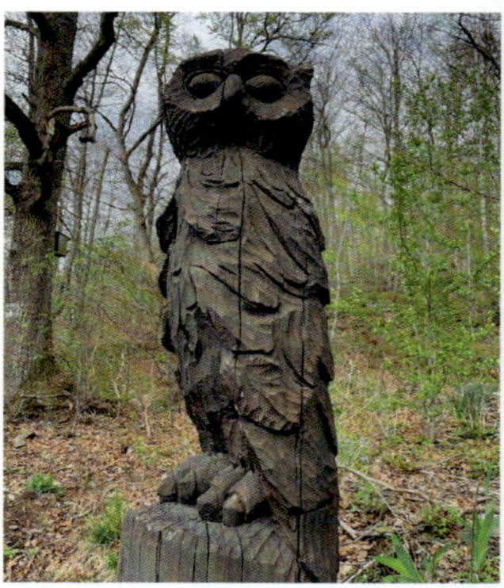
Holzstele am Eulental

Schutzhütte am Jagdkopf biegen wir links ab und halten uns jedoch schon kurz darauf wieder rechts: Das rote Dreieck bringt uns in ca. 25 Minuten zur **Dr.-Hampe-Hütte** **05**. Hier schwenken wir nach links Richtung Wieda. Wir folgen dem Weg gut eineinhalb Kilometer, dann, kurz nach einer leichten Rechtsbiegung, wählen wir an der Gabelung den rechten Weg. Er führt uns weiter hinab. Nach ca. zwanzig Minuten gelangen wir an eine lichte Stelle, von der aus wir nochmal einen schönen **Talblick auf Wieda** **06** haben. Mit dem grünen Punkt machen wir hier einen leichten Linksbogen und bleiben nun stets auf dem schönen Forstweg, der uns in einer halben Stunde hinab und zurück zum Parkplatz in **Wieda** **01** führt.

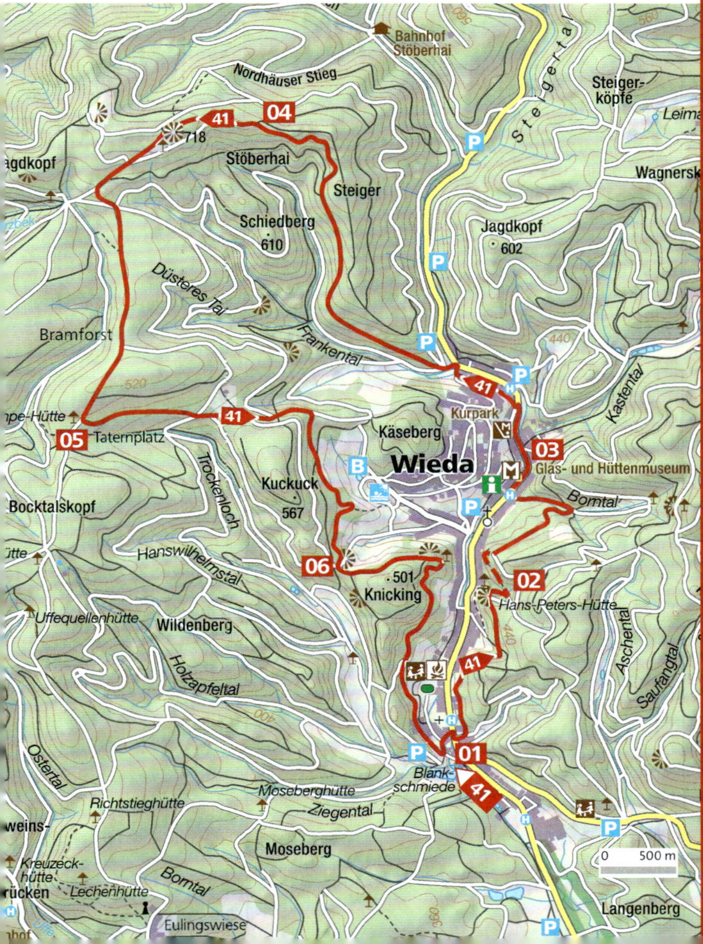

VON BAD SACHSA NACH ELLRICH

Durch Gipslandschaft zum Kloster Walkenried

15,8 km 4:30 h 230 hm 230 hm

START | Bahnhof Bad Sachsa
[GPS: UTM Zone 32 x: 609028.975. y: 5715777.774]
CHARAKTER | Im Mittelstück der Tour schmale Pfade. Am Höllstein-Klippenweg wurzelig, Stolpergefahr. Vorsicht, hier gibt es Steilabbrüche!

Diese kurzweilige Wanderung ist geprägt von der Gips- und Dolomitlandschaft sowie der vielen Teiche rund um Bad Sachsa und Ellrich. Höhepunkt ist das Kloster Walkenried: Es befindet sich mitten im Luftkurort Walkenried. Stolz erheben sich die letzten Mauerstücke des Kirchengebäudes des ehemaligen Zisterzienserklosters Sancta Maria. Das Klostergebäude selbst ist fast noch vollständig erhalten. Das Kloster wurde um 1227 von Gräfin Adelheid von Klettenberg gegründet und beherbergte zu dieser Zeit rund 80 Mönche und über einhundert Laienbrüder. Im Sommer finden hier diverse, vor allem musikalische Kulturveranstaltungen statt.

Wir starten in Bad Sachsa am **Bahnhof** 01. Zunächst überqueren wir die Gleise in die Brockenblickstraße, folgen dann rechts der Heidestraße. An ihrem Ende biegen wir rechts in die Johannis-

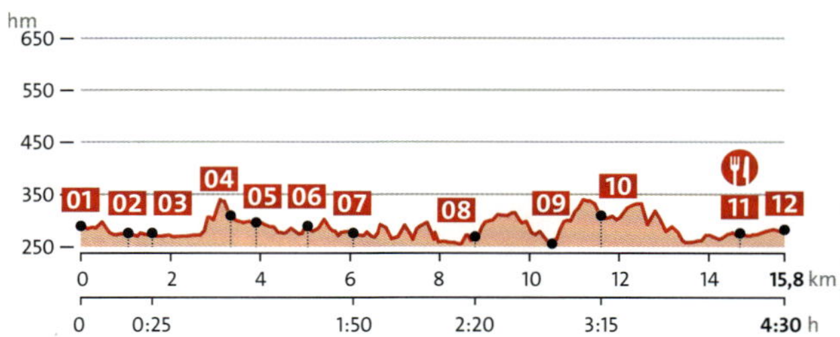

01 Bahnhof Bad Sachsa, 285 m; 02 Kranichteiche, 274 m; 03 Priestersteinhöhle, 277 m; 04 Sachsensteinklippen, 314 m; 05 Zwergenschmiede, 293 m; 06 Höllstein-Klippenweg, 292 m; 07 Röseteich, 282 m; 08 Steinbruch Kahler Kopf, 270 m; 09 Juliushütte, 267 m; 10 Hexentanzplatz, 330 m; 11 Zisterzienserkloster Walkenried, 268 m; 12 Bahnhof Walkenried, 275 m

straße ein, nach nur ca. 50 Metern folgen wir linker Hand einem Pflasterweg hinab. „Im Wiesengrund" halten wir uns rechts, dann weisen uns gleich nach dem blauen Holzhaus mit der Nr. 36 die Markierungen der Rundwege 7 und 9 nach links über einen Pflasterweg auf einen Schotterpfad ins Landschaftsschutzgebiet. Über die Wiese, über einen breiteren Weg zum **Kranichteich** 02. Am Teich halten wir uns rechts und umrunden ihn in einem Linksbogen. Dann treffen wir auf den Karstwanderweg, der uns weiter am Teich entlangführt. An der nächsten Gabel weist er uns den Weg nach links zur **Priestersteinhöhle** 03. Am Teerweg wenden wir uns nach rechts. Nach dem historischen Gipsbrennofen erreichen wir ein paar Häuser. Der Karstwanderweg schickt uns scharf nach links, zwischen Kinderspielplatz und Fußballplatz hindurch. Wir erreichen die Vorfahrtsstraße, folgen ihr nach rechts und biegen jedoch gleich nach der Brücke über die Uffe nach links auf einen Wiesenpfad hab. Am Bach entlang geht es bald über ein paar Stufen in den lichten Laubwald hinauf. Der Pfad verbreitert sich und bringt uns aufwärts an den Ausläufern der Wände des Sachsensteins – den **Sachsensteinklippen** 04 – vorbei. An der Sachsensteinhütte halten wir uns rechts, gleich darauf an der Kreuzung Mehlholz biegen wir links ein. Wir wandern in den Wald Richtung Hellbing-Hütte. Nur wenige hundert Meter später, kurz hinter der K.-Hellbing-Hütte, treffen wir auf die Zwergenkirche (links), nochmals ein paar Minuten darauf auf die **Zwergenschmiede** 05. Nach der Infotafel „Zwergenlöcher" laufen wir parallel zu den Gleisen am Waldrand entlang. Schließlich verlassen wir den Wald, laufen in einem Linksbogen über die Wiese und folgen dem Waldweg nach links. Nach ca. 400 Meter halten wir uns rechts auf einen Pfad in den Wald – vorbei an der Sachseneiche nun auf dem **Höllstein-Klippenweg** 06. Etwa zehn Minuten wandern wir auf dem schmalen, sehr wurzeligen Pfad an der Klippe entlang. Am schmalen Waldweg halten wir uns links, überqueren kurz da-

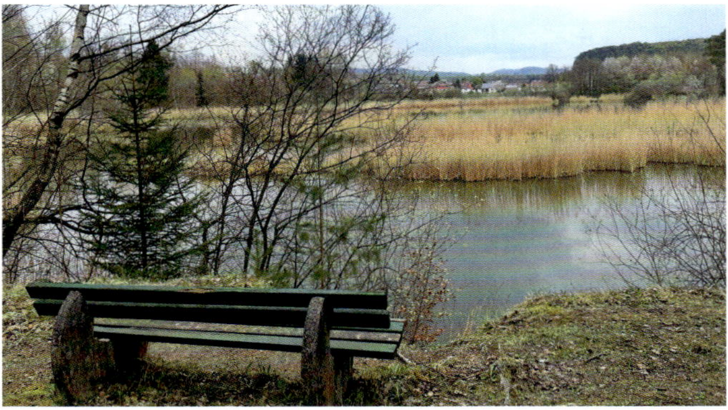

Blick auf den Kranichteich

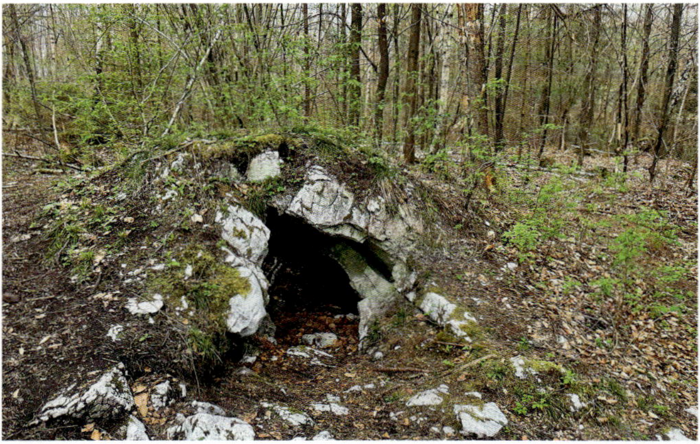

Zwergenkirche

rauf die Straße und wandern auf dem gegenüberliegenden Forstweg weiter bis zum **Röseteich** **07**. Danach geht es auf einem asphaltierten Weg weiter bis zum Ortsrand von Walkenried. „Am Röseberg" stehen wir an den Gleisen, wenden uns hier nach rechts und folgen dem Karstwanderweg weiter an Teichen vorbei bis zur Wiedigshofer Straße. Wir folgen ihr kurz nach rechs dann weist uns unsere Markierung nach links zum **Steinbruch Kahler Kopf** **08**. Wir biegen links ein, wandern ein kurzes Stück am Steinbruch entlang,

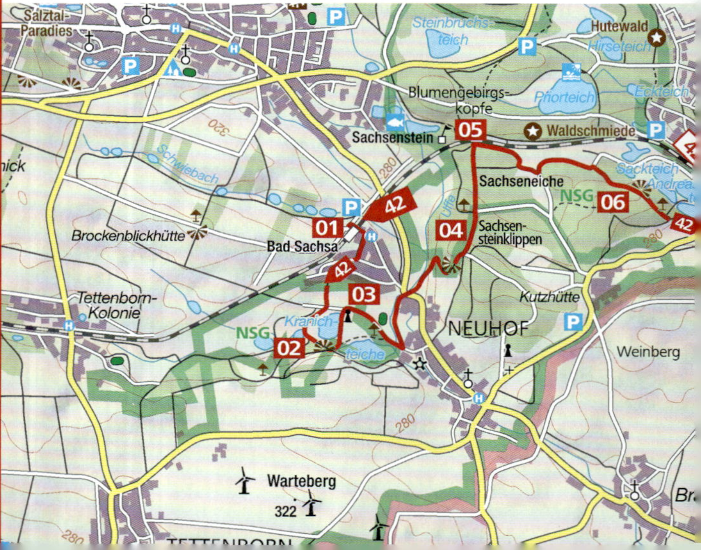

Info:

Karstlandschaften sind Gebiete, in denen der Niederschlag nicht mehr oberirdisch abläuft und Flussbette meistens ganzjährig trockenliegen. Kalkstein, Gips, Dolomit und Steinsalz lösen sich hier im Wasser auf. Hier im Südharz finden wir vor allem Dolomit und Gips, die aufgrund der hohen Niederschläge die Verkarstung der Landschaft begünstigt haben. Quellen führen das Wasser aus dem Harz über die Weser in die Nordsee. So kommt es zu Hohlraumbildungen, die über die Zeit größer werden und wieder einstürzen. Sie werden als so genannte Erdfälle bezeichnet.

dann folgen wir dem Kaiserweg nach rechts. Stets geradeaus führt er uns in einer knappen halben Stunde zur **Juliushütte** 09. Hier treffen wir wieder auf den Karstwanderweg und folgen ihm nach links, am Pontelteich vorbei. Nach einer viertel Stunde, am **Hexentanzplatz** 10 mit Blick auf Ellrich, überqueren wir die Gleise bzw. den Bahntunnel. Der schöne Weg lässt uns in einem Linksbogen über Himmelreich nochmals den Tunnel kreuzen, dann wandern wir oberhalb des Itelteiches auf dem verwurzelten Weg weiter, bald hinab zum befestigten Weg. Hier wenden wir uns nach rechts, überqueren nach wenigen hundert Metern nochmals die Gleise und laufen mit dem Kaiserweg nach links hinein nach Walkenried zum **Zisterzienserkloster** 11. Nach einer ausgiebigen Besichtigung bringt uns der Steinweg über den Pfarrplatz zur Bahnhofstraße, der wir nach links zum **Bahnhof Walkenried** 12 folgen.

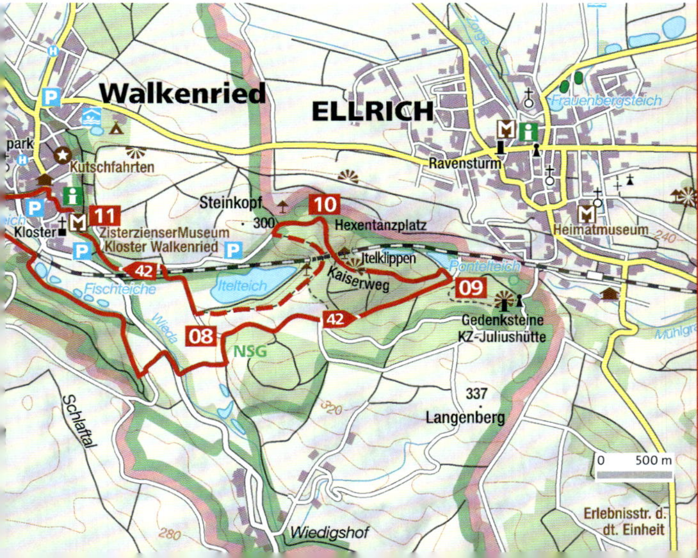

43 DURCH DIE WÄLDER BEI ELLRICH

Unterwegs auf dem Grenzsteinweg

12,6 km | 3:15 h | 330 hm | 330 hm

START | Parkplatz Stadtwald Ellrich, am Ende der Waldstraße. [GPS: UTM Zone 32 x: 615364.142 y: 5718243.254]
CHARAKTER | Bequeme, breite Waldwege wechseln sich mit breiten und schmalen, aber einfachen Pfaden ab. Auf dem Rückweg führt ein kurzes Stück sehr steil abwärts über den Kolonnenweg.

Die Rundwanderung führt uns durch den schönen Stadtwald von Ellrich, zwischen Thüringen und Niedersachsen. Dabei streifen wir sowohl natur- als auch kulturhistorische Besonderheiten: Auf dem Grenzweg erinnern noch einige alte Grenzsteine ebenso wie der Kolonnenweg an längst vergangene Zeiten. Etwa auf halber Strecke streifen wir das Naturschutzgebiet Staufenberg: Im Bereich der Staufenberge finden wir hier vor allem Buchenwälder (Hangschlucht-, Hainsimsen-Buchen- und Waldmeister-Buchenwälder). Bei der Hundertmorgenwiese mit dem Elsbach gibt es Borstgrasrasen, Bergwiesen und feuchte Hochstaudenfluren sowie viele seltene Tierarten wie den Raufuß- und Sperlingskauz oder die Waldschnepfe.

▶ Vom **Parkplatz Ellricher Stadtwald** 01 am Ende der Waldstraße in Ellrich richten wir uns nach dem grünen Punkt Richtung Zorge. Nach fünf Minuten bleiben wir an der Gablung geradeaus auf dem

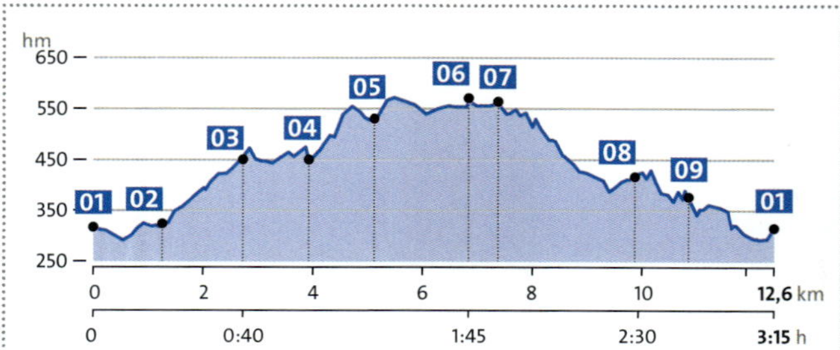

01 Parkplatz Ellricher Stadtwald, 286 m; 02 Spitzer Winkel, 319 m; 03 Zweiländereiche, 436 m; 04 Hundertmorgenwiese, 466 m; 05 Schwangere Jungfer, 572 m; 06 Sülzhayner Hütte, 556 m; 07 Heiligenstock, 574 m; 08 Heidehütte, 398 m; 09 Kaiserblick, 383 m

alten Steinweg. Zehn Minuten später stehen wir an einer Kreuzung **„Spitzer Winkel“** **02**. Hier wechseln wir geradeaus auf einen schmalen Weg in den Wald hinein auf dem grünen Punkt Richtung Zweiländereiche. Gleich an der darauffolgenden Gabelung halten wir uns links, sofort die nächste Gabelung dann rechts. Ab hier begleitet uns die Markierung des „Grünen Bandes“, stetig leicht bergauf. An der **Zweiländereiche** **03** geht es weiter geradeaus auf dem Grenzweg. Nach ca. zwanzig Minuten gelangen wir zur „Stiefmutter“, eine Kreuzung mit mehreren großen Forstwegen. Wir biegen rechts ein und wandern bald entlang der wunderschönen **Hundertmorgenwiese** **04**. Rechter Hand passieren wir eine hölzerne Eulenstele, nur wenig später führt ebenfalls rechts ein Weg steil hinauf zur „Schwangeren Jungfer“. Fünf Minuten später stehen wir an der **„Schwangeren Jungfer“** **05**. Hier wandern wir weiter geradeaus auf einem schönen Pfad durch lichtes Gebiet. Nach einer viertel Stunde passieren wir den Sülzhayner Blick, gute zehn Minuten später verbreitert sich der Weg allmählich und bringt uns an eine Wegscheide. Hier halten wir uns weiterhin geradeaus und

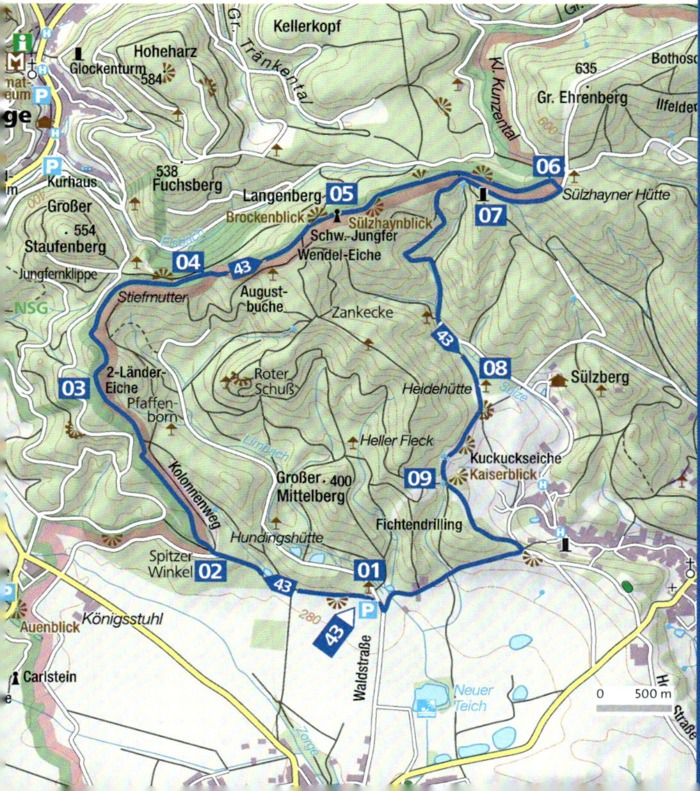

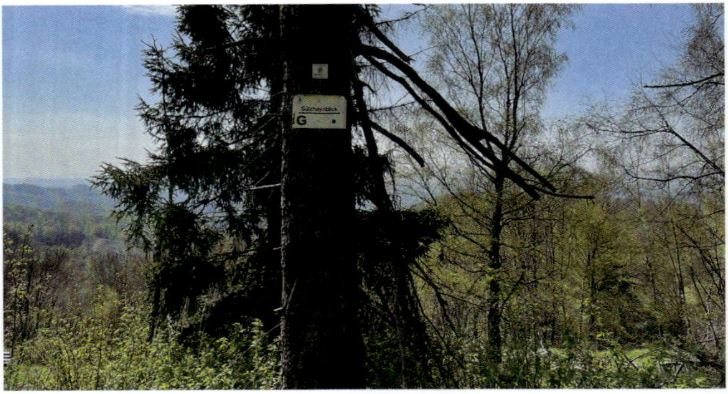

Am Sülzhaynblick

gelangen nach ca. 150 Metern zur **Sülzhayner Hütte** 06 und dem Ehrenplan. Nun bringt uns rechter Hand der Kolonnenweg hinauf zum **Heiligenstock** 07, auf dem früher ein Grenzturm stand. Auf der Höhe führt der etwas beschwerlich zu laufende Weg wieder steil abwärts, bis er sich nach guten fünf Minuten gabelt: Hier halten wir uns links, weiter abwärts. Nach ca. zwanzig Minuten biegt scharf rechts ein Waldweg ein Richtung Heidehütte. Kurz darauf führt uns unsere Route nach links über ein paar Stufen zum Rastplatz Wolfgangsee. Ein Pfad leitet uns an Tisch und Bank vorbei und endet an einer Lichtung mit der **Heidehütte** 08. Ein Waldweg bringt uns von hier sanft hinab. An der kurz darauf folgenden Gabel bleiben wir rechts auf dem roten und blauen X. Mit Blicken aufs Tal mit der Rehaklinik, am Aussichtspunkt **Kaiserblick** 09 vorbei, wandern wir bis zu einem Teerweg. Hier biegen wir rechts ein und folgen ihm in guten 15 Minuten zurück zur Zufahrtsstraße zum **Parkplatz Ellricher Stadtwald** 01.

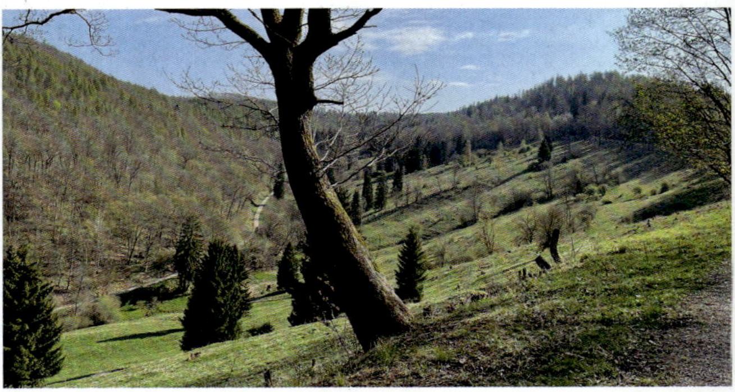

An der Hundertmorgenwiese

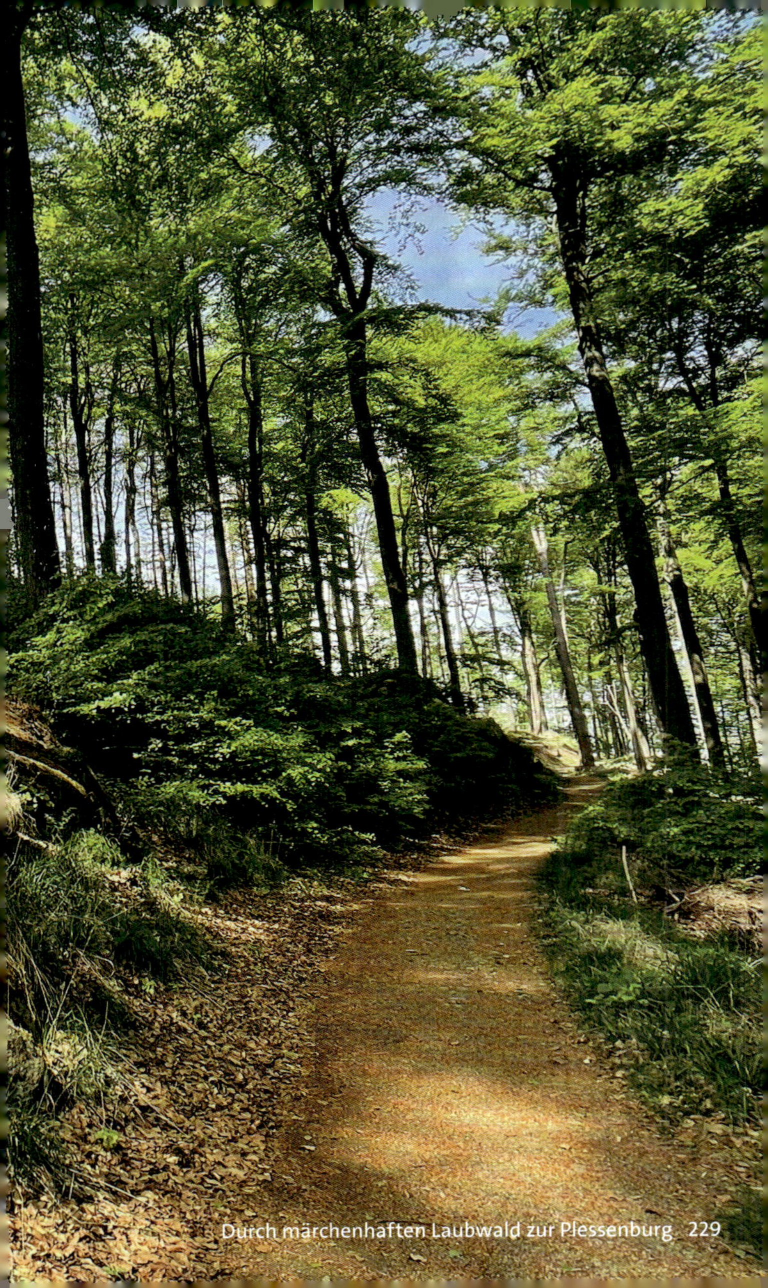

Durch märchenhaften Laubwald zur Plessenburg

REGISTER

A
Achtermannshöhe • 99, 100
Ahrensklint • 114
Akkeburgbrücke • 209
Altarklippen • 132
Altenau • 84
Altenbrak • 192, 194
Am Zehling • 206
Aussichtsturm Schalke • 133

B
Bad Grund • 136, 137
Bad Harzburg • 33
Bad Lauterberg • 154
Bad Sachsa • 162
Ballenstedt • 203
Bärenbrücke • 106
Basteborn • 37, 38
Bastion Ludwigsburg • 188
Bäumlersklippe • 65
Bergbaulehrpfad • 132
Bergkirche Schierke • 113
Bielstein • 131
Bismarckklippe • 34, 60
Bismarckturm • 157, 211, 212
Blankenburg • 186
Blochhauer • 58
Bodebruch • 100
Bodetaler Wirtshaus • 192
Brandesbachtal • 177
Braunlage • 105, 108
Braunseck • 142
Bremer Hütte • 60
Brocken • 33, 78, 80, 115, 118
Brockenfeld • 100
Buntenbock • 143, 145
Buntenbocker Teiche • 140
Burg Falkenstein • 208, 210
Burg Hohnstein • 180, 182
Burg Regenstein • 187
Buttlars Grab • 204

C
Calciumquelle • 201
Clausthaler Flutgraben • 94
Clausthal-Zellerfeld • 140
Concordiaklippe • 144

D
Darlingerode • 66
Drei Annen Hohe • 72, 75, 169, 171

E
Eckerlochstieg • 117
Eckerstausee • 40, 43
Eckertal • 34
Ehrenfriedhof • 100
Elend • 115
Elendstal • 113
Ellrich • 162, 166
Ellricher Stadtwald • 166
Ettersklippe • 33

F
Falkenstein • 178
Forellenzucht • 194
Förster-Ludwig-Platz • 86
Forstmeister-Sietz-Weg • 76
Friederikenstraße • 210
Froschfelsen • 64

G
Gänseschnabel • 179
Gasthaus Falken • 208, 210, 213
Gasthaus Königsruhe • 196
Gasthaus Plessenburg • 58, 67
Gegenstein • 206
Gernrode • 203
Geseher Wasserlauf • 103
Gipsschauhöhle Heimkehle • 185
Glashüttenweg • 76
Glockenberg • 127
Goslar • 122
Göttinger Hütte • 155
Granestausee • 126
Grasburg • 185
Großer Kellerhalsteich • 134
Großvaterfelsen • 191
Grumbacher Teich • 134

H
Hahnenklee • 126, 133
Hahnenkleeklippen • 106
Hammersteinklippe • 90, 91
Hanskühnenburg • 147, 150
Hans-Peters-Hütte • 160
Harzer Hexenstieg • 111
Harzklub Blockhütte • 212
Haspelkopf • 147
Hasselfelde • 172
Hegemeister Brunnen • 150
Heidehütte • 168
Heidelberg • 189
Heinrich-Heine Gedenkstein • 60
Helenenruh • 113
Herrmannsklippe • 60, 79
Hexentanzplatz • 165
Hohnehof • 75
Höllstein-Klippenweg • 163
Hundertmorgenwiese • 167
Huttaler Widerwaage • 142

I
Iberger Albertturm • 138
Iberger Tropfsteinhöhle • 136, 137
Ilsefälle • 56
Ilsenburg • 50, 59
Ilsestein • 56
Ilsetal • 56, 62, 65

J
Juliushütte • 165

K
Kaiserpfalzgarten • 124
Kaiserturm • 53
Kalkhütte • 183
Kantorberg • 67
Kästeklippe • 30
Kästenbach • 196
Kästewieter Brücke • 43
Kleine Bode • 106
Kloster • 198
Kloster Drübeck • 52
Kloster Wendhusen • 199
Klusfelsen • 125
Knollental • 158
Köhleröfen • 176
Königshütter Wasserfall • 170
Königskrug • 105
Königstein • 198
Kranichteich • 163
Kreuz des Deutschen Ostens • 47
Kuxburgblick • 190

L
Lauenburg Vorburg • 201
Lautenthal • 130, 131
Leistenklippe • 75
Lerbach • 143
Liebesbankhütte • 134
Loipenhaus • 110
Löwenzahn-Entdecker-

Pfad • 76
Luchsdenkmal • 83
Luisenbank • 41

M
Maaßener Gaipel • 131, 132
Maltermeister Turm • 123
Mandelholztalsperre • 169, 170
Marienteich • 37, 38
Mäuseklippen • 113
Mausoleum • 213
Miniaturschloss Ballenstedt • 205
Mittelteich • 174
Molkenhaus • 34, 43, 47
Molkenhausstern • 79
Museum im Zwinger • 124

N
Nabetaler Wasserfall • 86
Nassenwieser Teich • 142
Naturerlebnispfad • 150
Naturmythenpfad • 106
Naturschutzgebiet Münchenberg • 202
Naturschutzgebiet Rammelsberger Blockschutthalden • 123
Naturschwimmbad S charzfeld • 154
Neinstedt • 198
Neuer Goetheweg • 119
Neustadt • 180

O
Obere Bodefälle • 109
Obere Zeterklippen • 79
Oderbrück • 99, 101
Oderhaus • 96
Oderteich • 88, 93, 96
Okerteich • 86
Osterode • 146, 147
Osterteich • 203, 205
Ottofelsen • 70

P
Pahnberghangweg • 66
Papenstein • 199
Pavillon Ackerblick • 147
Poppenturm • 177
Priestersteinhöhle • 163
Prinzess Ilse Quelle • 59

R
Rabenklippe • 46, 47
Radauwasserfall • 40
Rammelsberg • 122
Regensteinmühle • 187
Rehberger Grabenhaus • 88
Rehberger Planweg • 94
Riedersche Drift • 205
Riefensbeek • 146
Romkerhall • 30
Roseburg • 207
Röseckenteich • 52
Röseteich • 164
Rottleberode • 183, 185
Rübeland • 192
Rudolfklippe • 47
Ruine Anhalt • 214, 215
Ruine Heinrichsburg • 181
Ruine Scharzfels • 153
Ruine Stecklenburg • 200
Ruprechtsklippe • 70

S
Sachsensteinklippen • 163
Sachsheuweg • 171
Salzbergtal • 54
Sandsteinhöhlen • 186
Sandtal • 66
Sarghaihütte • 88
Scharfenstein • 62
Scharzfels • 154
Schiefes Haus • 54
Schierke • 112, 118
Schlossanlage Meisdorf • 213
Schlosspark Ballenstedt • 204
Schloss Wernigerode • 55
Schmalspurbahn • 117
Schutzhütte am Mettenberg • 209
Schutzhütte Engel-Badeborn • 212
Schwarzenbacher Teich • 140
Selkemühle • 214, 215
Selkesicht • 212
Selketal • 208, 211, 214
Siebenwochenklippen • 92
Sieber • 150
Silberbrunnen • 86
Silberteich • 106
Sonnenberg • 93
Sonnenberger Graben • 102
Sperberhaier Dammhaus • 90
Sperrentaler Wiesen • 104
St. Andreasberg • 87, 88, 102
St. Anna Stollen • 103
Stecklenberger Wurmtal • 200, 202
Stecklenburg • 201
Steinbachtal • 169
Steinberg • 127
Steinbruch Kahler Kopf • 164
Steinerne Renne • 70
Steinmühlental • 175
Stemberghaus • 172
Stempeda • 184
Stieglitzecke • 110
Stöberhai • 159
Sumpfteich • 141
Sülzhayner Hütte • 168

T
Teufelsbrücke • 196
Teufelsmauer • 189
Teufelsstieg • 80
Thale • 195, 197
Tiefenbachtal • 63
Torfhaus • 36, 84, 87
Torfhausmoor • 82, 83
Treseburg • 195
Trudenstein • 75

W
Waldfreibad Neustadt • 182
Waldgasthaus Steinerne Renne • 70
Waldschrathütte • 123
Walkenried • 165
Wanderheim des Harzclubs • 139
Wasserkraftwerk • 192
Wasserwerk Altenau • 91
Wendhusen • 198
Wernigerode • 50, 53, 55
Westerklippe • 64
Wieda • 159
Wildnispfad Altenau • 91
Wildtier-Beobachtungsstation • 98
Wurmberg • 108, 118
Wurmbergseilbahn • 109

Z
Zanthierplatz • 56, 59
Ziegenberger Teich • 141
Zisterzienserkloster • 165
Zwergenschmiede • 163

IMPRESSUM

1. Auflage 2023 Verlagsnummer 5240 ISBN 978-3-99121-845-6

Text und Fotografie: Lisa Aigner

Titelbild: Der Oderteich (© German_Landscape - stock.adobe.com)

Grafische Herstellung: Stefan Treichl
Wanderkartenausschnitte: © KOMPASS-Karten GmbH
Kartengrundlage für Gebietsübersichtskarte S. 10–11, U4:
© MairDumont, D-73751 Ostfildern 4

Alle Angaben und Routenbeschreibungen wurden nach bestem Wissen gemäß unserer derzeitigen Informationslage gemacht. Die Wanderungen wurden sehr sorgfältig ausgewählt und beschrieben, Schwierigkeiten werden im Text kurz angegeben. Es können jedoch Änderungen an Wegen und im aktuellen Naturzustand eintreten. Wanderer und alle Kartenbenützer müssen darauf achten, dass aufgrund ständiger Veränderungen die Wegzustände bezüglich Begehbarkeit sich nicht mit den Angaben in der Karte decken müssen. Bei der großen Fülle des bearbeiteten Materials sind daher vereinzelte Fehler und Unstimmigkeiten nicht vermeidbar. Die Verwendung dieses Führers erfolgt ausschließlich auf eigenes Risiko und auf eigene Gefahr, somit eigenverantwortlich. Eine Haftung für etwaige Unfälle oder Schäden jeder Art wird daher nicht übernommen. Für Berichtigungen und Verbesserungsvorschläge ist die Redaktion stets dankbar. Korrekturhinweise bitte an folgende Anschrift:

KOMPASS-Karten GmbH
Karl-Kapferer-Straße 5, A-6020 Innsbruck
www.kompass.de/service/kontakt

MIX
Papier aus verantwortungsvollen Quellen
FSC® C015829
FSC www.fsc.org

UM DIE MANDELHOLZTALSPERRE

Durchs Teichtal zum Königshütter Wasserfall

12 km | 3:30 h | 155 hm | 155 hm

START | Drei Annen Hohe. Parkplatz in der Brockenstraße. [GPS: UTM Zone 32 x: 619409.825 y: 5737036.926]
CHARAKTER | Einfache Wanderung.
Auf Grund von Baumfällarbeiten und Wegsperrungen bzw. Umleitungen an der Mandelholzsperre ist Orientierung wichtig! Teils spärliche Wegschilder auf dem Abschnitt bei den Rabensteinen.

Die Runde führt uns erst über den Hexenstieg auf einsamen Wegen zum Königshütter Wasserfall. Er wurde 1994 künstlich angelegt. Ihn speist ein kleines, namenloses Bächlein, das gut zwei Kilometer nordöstlich unweit des Kalkwerkes Hornberg entspringt. Das Wasser stürzt über einen Felsvorsprung 15 Meter in die Tiefe. Unterhalb des Wasserfalls mündet der kleine Bach nach wenigen dutzend Metern in die Kalte Bode. Die Mandelholzsperre ist unser zweites großes Ziel an diesem Tag: Sie ist ein Multitalent, dient sie nicht nur einer Trinkwasservorsperre, sondern auch dem Hochwasserschutz, der Niedrigwasseraufhöhung und zur Energieerzeugung.

▶ Wir starten am gebührenpflichtigen Parkplatz **Drei Annen Hohe** 01. Der Harzer Hextenstieg führt uns zunächst Richtung Königshütte übers Steinbachtal ein Stück parallel zur K1543. An der nächsten Kreuzung biegen wir rechts ein und laufen bis zum Rastplatz **Steinbachtal** 02, an dem wir

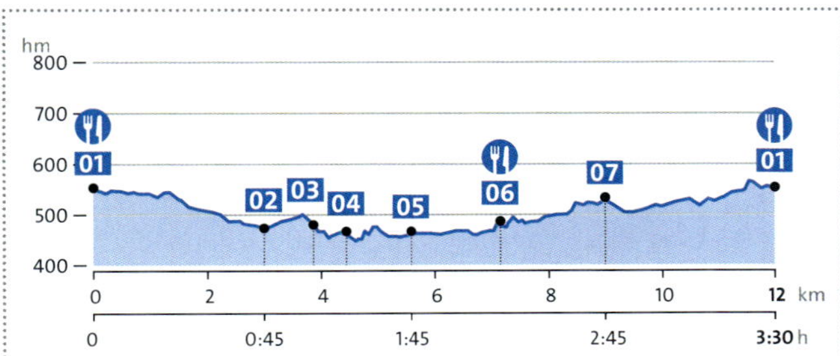

01 Drei Annen Hohe, 547 m; 02 Steinbachtal, 478 m; 03 Aussichtspunkte, 488 m; 04 Königshütter Wasserfall, 456 m; 05 Mandelholztalsperre, 483 m; 06 Mandelholz, 472 m; 07 Abzweig Sachsheuweg, 522 m

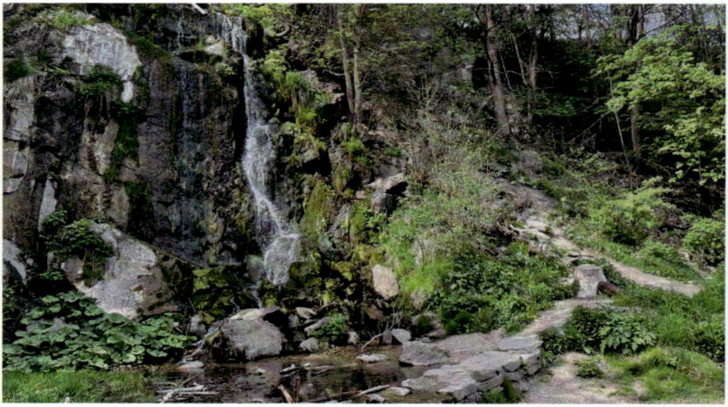

Am Königshütter Wasserfall

scharf links einbiegen. Es geht kurz aufwärts, nach ca. 200 Metern biegen wir rechts ab. Unbeschildert laufen wir um eine 180° Kurve herum, am Haus entlang und dann hinter den Büschen nach links auf einen Forst- und Wiesenweg. Gut 400 Meter später erreichen wir ein Schild mit dem Hinweis auf diverse **Aussichtspunkte** 03: Teichtal nach links, Talsperre nach rechts. Eine äußerst einladende Bank wartet hier ebenfalls auf uns. Wir laufen den Pfad weiter geradeaus, bald in den Wald hinab. Wenig später halten wir uns an einer Pfadkreuzung geradeaus Richtung Teichtal. Der Pfad leitet hinab, über umgestürzte Bäume hinüber oder unten drunter durch. Schließlich kommen wir oberhalb des Wasserfalls raus. Ein eingefasster Bach liefert ihm das Wasser. Wir überqueren NICHT den Bach, sondern bleiben auf der rechten Bachseite und folgen dem Wurzelpfad um eine Rechtskurve, am verwitterten Bänkchen vorbei und über einen steilen Pfad abwärts. Am **Königshütter Wasserfall** 04 geht's scharf rechts auf einem Schotterpfad Richtung Elend. Kurz darauf überqueren wir die Straße und laufen auf dem Gehsteig bis zum Ortsende. Ein Schotterweg leitet uns nach links über den Fluss und geradeaus in den Wald Richtung Mandelholz. Achtung, ab hier folgen wir der Umleitung Richtung Mandelholz: Wir steigen kurz an, dann leitet uns die Beschilderung nach links auf einen Wurzelpfad. Wir steigen ca. 250 Meter an, dann halten wir uns an der Gabel rechts Richtung Gasthaus Mandelholz. Hier mussten wir zu Recherchezeiten im Mai 2022 noch über einige Bäume steigen. Schließlich erreichen wir einen Pfad oberhalb der **Mandelholztalsperre** 05. Er führt uns nun an ihrem südlichen Ufer entlang. Am Ende des Stausees schwenken wir rechts über eine Brücke, gleich hinter der Brücke geht's links über die Wiese auf einem Pfad bis an ein Treppchen. Wir sind in **Mandelholz** 06 angekommen. Hier gibt es ein einladendes Gasthaus, in dem wir uns eine Pause gönnen. Falls nicht, überqueren wir die Straße nach rechts, dann halten wir uns links Richtung Wormketal. Im Wald steigen wir am Bach hinab und überqueren die Wormke.

Dem anschließenden Waldweg folgen wir nach links am Bach entlang. Am Rand liegen noch etliche Äste und Baumstämme von den vergangenen Stürmen herum. Wir stoßen nach zwanzig Minuten auf einen Schotterweg, in den wir rechts einbiegen. Die nächsten Abzweige ignorieren wir, bis wir nach einer Linkskurve rechts am **Abzweig Sachsheuweg** **07** Richtung Drei Annen Hohe abbiegen. Wir bleiben eine gute halbe Stunde auf diesem Weg, dann queren wir die Gleise und laufen an der L100 rechts zurück zum Parkplatz **Drei Annen Hohe** **01**.

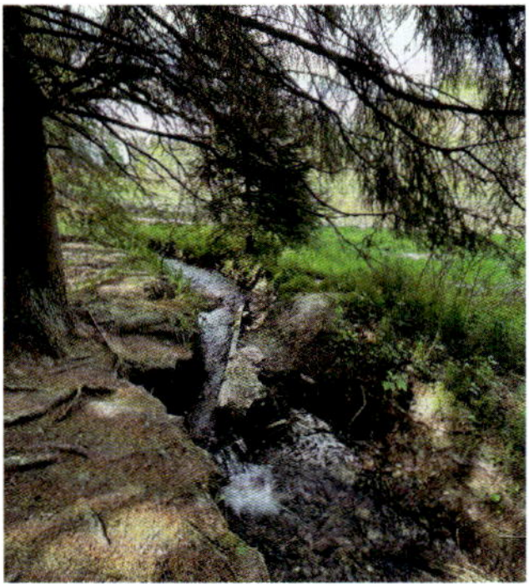

Oberhalb des Königshütter Wasserfalls

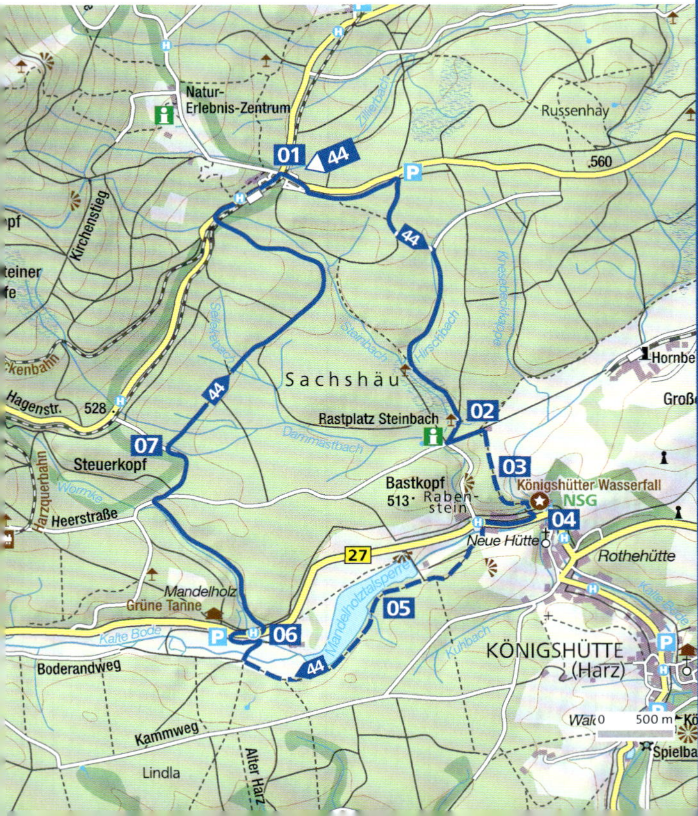

VON HASSELFELDE ZUM STEMBERGHAUS

Auf den Spuren der Köhler

6,8 km | 1:45 h | 86 hm | 68 hm

START | Busbahnhof Hasselfelde in der Hagenstraße. [GPS: UTM Zone 32 x: 627888.891 y: 5728249.784]
CHARAKTER | Einfache, eher kürzere Wanderung auf angenehmen Wegen. Viele informative Schautafeln unterwegs.

Das Köhlerhandwerk ist eines der ältesten Handwerke überhaupt. Der heutige Ausflug entführt uns in die längst vergangene Welt der Köhlerei. Jahrhundertelang war der Harz eines der bedeutendsten vorindustriellen Zentren in Europa. Erzvorkommen und die weiten Wälder bildeten die Voraussetzungen für ergiebigen Bergbau und die Verhüttung der Bodenschätze. Für die Harzköhlerei wurden die riesigen Wälder des Harzes abgeholzt – Erze und Holzkohle, die Schätze des Harzes und zugleich Lebensgrundlage für seine Bewohner. Das alte Handwerk des Verkohlens und die Verdienste der Köhler sollen mit diesem Weg und dem anschließenden Museum Stemberghaus geehrt werden.

▶ Wir starten in **Hasselfelde** 01 vor der Tourismus Information. Hinter der Antoniuskirche vorbei überqueren wir die Straße schräg nach rechts und folgen der Kurparkstraße direkt in den **Kurpark** 02 hinein. Das erste Infoschild auf dem Köhlerweg erwartet uns hier bereits. Wir halten

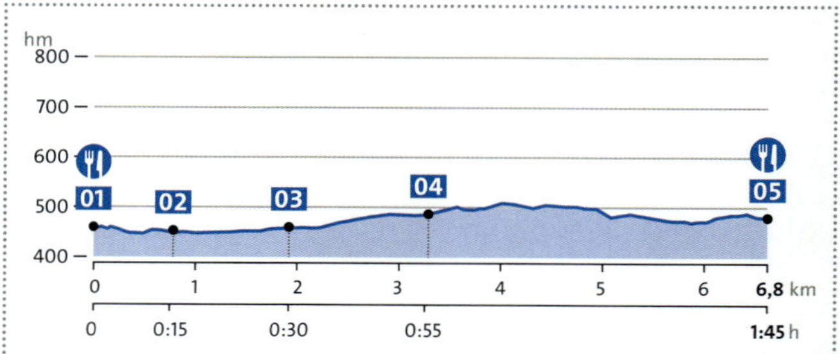

01 Hasselfelde, 463 m; 02 Kurpark, 447 m; 03 Mittelteich, 455 m; 04 Schutzhütte, 497 m; 05 Stemberghaus, 481 m

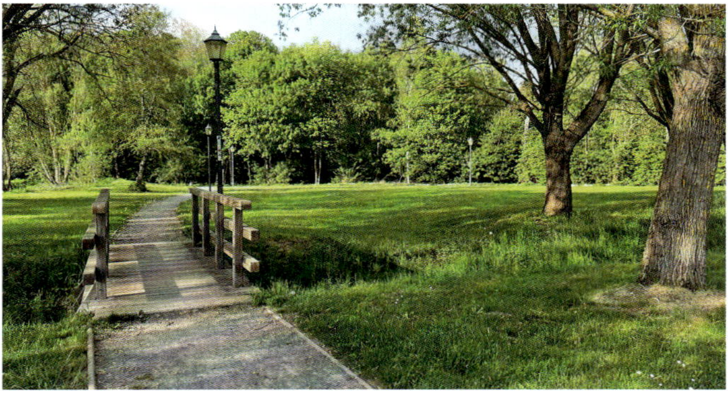

Der Weg verläuft durch den Kurpark Hasselfelde

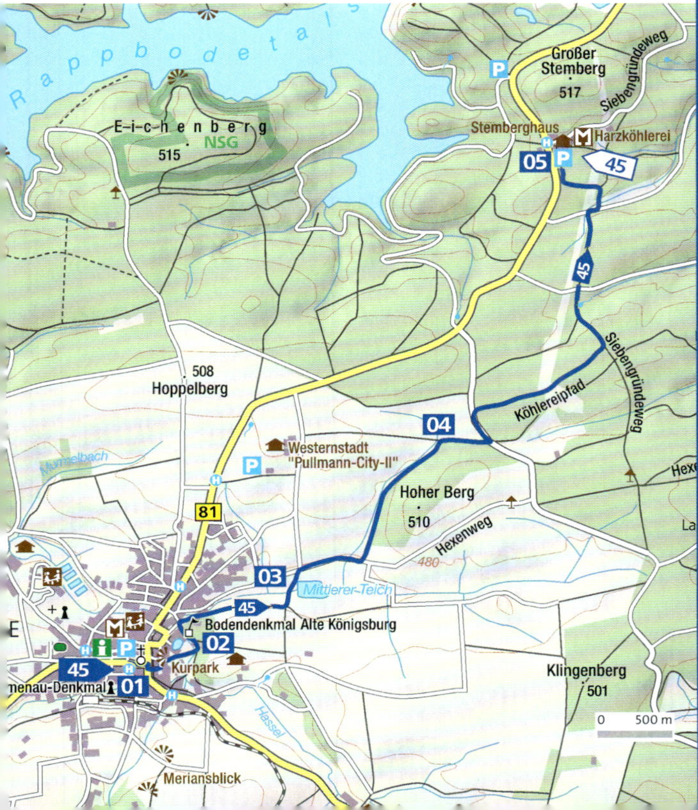

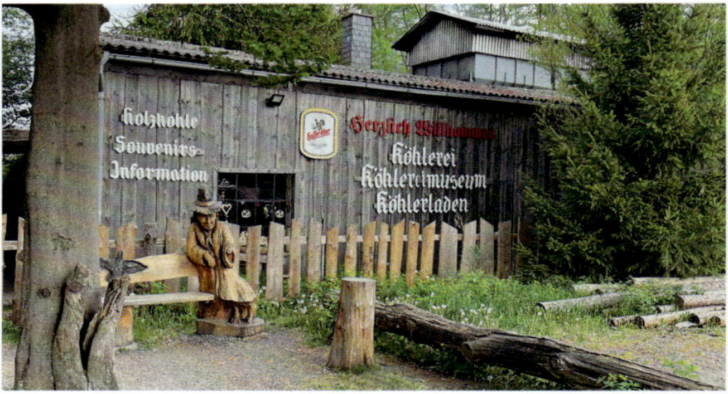

Harzköhlereimuseum Stemberghaus

uns links und laufen am Weiher vorbei, dann tangieren wir kurz die Teichstraße und wandern nach rechts gewandt in den Wald hinein. Der Köhlerpfad folgt hier dem Harzer Hexenstieg. Auf zwölf Stationen werden wir ab nun über das Köhlerhandwerk informiert. An der folgenden T-Kreuzung halten wir uns links, am **Mittelteich** 03 vorbei und wandern auf gut beschildertem Weg bis zur nächsten T-Kreuzung mit einer kleinen **Schutzhütte** 04. Hier geht's nach rechts, kurz danach machen wir einen Links-Rechts-Schwenk und gelangen zu den nächsten Infoschildern über Erdmeiler, Schichtholzbänke und Köhlerborn. An der letzten T-Kreuzung schwenkt der Weg ein letztes Mal nach links und bringt uns dann in wenigen Minuten zum **Stemberghaus** 05. Nach einem Besuch im Museum und einer ausgiebigen Rast nehmen wir den Bus Nr. 263 zurück nach Hasselfelde. Infos unter www.harzkoehlerei.de.

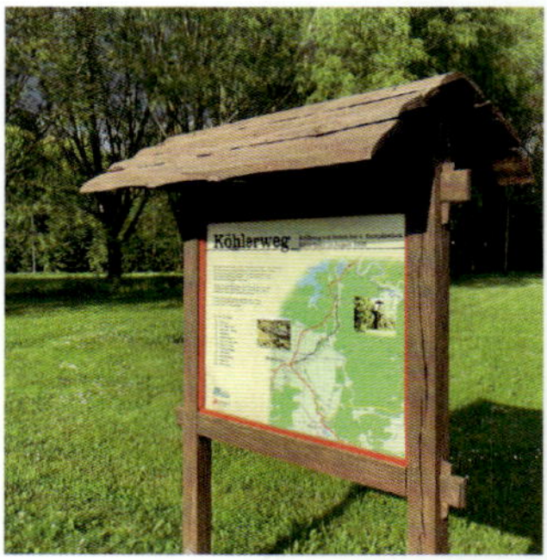

Infoschild über den Köhlerweg

Info:

Im Museum der Harzköhlerei am Stemberghaus werden auf traditionelle Art jährlich 50 Tonnen Holzkohle hergestellt. Das Museum zeigt die Entwicklungsgeschichte der Kohleherstellung und die harte Arbeit der Köhler. Im angrenzenden Gasthaus werden Speisen serviert wie anno dazumal. Zudem können die Köhlerprodukte im Köhlerladen käuflich erworben werden.

DURCHS STEINMÜHLENTAL

In ein einsames, urtümliches Bachtal

10,2 km | 3:00 h | 238 hm | 238 hm

START | Parkplatz an der B4. Ca. 2 km nach Rotheshütte an der B4. In Rotheshütte gibt es auch einen Parkplatz, der jedoch zu Recherchezeiten gesperrt war.
[GPS: UTM Zone 32 x: 620892.990 y: 5720924.430]
CHARAKTER | Vornehmlich breite, gut zu gehende Waldwege und angenehme Steigungen.

Das Steinmühlental erhielt seinen Namen von der 1756 hier erbauten Steinmühle. Von der Säge- und Getreidemühle sind jedoch nur noch spärliche Ruinenreste vorhanden. Viele Sagen und Geschichten ranken sich um das mystische Steinmühlental: Eine Version davon berichtet von einem griesgrämigen, alten Müller und seiner Mühle. In einer stürmischen, durchnässten Nacht baten zwei Fremde um Unterschlupf und ein wenig zu Essen. Der Müller drückte ihnen ein in Lumpen gehülltes Bündel in die Hand und scheuchte sie in die kalte Nacht hinaus. Verfroren und patschnass packten sie es aus – und hielten lediglich ein paar Steine in der Hand. Daraufhin sollen sie den Müller und die Mühle verflucht haben, denn seit diesem Zeitpunkt malte die Mühle das Getreide nur noch zu Steinmehl.

Wir starten die kleine Runde am **Wanderparkplatz an der B4** 01. Ein breiter Forstweg bringt uns nun erst einmal wenige hundert Meter mit dem grünen Dreieck hinauf zum Honigberg mit einer Infotafel über Wald, Wild und Jagd.

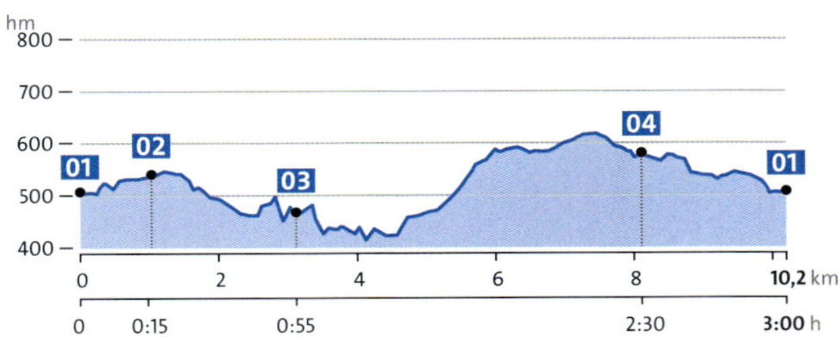

01 Parkplatz B4, 507 m; 02 Interhotel, 540 m; 03 Steinmühlental, 428 m; 04 Köhleröfen, 597 m

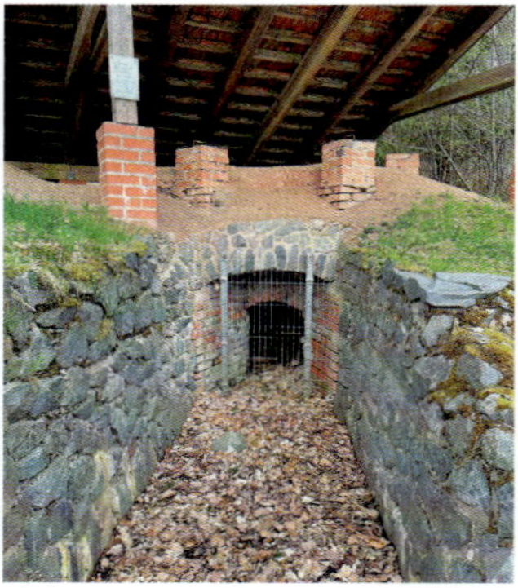

Alter Köhlerofen

Auch eine Futterstelle und eine, kleiner Rastplatz sind hier vorhanden. Wir wenden uns nach links und wandern weiter bis zur nächsten Kreuzung mit dem **Interhotel** **02**. Hier halten wir uns geradeaus auf dem Weg, gute zehn Minuten, dann erreichen wir eine Kreuzung mit einer weiteren Schutzhütte am Grünen Platz. Hier halten wir uns nun rechts und folgen dem Weg, bis er an einer T-Kreuzung endet. Wir wenden uns nach links, begleitet jetzt vom Fuhrbach, und wandern nun ins schöne **Steinmühlental** **03**. Imposant erheben sich die spannenden Felsformationen über unser Haupt. Wir passieren eine Rastbank mit Tisch. Nach einer weiteren Raststelle halten wir uns rechts in den Buchenwald hinauf Richtung Rotheshütte. An der Kreuzung Schimmelshütchen wechseln wir auf einen Forstweg, der ins Tal des Ellerbaches hinabsteigt, um schließlich am Bach entlang wieder hinaufzuführen. An der nächsten Kreuzung, dem Wernaschen Tor, folgen wir dem roten Dreieck nach links hinauf.

Nun laufen wir stetig geradeaus, bis wir an eine Gabelung mit einem verlassenen Haus gelangen. Linker Hand befindet sich eine schöne Wiese, geradeaus auf dem Weg finden sich alte **Köhleröfen** **04**. An ihnen vorbei führt der Weg nach Rotheshütte. Wir wenden uns jedoch nach rechts und laufen auf dem Forstweg ostwärts zurück Richtung Honigberg. Nun geht es auf dem Anfangsweg ein kurzes Stück hinab zurück zum **Parkplatz an der B4** **01**.

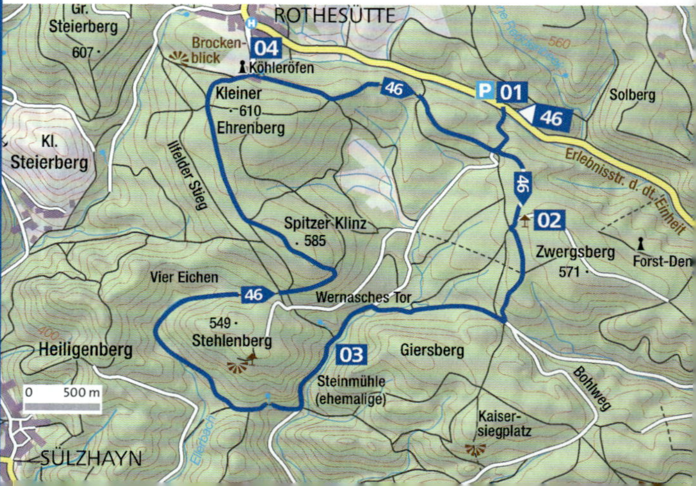

AUS DEM BRANDESBACHTAL ZUM POPPENTURM

Von Aussichtsplatz zu Aussichtsplatz

11,2 km 3:00 h 425 hm 425 hm

START | Parkplatz Brandesbachtal: ca. 500 Meter von Netzkater über die B81 kommend an der Linkskurve geradeaus Richtung Rabensteiner Stollen. Parkplatz gleich nach den Gleisen. [GPS: UTM Zone 32 x: 624115.614 y: 5718540.646]
CHARAKTER | Die Runde ist aufgrund der langen Anstiege anstrengend, die teils sehr steilen Abstiege verlangen ein hohes Maß an Trittsicherheit und sehr gutes Schuhwerk.

Die Wanderung auf den Poppenturm lässt uns zu Anfang kaum Atem holen – stetig geht es aufwärts, meist über schmale Waldpfade, doch stets gut markiert. Der Großteil der Tour wird durch den Südharzer Dampflock-Steig markiert. Insgesamt zieht sich der Steig 42 Kilometer durch den südlichen Harz. Der Weg ist recht abwechslungsreich und führt uns durch schöne Wälder immer wieder an tolle Aussichtspunkte. Höhepunkt ist der Poppenturm in der ersten Hälfte der Tour. Von dem 33,5 Meter hohen Turm können wir den Blick über die Harzwälder in der Ferne, bei guter Sicht bis zum Thüringer Wald schweifen lassen.

Los geht's am **Parkplatz Brandesbachtal** 01 – hier beginnt auch das gleichnamige Naturschutzge-

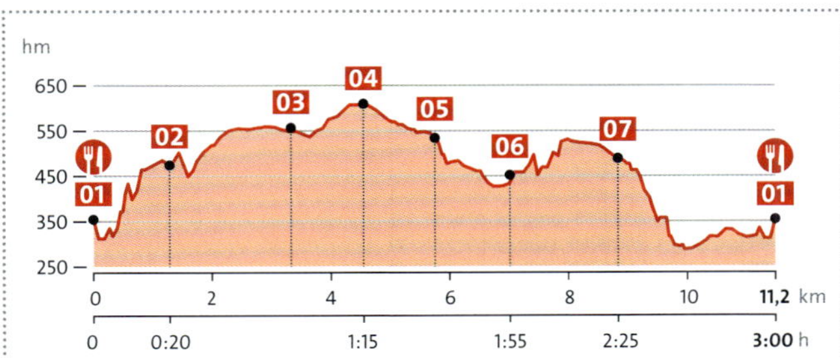

01 Parkplatz Brandesbachtal, 304 m; 02 Drei-Täler-Blick, 443 m; 03 Brockenblick, 556 m; 04 Poppenturm, 601 m; 05 Falkenstein, 534 m; 06 Bielsteine, 456 m; 07 Gänseschnabel, 440 m

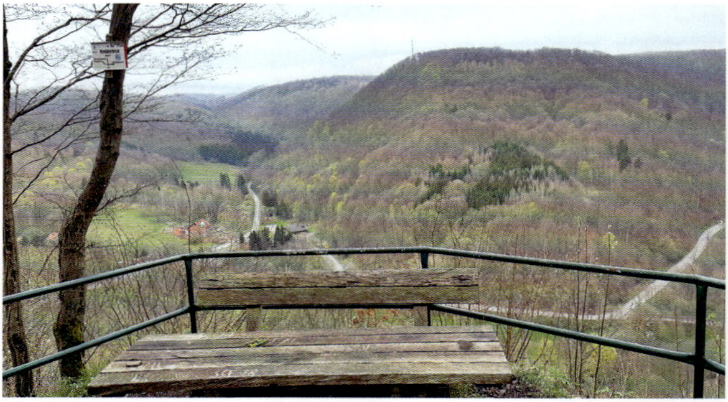

Am Drei-Täler-Blick

biet: Das rund 210 Hektar große Areal weist eine große Anzahl an schützenswerten Pflanzen- und Tierarten auf. Wir laufen zunächst zum Bahnhof. Hinter dem Besucherbergwerk Rabensteiner Stollen führt ein Pfad mit der Markierung der roten Dampflokomotive aufwärts Richtung Drei-Täler-Blick. Wir folgen ihm nun stets auf dieser Markierung, nach zehn Minuten an einer Pfadgabel biegen wir rechts aufwärts ab. Von schönen Blicken begleitet, führt uns der Pfad schließlich an den Aussichtspunkt **Drei-Täler-Blick** 02 mit Bank und Tisch zum Rasten. Gleich darauf gelangen wir an einen breiten Schotterweg, dem wir geradeaus folgen. Doch schon nach wenigen Minuten zweigt rechter Hand ein Pfad ab. Er zieht sich mal am Hang entlang, mal quer durch den Wald. Allmählich wird der Weg breiter. Kurz nach einer abgeholzten Fläche gelangen wir an eine T-Kreuzung: Wir folgen hier dem breiten, erdigen Weg nach links. Nach ca. 150 Metern biegt ein moos- und grasbewachsener Waldweg nach links ab und bringt uns recht schnell zum **Brockenblick** 03 samt Rastplatz. Wieder auf dem breiten Forstweg, erreichen wir schnell eine große Kreuzung, an der sich gleich mehrere Wege treffen: Die rote Lok führt uns schräg links hinauf. Auch hier zweigt schon bald wieder rechts ein Pfad ab: der Schlussanstieg hinauf zum **Poppenturm** 04, den wir nach ein paar Minuten erreichen. Nach einem Besuch des Turmes überqueren wir die Lichtung und folgen dem Dampfloksteig auf grasigem Weg Richtung Falkenstein. Kurz darauf, an dem mit Erde aufgewühlten Weg, wenden wir uns nach rechts und wandern hinab. Nun stets geradeaus, bald durch abgeholzte Flächen bis zur Dreieckskreuzung, an der wir links abbiegen. Der Weg bringt uns hinab, dann wieder kurz hinauf, stets geradeaus, führt er zum **Falkenstein** 05. Auch hier haben wir die Möglichkeit, uns am Rastplatz ein wenig auszuruhen und den Blick schweifen zu lassen. Dann beginnt der steile Abstieg: Sowohl bei Nässe wie auch bei Trockenheit ist der Steig extrem rutschig, also aufgepasst! Er endet an einem Waldweg, dem wir nun vorerst unmarkiert nach links folgen und somit den Dampfloksteig verlassen. In einer Rechtskurve gelangen wir an eine T-Kreuzung: Hier halten wir uns rechts, am Schotterweg dann nochmals rechts. Er bringt uns in wenigen Schritten zu einer Gabel: Wir machen eine 180°-Wende nach links und laufen hinauf zu den **Bilsteinen** 06. Wieder den Südharzer Dampfloksteig im Blick, wandern wir auf breitem, aber recht verwildertem Weg weiter bis zu einem Forstweg. Wir folgen ihm nach rechts hinauf, an der Schutzhütte halten wir uns links Richtung Wetterfahne, die wir nach einer knappen viertel Stunde erreichen. Von hier aus leitet uns einer schmaler Pfad leicht abwärts, an der Kefersteinbank rechts und kurz darauf halten wir uns wieder links auf einen Pfad. Er zieht sich hinab Richtung Gänseschnabel. An der zweiten Bank – ebenfalls gestiftet vom Papierfabrikanten Keferstein – biegen wir scharf links ab, weiter auf der roten Dampflok. Der Pfad zieht sich noch fünf Minuten hinab, dann mündet er in einen schmalen Weg. Wir folgen ihm wenige Meter aufwärts, dann stehen wir oberhalb des **Gänseschnabels** 07. Wir bleiben auf dem oberen Weg und laufen weiter geradeaus, am Aussichtsfelsen vorbei. Nach ein paar Metern führt ein sehr steiler, schmaler Pfad geradeaus hinab Richtung Bahnhof Netzkater. Unten, beim Waldaustritt, wenden wir uns kurz vor der Straße nach rechts, einen ungepflegten, breiten Weg leicht aufwärts. Nach ca. 20 Metern zweigt linker Hand ein Pfad ab, kurz darauf verzweigt er sich nochmals. Wir steigen nach links zur Straße hinab, überqueren sie und wenden uns noch vor der Brücke nach rechts. Der Weg bringt uns parallel zur Straße am alten, verlassenen Landgasthof Gänseschnabel vorbei. Dann geht's schmäler wieder hinauf zur Straße. Wir überqueren sie abermals und halten uns vor dem Bahnübergang rechts. Nun wandern wir an den Gleisen entlang zurück zum Bahnhof Netzkater und zum **Parkplatz Brandesbachtal** 01.

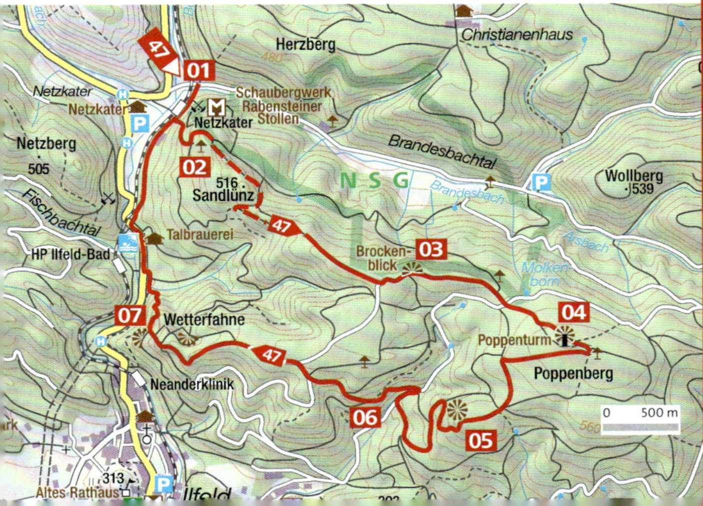

BURG HOHNSTEIN BEI NEUSTADT

Zu einer der besterhaltenen Burgruinen im Harz

8,7 km 2:20 h 160 hm 160 hm

START | Parkplatz Waldbad Neustadt. Am Waldbad 1. [GPS: UTM Zone 32 x: 626723.707 y: 5714771.856]
CHARAKTER | Vornehmlich angenehme Waldwege. Geringe Höhenunterschiede.

Die heutige Rundwanderung steht ganz im Zeichen der Burgfräulein und Raubritter. Unser erstes Ziel, die Ruine Heinrichsburg, steht auf einem schmalen Felssporn südlich des Vatersteins. Sie war eine langgezogene Burganlage, vermutlich zur Zeit der Karolinger errichtet. Ihre erste urkundliche Erwähnung fand sie 1344. Heute sind nur noch wenige Fragmente der Burgmauern erhalten. Ganz anders sieht es bei unserem nächsten Ziel, der Ruine Hohnstein, aus: Stolz und beeindruckend erhebt sie sich im Laubwald über Neustadt. In der guterhaltenen Anlage finden sich unter anderem Reste der Oberburg und des inneren Burghofes, der Bergfried, der Palas, mehrere Burgtore, der Brunnen sowie zahlreiche Burgmauern. Ihr Ursprung ist wohl frühestens in der Mitte des 12. Jahrhunderts anzusiedeln. Die Grafen von Ilfeld erwarben die Burg in der Mitte der 1170er-Jahre von den Welfen. Aus den Grafen von Ilfeld wurden schließlich die Grafen von Hohnstein, die sich rasch die Vorherrschaft im Süden des Harzes sicherten. In den 1990er-Jahren wurde die Burg restauriert. Zu Füßen der Ruine befindet sich ein hübsches Gasthaus.

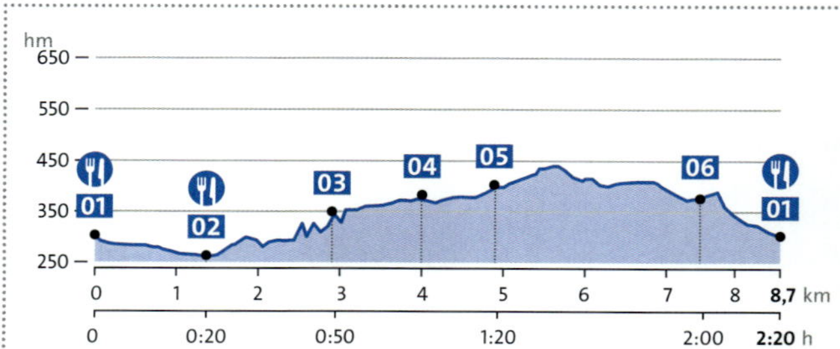

01 Waldbad Neustadt, 292 m; 02 Neustadt im Harz, 263 m; 03 Ruine Heinrichsburg, 350 m; 04 Rastplatz, 385 m; 05 Kaiserweg, 423 m; 06 Burg Hohnstein, 375 m

Wir starten am Parkplatz des **Waldfreibades Neustadt** 01. Von hier aus führt ein kurzer Pfad nach Süden am Waldbad vorbei über ein Brücklein zur asphaltierten Straße. Wir folgen ihr nach links, kurz darauf zweigt rechter Hand ein Spazierweg ab, der uns am Campingplatz und Spielplatz vorbei bis zum Gondelteich bringt. Wir überqueren nicht den Hardtbach, sondern halten uns rechts, durch den Kurpark hindurch, bis wir auf die Burgstraße stoßen. Hier biegen wir rechts ein und gehen vor bis zum Kirchplatz in **Neustadt im Harz** 02 mit der St.-Georg-Kirche. Dann folgen wir der Badestraße an der Kirche vorbei bis zur Lungenklinik. An der Gabelung bringt uns die Harzstraße nach links, dann durch den Lönspark um eine Rechtskurve an den Ortsrand. Wir treffen auf einen kleinen Parkplatz und überqueren hier die Harzstraße schräg nach links. Ein breiter Waldweg führt uns jetzt Richtung Heinrichsburg. Der Weg schwenkt bald nach links, überquert den Petersbach und bringt uns nur kurz hinter der folgenden Rechtskurve an einen Abzweig. Hier halten wir uns rechts, rechter Hand befindet sich das Felsentor. Dann bringt uns der schmale Waldweg weiter ostwärts zur **Ruine Heinrichsburg** 03, von der jedoch nicht mehr allzu viel übrig ist. Einen guten, halben Kilometer später stoßen wir auf einen breiten Weg, in den wir links einbiegen. Ihm folgen wir nun stets geradeaus, nach zehn Minuten passieren wir einen kleinen **Rastplatz** 04. Wir wandern weiter Richtung Norden, noch einmal eine gute viertel Stunde, dann erreichen wir eine Kreu-

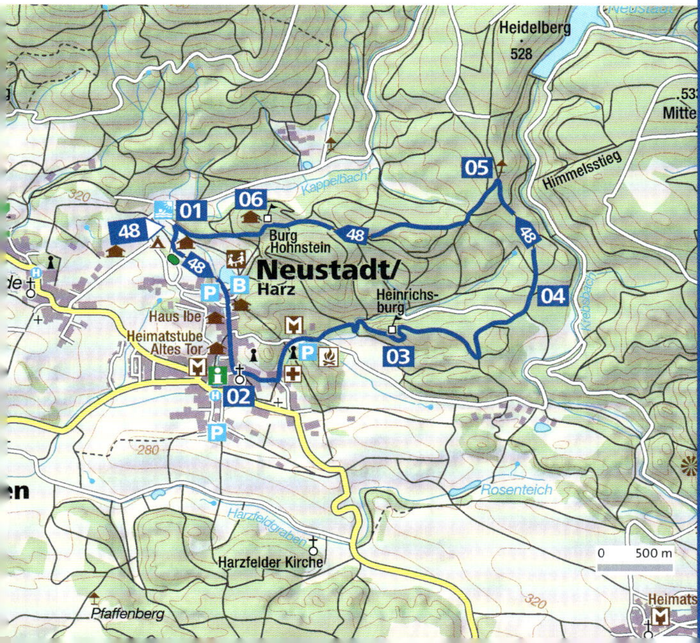

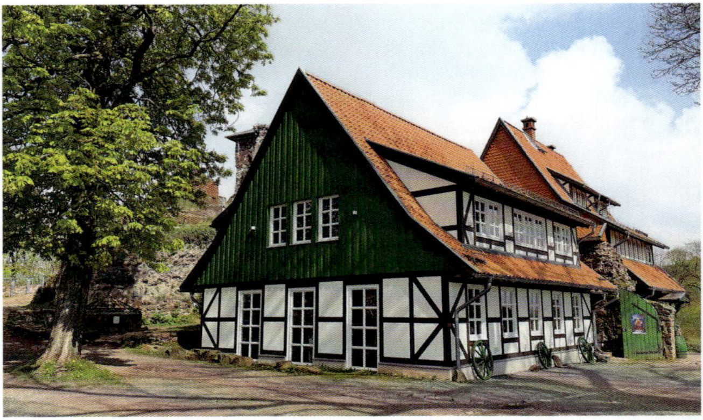
Burggaststätte Hohnstein

zung: Hier treffen sich die Alte Poststraße und der **Kaiserweg** 05. Er verweist uns nun nach links. Ein schöner Weg bringt uns nun in ca. vierzig Minuten zur **Burg Hohnstein** 06. Die hervorragend erhaltenen Ruinenreste laden zu einer Erkundungstour ein. Von den oberen Mauern hat man einen wundervollen Blick in den Südharz. Unterhalb ihrer Mauern liegt die liebevoll restaurierte Burggaststätte mit einer lohnenden Einkehr. Nach einer ausgiebigen Rast wandern wir auf der Zufahrtsstraße zur Burg hinab zum Parkplatz am **Waldfreibad Neustadt** 01.

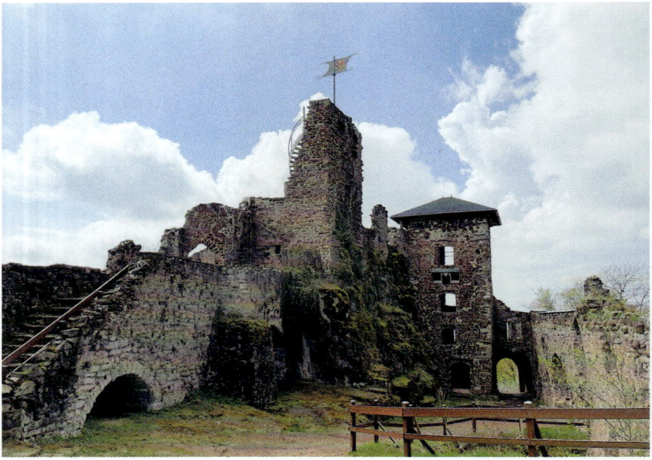
Burgruine Hohnstein

VON KALKHÜTTE NACH ROTTLEBERODE

Durchs Naturschutzgebiet Alter Stolberg zur Grasburg

17,2 km 4:40 h 320 hm 320 hm

START | Kalkhütte. Von Urbach aus den „Heideweg" bis ganz zum Ende fahren.
[GPS: UTM Zone 32 x: 632293.140 y: 5708321.555]
CHARAKTER | Schöne Waldwege und auch Pfade, gerade im Alten Stolberg herrliche Natur. Orientierungsvermögen ist im ersten Abschnitt um den Königskopf herum angesagt: hier ist schlecht markiert, es gibt eine Umleitung.

Das Naturschutzgebiet Alter Stolberg und Grasburger Wiesen gehört zur Gipskarstlandschaft des Südharzer Zechsteingürtels und befindet sich zum überwiegenden Teil im Krebsbach- und im Thyratal. In den steileren Lagen gedeiht der Haimsimsen-Rotbuchenwald, an den unteren Hängen finden wir vor allem Eschen- und Bergahorn-Schluchtwald. Besonders in den Feuchtgebieten der stehenden Gewässer gibt es seltene Arten wie Teichrohrsänger oder die Rohrweihe. Ein weiteres Ziel dieser Wanderung, die Grasburg bei Rottleberode, ist der Legende nach die Stammburg der Grafen zu Stolberg. Sie war vom 10.-12. Jahrhundert bewohnt, hundert Jahre später wurde dort eine Wallfahrstkapelle errichtet. Im

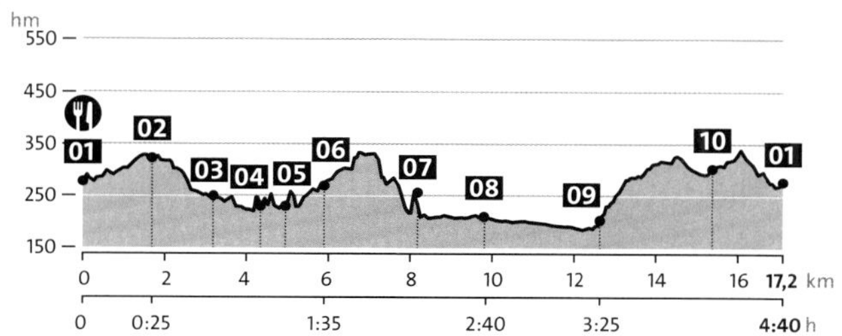

01 Kalkhütte, 277 m; 02 Stein Nr. 100, 325 m; 03 Backsteinhäuschen, 261 m; 04 Umleitung, 240 m; 05 Stempeda, 217 m; 06 Abzweig Grünes Dreieck, 277 m; 07 Grasburger Mühle, 256 m; 08 Rottleberode, 205 m; 09 Gipsschauhöhle Heimkehle, 203 m; 10 Löwen-Grenzstein, 297 m

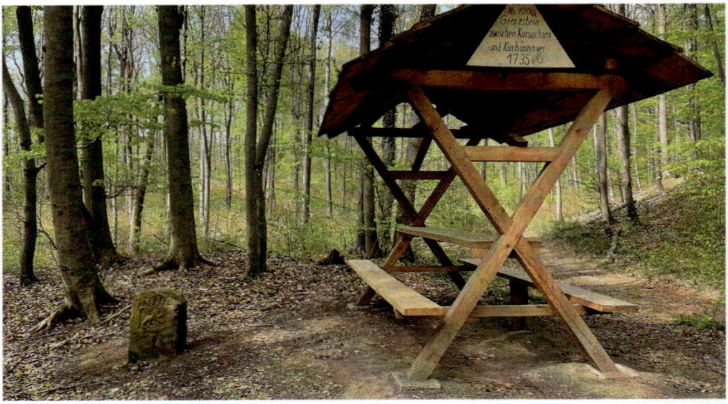

Rastplatz am Stein Nr. 100

Laufe der Jahrhunderte verfiel sie, doch Teile der Kapellenruine sind noch immer vorhanden.

▶ Vom Parkplatz beim Gasthaus **Kalkhütte** **01** richten wir uns zuerst nach dem Karstwanderweg Richtung Norden. An der ersten Gabel biegen wir links ein, an der folgenden Kreuzung halten wir uns rechts. Nun folgen wir dem Waldweg gute zwanzig Minuten auf dem historischen Grenzsteinweg. An der Kreuzung **Stein Nr. 100** **02** wandern wir weiter geradeaus auf dem roten Dreieck Richtung Talsperre Iberg. Kurz darauf, an der Dreiecksgabelung, setzen wir den Weg durch den lichten Buchenwald geradeaus fort. Gute 500 Meter hinter dem Grenzstein zweigt linker Hand ein schmälerer Weg hinab zur Ibergtalsperre ab. Wir laufen nun durch herrlichen Laubwald bald am Waldessaum und einer Wiese entlang, bis wir auf einen Schotterweg treffen. Wir folgen ihm nach rechts. Noch vor dem Hochwasserrückhaltebecken biegen wir an einem **Backsteinhäuschen** **03** rechts ab und folgen dem gelben Balken – Achtung, die Wegmarkierung ist ab hier nur noch selten und sehr verwittert erkennbar. Kurz darauf halten wir uns links, über die Wiese am Waldrand und dem Hang des Happenberges entlang, der Weg ist gerade eben noch erkennbar. Zehn Minuten später beschreibt der Weg eine Biegung nach rechts: Wir passieren einen Weiher – der Weg rundherum ist extrem matschig und schlammig. Kurz hinter dem Weiher verläuft der Weg eigentlich nach rechts – wir sehen noch die Wegzeichen –, doch hier treffen wir auf eine **Umleitung** **04**: Der Weg wird von einem Gitter versperrt mit dem Hinweis auf Gefahr durch Steilabbrüche. So halten wir uns links über den matschigen Weg bis zur Straße. Ihr folgen wir nur wenige Meter nach rechts, dann auf einem Schotterweg an Weiden vorbei nach **Stempeda** **05** hinein. Am Ortsrand wenden wir uns nach rechts, nach guten zweihundert Metern halten wir uns nochmals rechts auf die Kalkhüttenstraße. Wir folgen dem grünen Punkt auf dem Lutherweg an der Kalkwand entlang. Dann passieren wir den Stolleneingang des KZ-Außenlagers Stempeda. Eine Informationstafel erläutert den schlimmen Zweck und die Geschehen dieses Ortes im Zweiten Weltkrieg. Wenig später nimmt uns der Wald wieder in Empfang. An der folgenden Kreuzung mit Wegschild halten wir uns links Richtung Grasburg, jetzt mit dem **grünen Dreieck** **06** sanft aufwärts. Nach einer guten viertel Stunde weist uns das grüne Dreieck nach links. Nach einem weiteren Kilometer erreichen wir die **Grasburger Mühle** **07** über dem Krebsbachtal. Von hier geht es hinab, am Schlossteich vorbei, in den Ort **Rottleberode** **08**. An der Hauptstraße biegen wir rechts ein und folgen ihr nun gute zwanzig Minuten durch den Ort hindurch. Schließlich biegen wir rechts „Am Alten Stolberg" ein und folgen dem nun mit dem roten Balken und dem roten X beschilderten Weg zur **Gipsschauhöhle Heimkehle** **09**. Eine gute Stunde führt uns ab hier der Karstwanderweg **Löwen-Grenzstein** **10** auf wunderschönen, mal breiteren, mal schmäleren Waldwegen zurück zum Gasthaus **Kalkhütte** **01**.

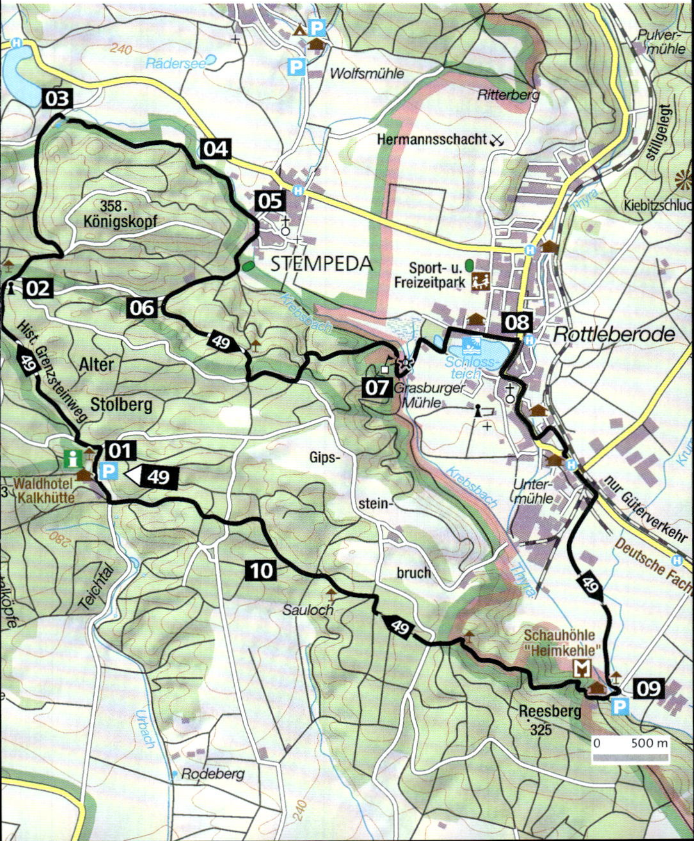

ZU DEN SANDSTEINHÖHLEN BEI BLANKENBURG

Natur- und kulturhistorische Wanderung durch Blankenburgs Wälder

7,1 km 2:00 h 120 hm 120 hm

START | Parkplatz Regenstein. Von der A21 Ausfahrt Blankenburg Mitte. Dann über die B81 auf „Am Platenberg". Dem Sträßchen unter der Autobahn hindurch folgen bis zum Parkplatz. [GPS: UTM Zone 32 x: 634660.525 y: 5741967.080]
CHARAKTER | Einfache kurze Wanderung. Im Gelände um die Burg ist es steil.

Die Sandsteinhöhlen unterhalb des Regensteins liegen gut versteckt und gehören somit zu den Geheimtipps im Harz. In frühgeschichtlicher Zeit sollen die Germanen diesen Platz als Versammlungsplatz genutzt haben. Vom Mittelalter bis Ende des 19. Jahrhunderts wurde hier reiner weißer Stubensand gewonnen. Das Freilichtmuseum der Burg Regenstein macht verschiedene Räumlichkeiten zugänglich und erzählt die Regensteiner Geschichte anhand unterschiedlicher Ausstellungsstücke. Ein besonderes Kleinod der Tour ist die Regensteinmühle. Die teilrekonstruierte mittelalterliche Anlage befindet sich ca. einen Kilometer westlich der Burgruine Regenstein am Fuße des markanten Felsmassivs.

▶ Vom **Parkplatz Regenstein**

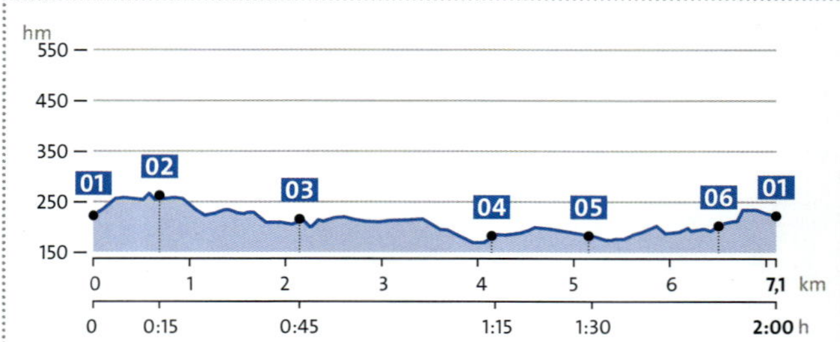

01 Parkplatz Regenstein, 241 m; 02 Burg Regenstein, 27 m; 03 Regensteinmühle, 225 m; 04 Kleine Sandsteinhöhle, 188 m; 05 Große Sandsteinhöhle, 181 m; 06 Bastion Ludwigsburg, 224 m

01 besuchen wir zuerst die Ruine Regenstein. Hierfür laufen wir einfach den geteerten Weg hinauf. Die Anlage kostet Eintritt; der lohnt sich aber in jedem Fall, hat man doch einen herrlichen Ausblick von hier oben und erhält zudem viele interessante Informationen im Freilichtmuseum. Nach dem Besuch der **Burg Regenstein** 02 beginnt die eigentliche kleine Wanderung. Über einen Erdpfad geht's links des breiten Weges wieder hinab. Beim Parkplatz wenden wir uns rechts dem Raubgrafenweg zu. Ein breiter, erdiger Weg führt in den Wald, mit der gelben 7 Richtung Regensteinmühle. An der folgenden Gabel halten wir uns links. Nach wenigen hundert Metern bleiben wir an der Kreuzung mit der Bank geradeaus. Kurz darauf erreichen wir eine Gabelung: Wir bleiben geradeaus Richtung Regenstein; der Weg bringt uns durch einen schönen Hohlweg, dann über ein Holzbrücklein und schließlich über ein paar Stufen hinab durch den Hohlweg. Nur etwa 50 Meter später wenden wir uns an der Kreuzung nach links hinab, noch immer unser Ziel im Visier. Die nächsten Meter halten wir uns links, stets die Markierung Nr. 7 im Blick und auf schmalen Wegen durch Kiefern- und Laubwald. Ein paar Minuten später haben wir die **Regensteinmühle** 03 erreicht. Ab jetzt leitet uns die braune Nr. 6 einen Felsenweg leicht aufwärts, dann rechts am Mühlengraben entlang. Wir folgen nun stetig diesem Weg, bis uns schließlich ein paar Holzstufen an den Waldrand bringen. Wir biegen rechts ein und wandern weiter am Feld entlang, ohne Beschilderung Richtung Parkplatz B81. An einer Rastbank vorbei bringt uns ein Pfad gleich wieder steil hinab. An der darauf folgenden T-Kreuzung geht's rechts Richtung Sandhöhle und Regenstein. Wir bleiben nun eine gute viertel Stunde auf dem Hauptweg, alle Abzweige ignorieren wir. Am Waldrand wandern wir dann auf einem breiten Weg weiter. Nur ein paar Minuten später knicken wir nach rechts in die Alte Heerstraße. Nur zweihundert

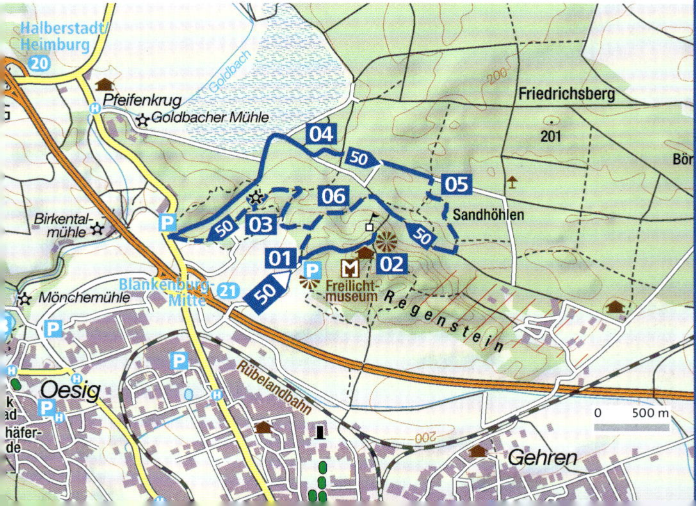

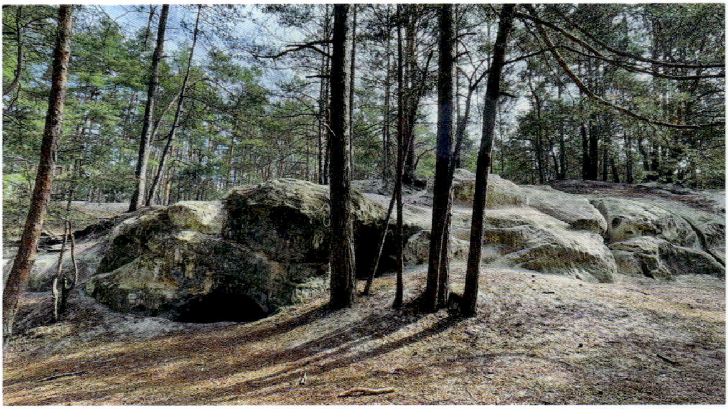

An den kleinen Sandsteinhöhlen

Meter danach weist uns schon ein Schild den Weg nach links zu den **Kleinen Sandsteinhöhlen** 04. Auf einem breiten Waldpfad laufen wir an den Höhlen vorbei und folgen einem nicht ganz so leicht erkennbaren Pfad durch den Wald. Er stößt nach ca. 200 Metern wieder auf einen Hauptweg, dem wir geradeaus folgen. Nach ein paar Minuten zweigt rechter Hand ein Weg direkt zur **Großen Sandsteinhöhle** 05 ab. Wir laufen quer südostwärts übers Gelände und treffen auf der anderen Seite wieder auf den Hauptweg. Die Alte Heerstraße leitet uns ein paar Hundert Meter geradeaus, dann zweigt nach links wieder der Raubgrafenweg ab. Er bringt uns zur **Bastion Ludwigsburg** 06. Ein paar Infotafeln klären uns auf, was es damit auf sich hatte. Schließlich wandern wir hinab, bald auf bekanntem Weg zurück zum **Parkplatz Regenstein** 01.

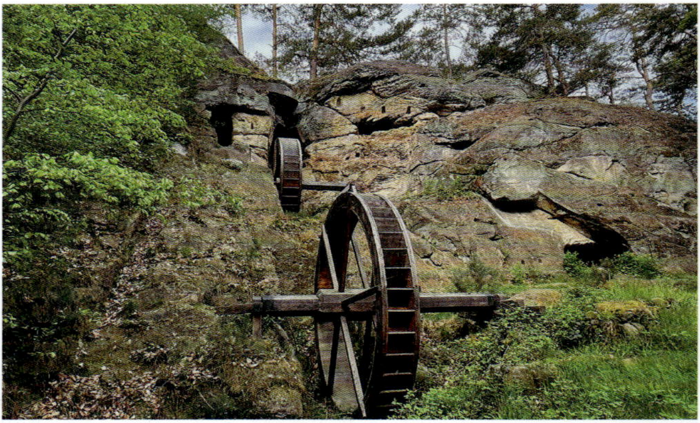

Die Regensteinmühle

AN DER TEUFELSMAUER

Sportliche Natur-Kletter-Kraxelei

7,7 km 2:20 h 150 hm 150 hm

START | Parkplatz Hasselfelder Straße, Ecke Heidelberg in Blankenburg.
[GPS: UTM Zone 32 x: 635303.123. y: 5739345.573]
CHARAKTER | Kurze, aber sehr spannende Felswanderung. Trittsicherheit Voraussetzung.

Die zerklüftete Sandsteinrippe der Teufelsmauer ist ein beliebtes Ausflugsziel vor allem für sportlichere Wanderer. Verschlungene Pfade führen sowohl am Südhang wie auch über den Kammweg zum bekannten Hamburger Wappen. Geologisch entstand der Sandstein des Naturdenkmals Teufelsmauer vor ca. 85 Millionen Jahren als Ablagerung in den Meeren der Oberkreide. Diese Schichten wurden durch Hebung des Harzes steil aufgerichtet, so dass entlang des nördlichen Harzrandes eine einmalige Schichtrippenlandschaft entstand.

Wir starten am **Parkplatz Heidelberg** 01 gegenüber der Tourismusinformation. Treppen und ein breiter Steig führen bergan. An der Westspitze der Teufelsmauer angekommen, richten wir uns zunächst nach der orangenen 9. Sie wird uns über den südlichen Hangweg leiten. Der **Südhang der Teufelsmauer** 02 ist nicht schwer, bietet aber tolle Stimmungen mit Licht- und Schattenspielen der Bäume an

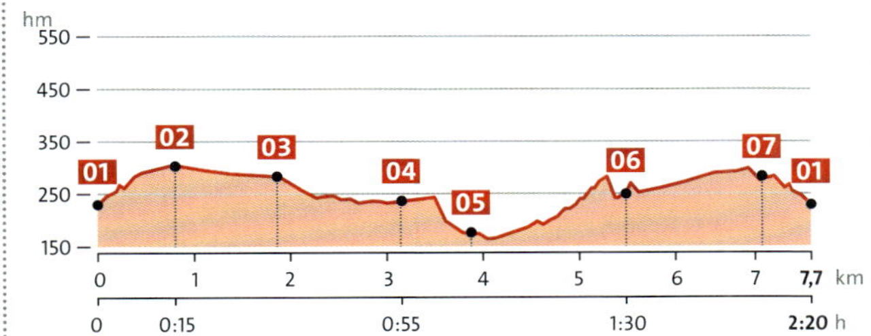

01 Parkplatz Heidelberg, 262 m; 02 Südhang Teufelsmauer, 290 m; 03 Wegkreuzung, 255 m; 04 Hamburger Wappen, 235 m; 05 Kuxburgblick, 207 m; 06 Anstieg zur Teufelsmauer, 247 m; 07 Großvaterfelsen, 297 m

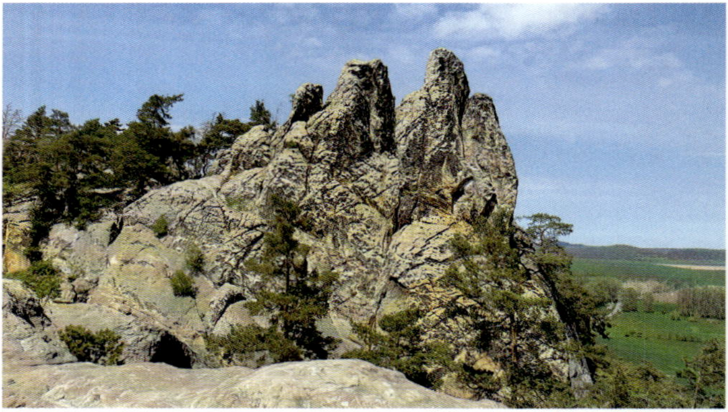

Das Hamburger Wappen an der Teufelsmauer

sonnigen Tagen. An Großmutter und Großvater vorbei folgen wir dem schmalen Weg erst einmal gute zwanzig Minuten durch den lichten Wald. Dann erreichen wir eine **Kreuzung** 03, an der wir auf breitem Wurzelpfad weiter geradeaus wandern, jetzt mit dem blauen Punkt. Wir erreichen den Waldrand und laufen einige Minuten am Waldsaum entlang, dann schwenken wir auf einen wurzeligen Pfad nach links und halten uns an der Bank nochmals links, über einen Pfad hinauf und auf einem tollen Weg durch die Felsen hindurch. Kurz darauf treten wir auf freie Fläche, das **Hamburger Wappen** 04 in seiner ganzen Pracht vor uns. Schöner Platz zum Rasten! Dann folgen wir dem breiten Wanderweg hinab. Nach ca. 300 Metern knicken wir scharf links ein und folgen dem Wiesenpfad und der Beschilderung „T Wanderweg grünes Band". Er bringt uns direkt zum **Kuxburgblick** 05. Der Pfad leitet uns weiter, stets geradeaus hinab. Bei einem Wegschild steigt er nochmal kurz an. Kurz darauf sehen wir zu unserer Rechten ein paar alte Gleise. Wir bleiben auf dem schmalen Waldweg, ignorieren alle Abzweige, bis wir nach einem weiteren, kurzen und sanften Anstieg an einem Wanderschild stehen: Es weist uns mit Weg Nr. 9 und 10 geradeaus Richtung Teufelsmauer Kammweg. Vorbei am Fuchsbau und einem Sandsteinfelsen erwarten uns an der folgenden Kreuzung schon ein paar Stufen aufwärts: der **Anstieg zur Teufelsmauer** 06. Nach dem ersten Anstieg halten wir uns

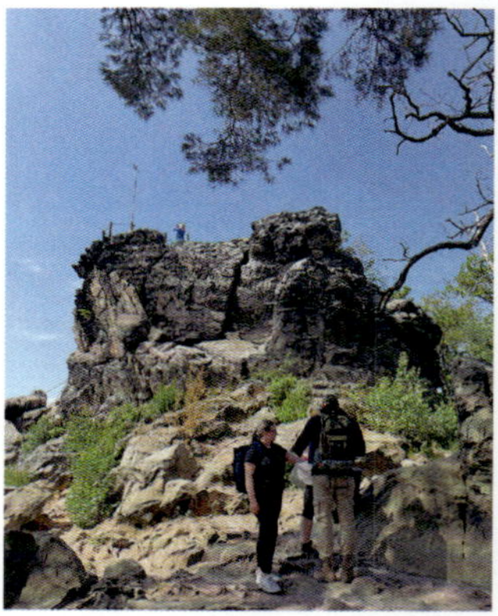

Der Großvaterfelsen

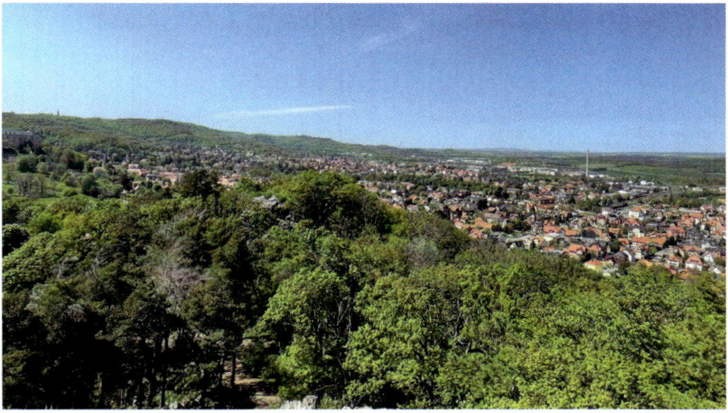

Blick vom Großvaterfelsen

rechts, dann schwenken wir leicht links an der Heidelbergwarte vorbei. Wir steigen weiter auf und klettern nun abwechslungsreich und gesichert über die Felsen des Kammweges. Nach über einer halben Stunde Kraxelei erreichen wir den **Großvaterfelsen** 07. Auch er wird natürlich nochmal bestiegen, dann schlendern wir auf dem Anfangsweg zum **Parkplatz Heidelberg** 01 zurück.

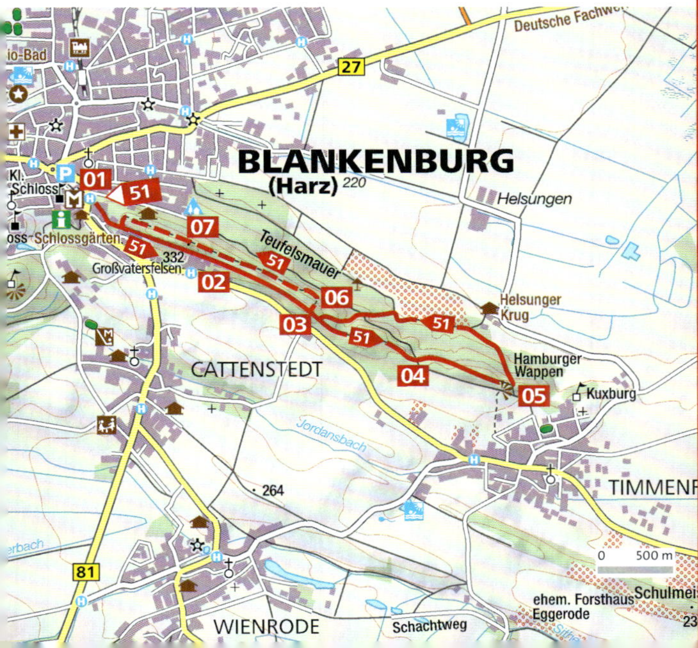

VON RÜBELAND NACH ALTENBRAK

Vom Höhlenort zur Wendefurth-Talsperre

15,2 km | 4:00 h | 270 hm | 390 hm

START | Wendefurth. Parkplatz in der Burgstraße.
[GPS: UTM Zone 32 x: 627405.664y: 5735338.702]
CHARAKTER | Teils schmale und wurzelige Pfade auf dem Harzer Hexenstieg. Ab dem Bodetaler Wirtshaus keine Einkehr mehr.

Rübeland liegt tief eingebettet im Tal der Bode und ist als Höhlenort bekannt geworden. Die Baumanns- und Hermannshöhle gehören zu den ältesten und bekanntesten Natur-Schauhöhlen Deutschlands. Die Hermannshöhle ist eine Flusshöhle, deren Besonderheit der Olmensee mit seinen noch lebenden Exemplaren des äußerst seltenen Grottenolms ist. Die Baumannshöhle dagegen besticht neben den beeindruckenden Stalaktiten und Stalagmiten mit ihrem „Goethesaal", einer unterirdischen Naturbühne; sogar Höhlenfestspiele gibt es hier.

Wir starten am Parkplatz in der Burgstraße in **Rübeland** **01**. Über die Hasselfelder Straße geht's zum Philosophenweg, auf dem wir rechts der Bode Richtung Krockstein laufen. Nördlich davon liegt das Kreuztal, das vom Kreuztalviadukt überspannt wird – es ist der höchste Viadukt im Harz. Hier überquert die Rübelandbahn das Kreuztal. Nach einer knappen halben Stunde führt der Weg in einer Rechtskurve am **Wasserkraftwerk** **02** vorüber. Hier an der Achsenschmiede gibt es ein Schaukraftwerk. Dann passieren wir das **Bodetaler Wirtshaus** **03** –

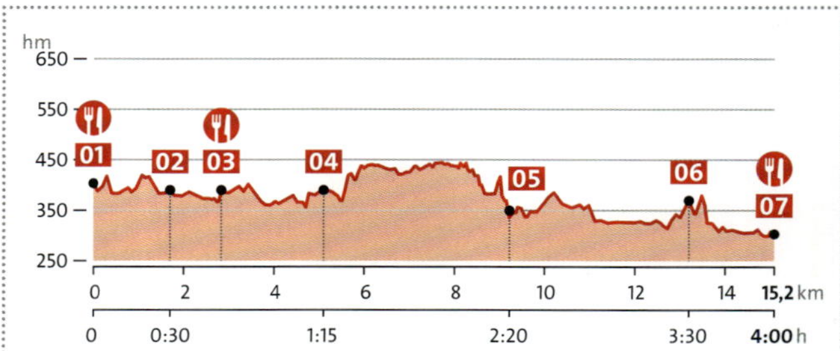

01 Rübeland, 416 m; **02** Wasserkraftwerk, 382 m; **03** Bodetaler Wirtshaus, 382 m; **04** Stausee, 362 m; **05** Staumauer, 365 m; **06** Forellenzucht, 327 m; **07** Altenbrak, 300 m

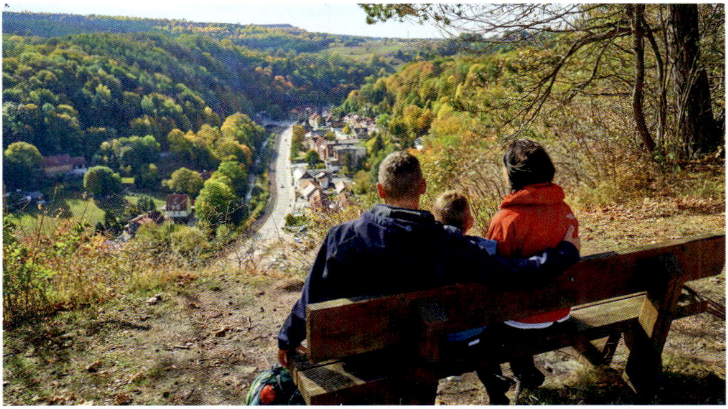

Blick auf Rübeland © Jan Reichel

auch Bodetaler Basecamp Lodge genannt (einmal über die Fußgängerbrücke). Danach queren wir die Bode und laufen in einer Linkskurve mit dem Güldenwinkel aus dem Ort hinaus. Ab jetzt leitet uns ein schmaler Pfad oberhalb der Bode. Nach einer knappen halben Stunde nähern wir uns dem **Stausee** 04 der Wendefurth-Talsperre. An den Hängen des Schieferbergs entlang geht's dann weiter; hier wurde Mitte des 17. Jh. Schiefer gewonnen. Nach einem Stück am Stausee entlang gabelt sich der Weg: Wir nehmen den rechten, steil ansteigenden Waldweg. An einer großen Lichtung halten wir uns rechts. Mit den Hochspannungsleitungen wandern wir zur Talsperre hinunter: Sie bildet den Nachstau der Rappoldetalsperre. Ein paar Minuten nach der Rechtskehre stehen wir an der **Staumauer** 05 der Wendefurth-Talsperre. Kurz darauf queren wir die B81. Wir folgen dem asphaltierten Weg hinab – er mündet nach ein paar Minuten in einen

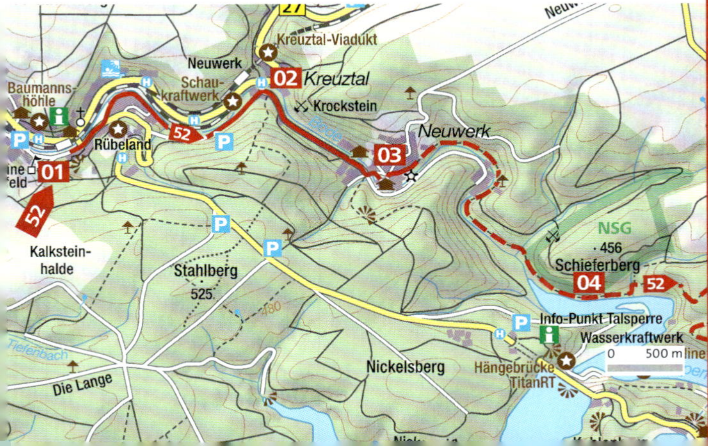

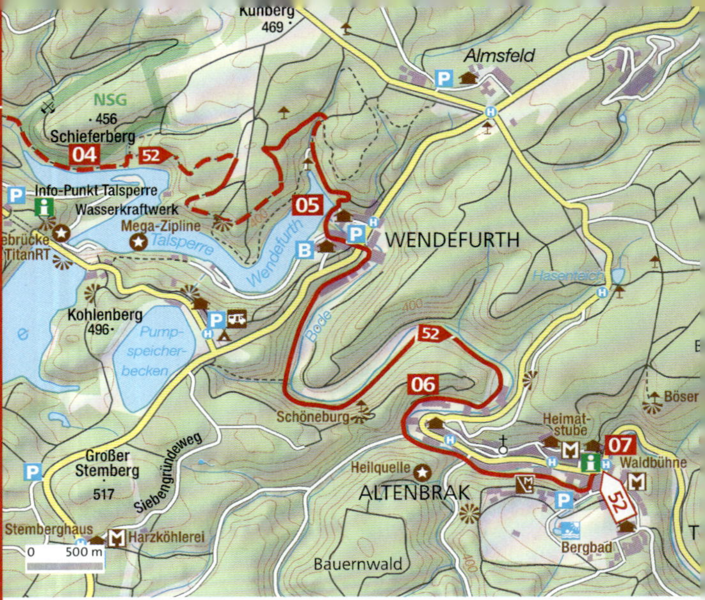

Waldweg. Wir folgen der Bode an ihrem rechten Ufer entlang und passieren nach einer knappen Stunde eine **Forellenzucht** 06 und Fischräucherei. Von hier aus sind es nur noch knapp zwei Kilometer, an der historischen Kupfergrube Karl Kaiser sowie Sport- und Spielplätzen von Altenbrak vorbei. Übers „Rolandseck“ erreichen wir das Zentrum von **Altenbrak** 07. Von der Bushaltestelle „Brauner Hirsch“ fährt der Bus 263 zurück nach Rübeland.

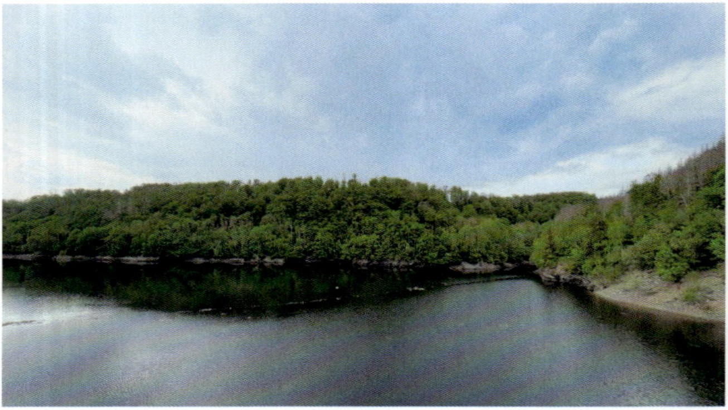

Talsperre Wendefurth

VON TRESEBURG NACH THALE

Highlight des Harzer Hexenstieges

9,2 km | 2:30 h | 160 hm | 250 hm

START | Treseburg. Parkplatz beim Kreisverkehr.
[GPS: UTM Zone 32 x: 636410.429 y: 5731320.398]
CHARAKTER | Fast durchgehend schmale Pfade, die auf Grund von vielen Steinen und teils auch Wurzeln Trittsicherheit erfordern.

Die heutige kurze Wanderung bringt uns auf wunderschönen Wegen am Wasser entlang nach Thale. Das canyonartige Tal zwischen Treseburg und Thale wurde 1937 zum Naturschutzgebiet erklärt. Es ist zum Lebensraum vieler seltener Tier- und Pflanzenarten avanciert. Infotafeln eines Naturlehrpfades begleiten den Weg.

▶ Vom Parkplatz in **Treseburg** 01 folgen wir zuerst der Straße nach rechts, am Kreisel vorbei. Schon hundert Meter später weisen uns ein paar Wegschilder nach links: Es geht ins Naturschutzgebiet Bodetal. Es ist das tiefste Felsental nördlich der Alpen. An der Bode entlang steigt der Weg kaum merklich an. Nach einer viertel Stunde erreichen wir eine **Klippe** 02; sie ist zugleich Anschauungsobjekt der nahe befindlichen Infotafel über Schieferfels. An einer Rastbank vorbei klären die folgenden Infotafeln entlang des Harzer Hexenstieges über verschiedene Gesteinsarten auf, von denen wir einige auch gleich am Wegesrand begutachten können, wie Diabas, Kalksilikathornfels oder Wissenbacher Schiefer. Schließlich kreuzen wir nach einer halben

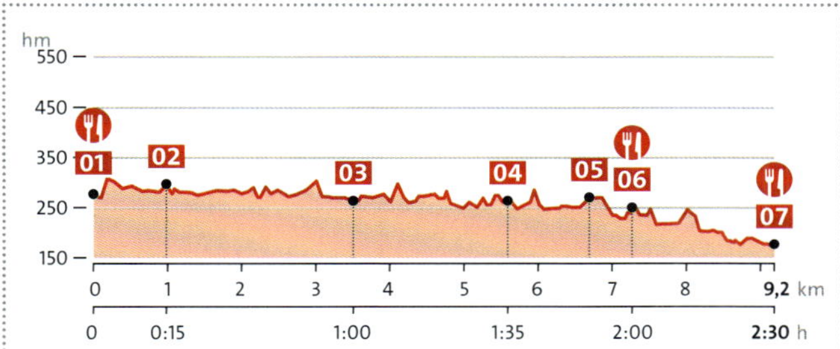

01 Treseburg, 279 m; 02 Klippe, 287 m; 03 Kästenbach, 264 m; 04 Langer Hals, 266 m; 05 Teufelsbrücke, 270 m; 06 Königsruhe, 227 m; 07 Thale, 178 m

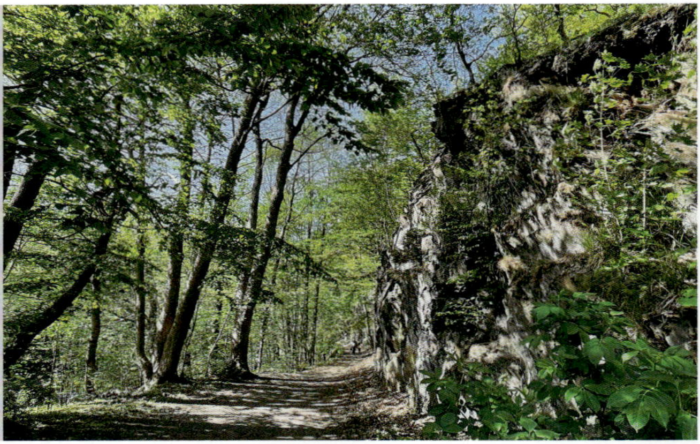

Wir beginnen mit angenehmen Wegen

Stunde den **Kästenbach** 03. Dann macht das Tal eine Schleife nach Süden, der Weg wird unruhiger und steiniger. Erst durch kleinen, dann großen Taschengrund erreichen wir schließlich den **Langen Hals** 04. Die Felsflanken am Flussufer ragen immer höher auf. Über den Bodekessel erreichen wir die **Teufelsbrücke** 05. Schmale Steige und Bohlenstege schmiegen sich durch die Klamm. Am **Gasthaus Königsruhe** 06 bietet sich eine schöne Gelegenheit für eine Pause. Am Jungfernsteg vorbei und bald an den Siebenbrüderfelsen entlang senkt sich der Weg allmählich hinab und bringt uns aus der Klamm hinaus. Schließlich verlassen wir die Bode, unter der Seilbahn zum Hexentanzplatz hindurch und gleich am Ende der

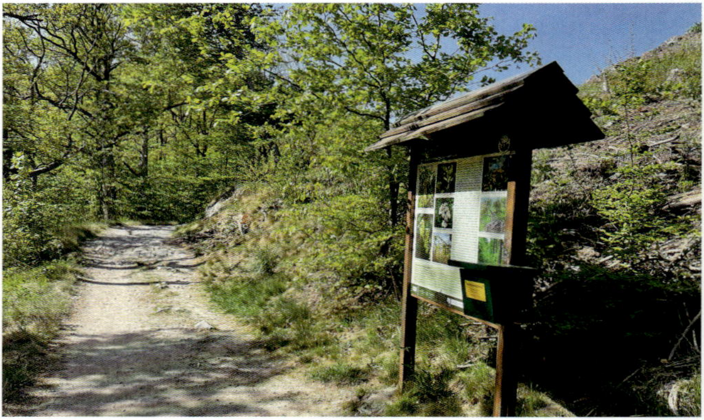

Lehrpfad durchs Bodetal

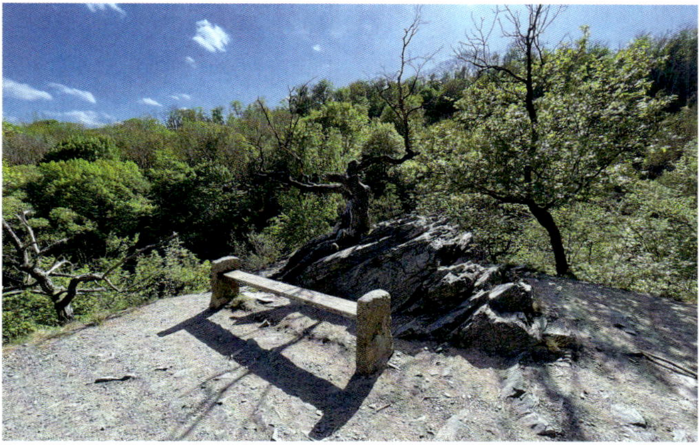

Sonniges Klippenplätzchen

Talstation der Kabinenbahn nach rechts. Die Hubertusstraße führt uns zum Friedenspark, den wir nach links durchqueren. Wir sind in **Thale** 07 angekommen. Von hier aus fährt der Bus der Linie 257 Richtung Blankenburg. Haltestelle Treseburg Rübezahl.

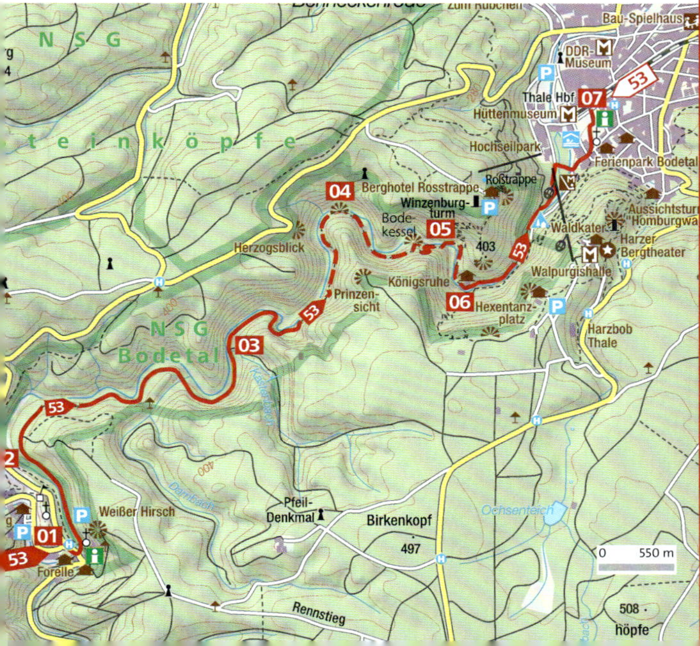

VON NEINSTEDT ZUM KLOSTER WENDHUSEN

Über den markantesten Abschnitt der Teufelsmauer

8,1 km | 2:10 h | 50 hm | 50 hm

START | Gebührenpflichtiger Parkplatz am Teufelsmauerstieg. Kurz nach Neinstedt über die L92 links.
[GPS: UTM Zone 32 x: 644301.717 y: 5736058.711]
CHARAKTER | Einfache Wanderung, aber an sonnigen Tagen kein Schatten.

Unsere Runde führt auf einem Teilabschnitt des rund 30 Kilometer langen Teufelsmauerstiegs vorbei an dem wahrscheinlich markantesten Teil der bizarren Sandsteinerhebung zwischen Weddersleben und Warnstedt. Dort reihen sich auf einer Länge von zwei Kilometern der Königstein, die Mittelsteine und die Papensteine aneinander. Im Anschluss besuchen wir das Kloster Wendhusen. Bleibt nur, auf dem Rückweg die Füße in die kühle Bode zu stecken – dann ist unser Tag perfekt.

Vom **Parkplatz am Teufelsmauerstieg** 01 laufen wir über den Schotterweg an der Bode entlang bis zur Gabelung. Hier geht's rechts hinauf, über einige Sandtreppen auf den erhabenen **Königstein** 02. An der Seilabsperrung entlang wandern wir mit tollen Ausblicken an den ersten Gesteinsformationen entlang. Wir steigen ab, um dann allmählich

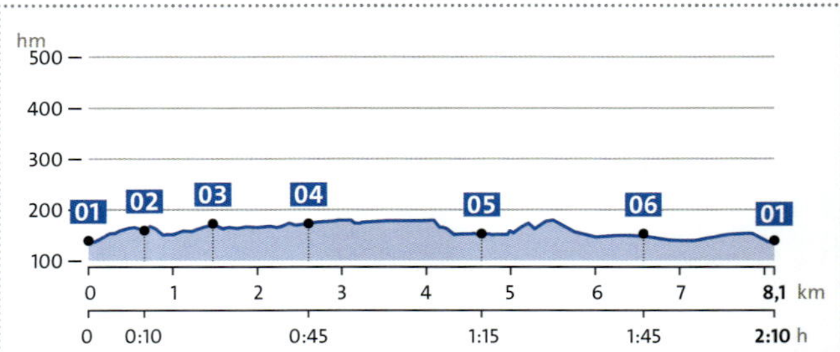

01 Parkplatz Teufelsmauerstieg, 139 m; 02 Königstein, 161 m; 03 Mittelsteine, 157 m; 04 Papensteine, 171 m; 05 Kloster Wendhusen, 150 m; 06 Bode, 143 m

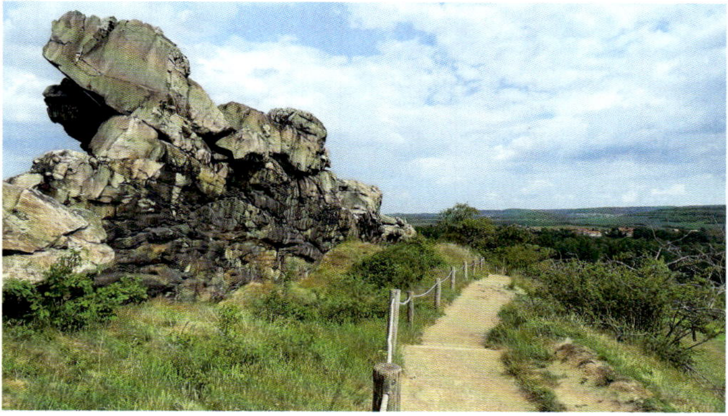

Auf schmalem Weg an der Teufelsmauer entlang

wieder anzusteigen, denn die **Mittelsteine** **03** erwarten uns schon. Da der direkte Weg über die Mittelsteine gesperrt war, wandern wir ein wenig entfernt an ihnen vorbei. Zu guter Letzt passieren wir die **Papensteine** **04**, an denen wir wieder direkt entlanglaufen können. An der Kreuzung geht's dann auf breiterem Weg Richtung Thale. Bald fällt der Weg immer mehr ab und bringt uns an den Ortsrand. An der Kantorstraße halten wir uns rechts, halten uns dann aber am Schänkeplatz links. Wir stehen an den Mauern von **Kloster Wendhusen** **05**. Hier lohnt sich ein Blick ins Klostermuseum. Über die Wendhusen- und die Mühlenstraße laufen wir in einem Bogen wieder zurück an den Ortsrand und wenden uns nach Osten. Bald empfängt uns wieder ein Schotterweg, der nun stetig am Fluss entlangführt. Nach ca. zwanzig Minuten erreichen wir einen schönen Zugang zur **Bode** **06**, wo wir uns am klaren Wasser abkühlen können. Dann schlendern wir in einer viertel Stunde zurück zum **Parkplatz Teufelsmauerstieg** **01**.

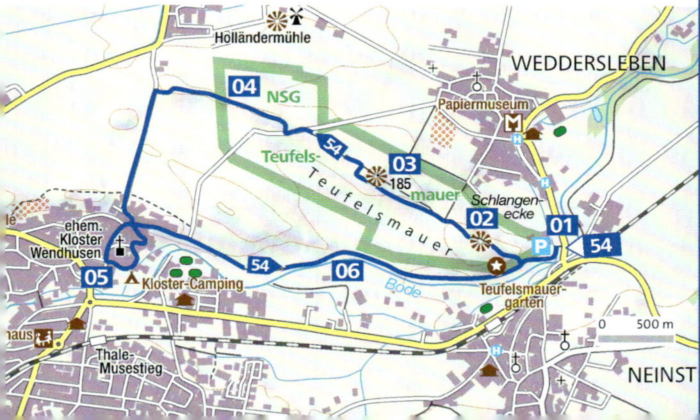

ZUR RUINE STECKLENBURG

Ruinenwanderung im östlichen Harz

9,8 km 2:50 h 205 hm 205 hm

START | Stecklenberger Wurmtal. Von der Stecklenberger Hauptstraße die Straße „Stecklenberger Wurmtal" ganz hinuterfahren. Noch am Naturfreundehaus vorbei, ein paar Meter danach gibt es links einen kleinen Parkplatz im Wald. [GPS: UTM Zone 32 x: 643628.905 y: 5733044.168]
CHARAKTER | Eher kürzere Runde. Dennoch mittelschwer, da wir viele steile, steinige Pfade zu bewältigen haben. Gutes Schuhwerk ist ganz wichtig!

Auf dieser Runde locken uns nicht nur die Ruinenreste der mittelalterlichen Ruine Stecklenburg. Auf dem Weg durch den herrlichen Wald besuchen wir zuvor den Burgberg der Lauenburg mitsamt ihren Überresten. Bei einem Abstecher über die Calciumquelle kann, wer mag, von dem stark salzhaltigen und mineralhaltigem Wasser kosten. Offiziell ist es aber nicht zum Trinken geeignet. Ein Zuckerl am Ende der Tour führt uns in einem etwas größeren Bogen ins Naturschutzgebiet Münchenberg.

Los geht's im **Stecklenberger Wurmtal** 01 hinter dem Naturfreundehaus. Wir laufen den Schotterweg in den Wald hinauf und halten uns an der Gabel links Richtung Lauenburg. Ein Waldpfad führt uns am Wurmbach

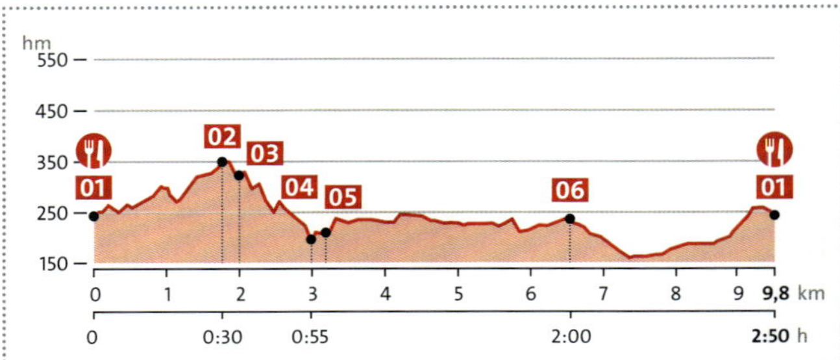

01 Stecklenberger Wurmtal, 229 m; 02 Lauenburg Vorburg, 344 m; 03 Lauenburg, 341 m; 04 Calciumquelle, 249 m; 05 Stecklenburg, 237 m; 06 Naturschutzgebiet Münchenberg, 216 m

entlang; nach 15-minütigem Aufstieg erreichen wir eine Brücke. In einem Linksschwenk wird sie überquert, an den Wurmbachkaskaden vorüber. Der schöne Waldweg steigt weiter an, nach ein paar hundert Metern ignorieren wir die Pfadabzweige und schwenken kurz darauf mit einem breiten Weg nach links. Gut einhundert Meter später führen uns ein paar Treppen linker Hand hoch zur **Lauenburg Vorburg** 02. Der Blick von oben ist toll! Weiter geht's, wieder auf der Hauptroute, geradeaus; nur kurz darauf zweigt rechts ein Pfad zur Hauptburg der **Lauenburg** 03 ab. Nachdem wir die Burganlage besichtigt haben, wandern wir nun weiter auf unserer Route geradeaus. Der Pfad bringt uns steil abwärts; an der Gabelung halten wir uns rechts Richtung Calciumquelle. Es geht abwärts durch einen Hohlweg, dann scharf links und wenig später sehen wir schon von oben die gefasste **Calciumquelle** 04. Wir steigen steil hinab, um sie aus der Nähe zu betrachten. Zurück auf der Route folgen wir nun weiter den Wegschildern aufwärts. Ein paar Minuten später haben wir die **Stecklenburg** 05 erreicht. Die ehrwürdigen alten Mauern sind teils recht zugewachsen, aber ein schöner Rastplatz lädt zum Sitzen ein. Wir laufen an Mauern und Rastplatz vorbei auf die gegenüberliegende Seite und folgen einem Geländer abwärts. An der Bank halten wir uns rechts. Weiter geht's hinab, nach den letzten Treppen am Geländer wenden wir uns nach rechts. An der Straße biegen wir dann nochmals rechts ab. Keine hundert Meter später geht's wieder rechts in den Wald. Gute zwanzig Minuten führt uns der Weg nun stetig geradeaus durch den Wald. Schließlich erreichen wir den Ortsrand von Bad Suderode. Wir laufe links die Nordhäuser Heerstraße hinab, überqueren die Stecklenberger Straße und wenden uns an der Gartenstraße nach links. Ihr folgen wir nun stetig geradeaus, bis wir an der ersten Kreuzung im Wald rechts abbiegen. Es geht abwärts, geradeaus über einen Wiesenweg. An der Feldhecke kurz rechts, dann

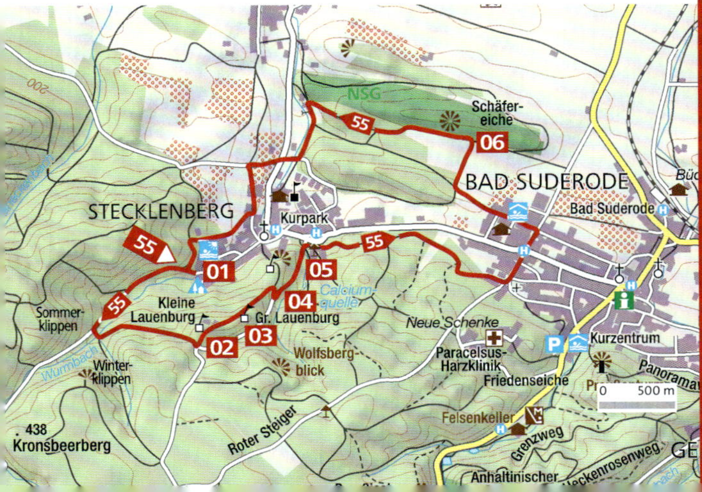

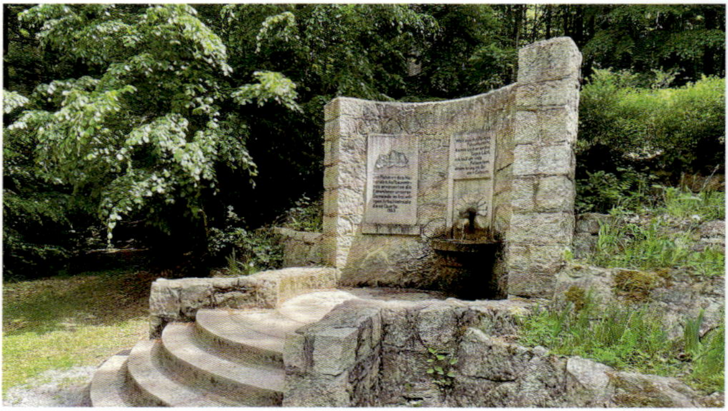

Die Calciumquelle

knicken wir scharf links und erreichen einen Rastplatz mit der ehrwürdigen Schäfereiche. Wir befinden uns mitten im **Naturschutzgebiet Münchenberg** 06. Dieser Wiesenpfad wird uns nun zurückbringen. Nach ca. einem Kilometer stoßen wir auf einen Schotterweg. Wir folgen ihm nach links, ein paar Minuten am Wurmbach entlang und dann rechts über den Bach geschwenkt. Die Neinstedter Chaussee überqueren wir schräg nach links und laufen dann den Schotterweg hinauf. An der nächsten Kreuzung schicken uns der grüne und gelbe Punkt nach lins Richtung Stecklenburg. Am darauf folgenden Rastplatz halten wir uns rechts auf den Stecklenberger Küchenberg. Wir wandern an Feldern und Häusern entlang aufwärts. Schließlich passieren wir eine Schranke und betreten wieder den Wald. Wir biegen links ein und laufen hinab bis zum Schotterweg. Scharf nach links gerichtet, bringt er uns zurück zum Parkplatz im **Stecklenberger Wurmtal** 01.

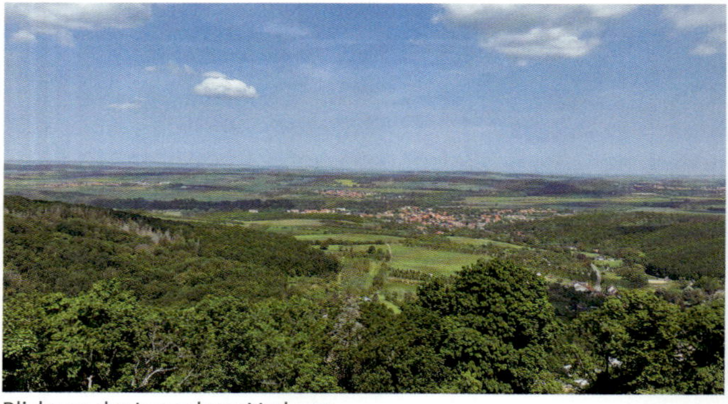

Blick von der Lauenburg Vorburg

VON GERNRODE ZUM SCHLOSS BALLENSTEDT

Schlossblicke und Teichlandschaften

16,2 km | 4:25 h | 240 hm | 240 hm

START | Parkplatz am Osterteich. In Gernrode durch die Osterallee bis zu deren Ende.
[GPS: UTMZone 32 x: 649201.844 y: 5732570.305]
CHARAKTER | Lange, abwechslungsreiche Runde. Vornehmlich breite Wanderwege. Abstieg zum Kleinen Siebersteinsteich steil!

Highlight der heutigen Tour ist das dreiflüglig angelegte Barockschloss aus dem 18. Jahrhundert. Es wurde auf den Resten eines mittelalterlichen Klosters errichtet. Das Ballenstedter Schloss war bis 1918 Sommerresidenz und danach noch bis 1945 Wohnsitz der Herzöge von Anhalt-Dessau. Direkt neben dem Schloss befindet sich das Hoftheater. Es wurde 1788 erbaut und ist noch originalgetreu erhalten. Zudem ist es das älteste Theater in Sachsen-Anhalt.

Wir beginnen die lange Wanderung am Ortsrand von Gernrode, genauer am Parkplatz **Osterteich** 01. Zunächst wandern wir geradeaus in den Wald hinein auf den Fürstenweg mit dem blauen Punkt Richtung Ballenstedt. Erst gepflastert, dann geht's weiter über einen Schotter- und Waldweg. Zwanzig Minuten später laufen wir an herrlichen Wiesen entlang, vorbei an einer **Schutzhütte** 02. Eine Zeit später überqueren wir einen Teerweg und folgen

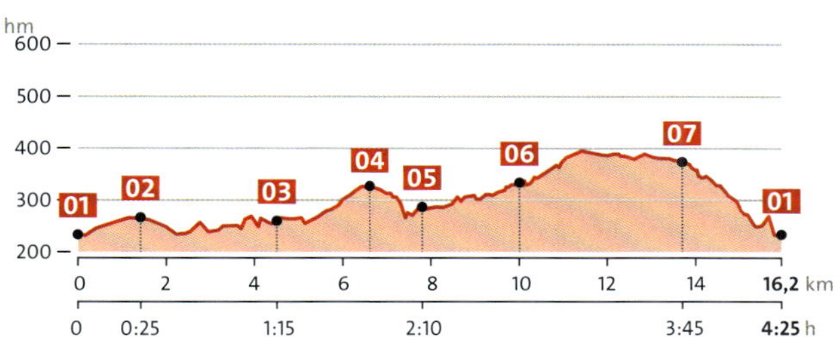

01 Osterteich, 244 m; 02 Schutzhütte, 274 m; 03 Schlosspark Ballenstedt, 264 m; 04 Buttlars Grab, 315 m; 05 Kleiner Siebersteinsteich, 303 m; 06 Großer Siebersteinsteich, 347 m; 07 Riederische Drift, 373 m

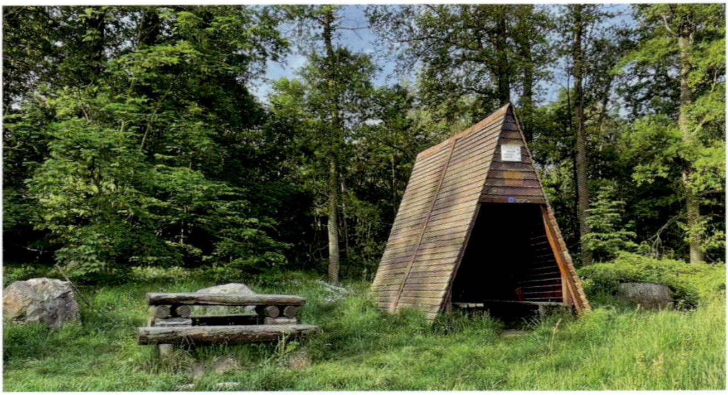

Schutzhütte an der Heidbergwiese

weiter auf dem Hauptweg. Dann kreuzen wir die B185. Wenig später stehen wir am Tor der Schlossanlagen. Anfangs noch geradeaus durch den **Schlosspark Ballenstedt** 03, dann halten wir uns links zum Brunnen und zur Schlosskirche St. Pancratius und Abundus. Am Drachenbrunnen geht's rechts vorbei, dann hinauf und auf dem Weglein geradewegs wieder durch ein Tor hindurch. Nach dem Tor wenden wir uns nach rechts, hinauf zum Schloss. Direkt vor dem Schloss wenden wir uns nach links, folgen dem Weg um die Linkskehre hinab und knicken dann unten scharf rechts ein, an der Miniaturanlage von Schloss Ballenstedt vorbei. Wir passieren ein weiteres Mal ein Tor und laufen bald am Schloss- und Glockenteich vorbei. An der Gabelung nach dem Teich halten wir uns rechts Richtung Buttlars Grab. An der Schranke vorbei und nach ca. 100 Metern bei der Bank rechts hinauf. Fünf Minuten später haben wir das Denkmal **Buttlars Grab** 04 erreicht. Wir folgen dem Weg weiter geradeaus, bis wir auf einen Schotterweg stoßen. Er bringt uns nach rechts an einem Kiosk vorbei und leicht nach links versetzt über die Straße hinüber. Der Weg ist auf den ersten Blick unbeschildert, nur wer genau hinsieht, erkennt noch die verwitterten Zeichen am Baum. Ein Pfad führt uns nun bald durch herrlichen Eichenhochwald. An der Hubertushöhe erwartet uns ein Infoschild über das FFH-Gebiet Burgesrot und die Wälder bei Ballenstedt. Und eine Rastbank. Dann wandern wir über einen Zickzackpfad hinab, und schließlich über ein paar Stufen bis zu einem Schotterweg. Wir sind am **Kleinen Siebersteinsteich** 05. Wir folgen dem Schotterweg geradeaus mit dem orangen Punkt am Teich entlang. Der Weg leitet uns in ein romantisches Bachtal. Nach zwanzig Minuten stehen wir dann am **Großen Siebersteinsteich** 06. An der Gabel danach halten wir uns rechts auf dem grünen Quadrat: der Bärenweg Richtung Sternhaus. Wir folgen dem schönen Waldweg bis an eine Gabelung. Hier schwenken wir nach rechts. Der Schotterweg bringt uns aus dem Wald heraus, bei der nächsten Gabel nach wenigen Minuten halten wir uns nochmals rechts auf die **„Riedersche Drift“** **07**. Wir folgen dem breiten Forstweg ein paar Hundert Meter, dann schickt uns die Route an ein paar überdachten Bänken nach links Richtung Gernrode. Nach ca. 500 Metern zweigt rechts ein unmarkierter und unscheinbarer Waldweg ab. Er bringt uns hinab in den Ostergrund, erst am Waldrand entlang und dann mit dem Bach ins kühle Tal hinab. Allmählich lichtet sich der Wald, da sehen wir auch schon einen Teich vor uns. Jetzt sind es nur noch ein paar Minuten geradeaus zurück zum Parkplatz **Osterteich** **01**.

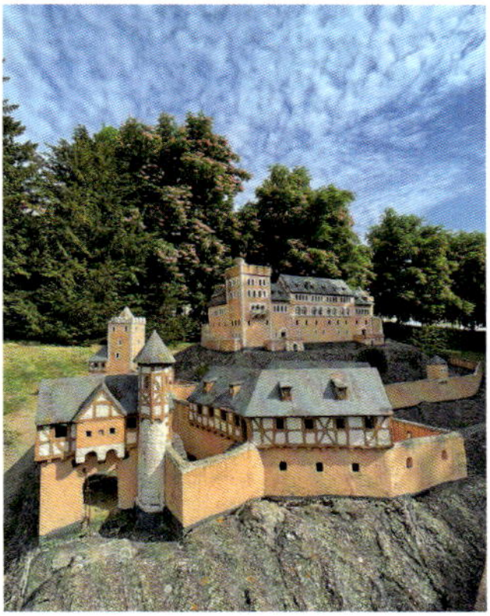

Das Miniaturschloss Ballenstedt

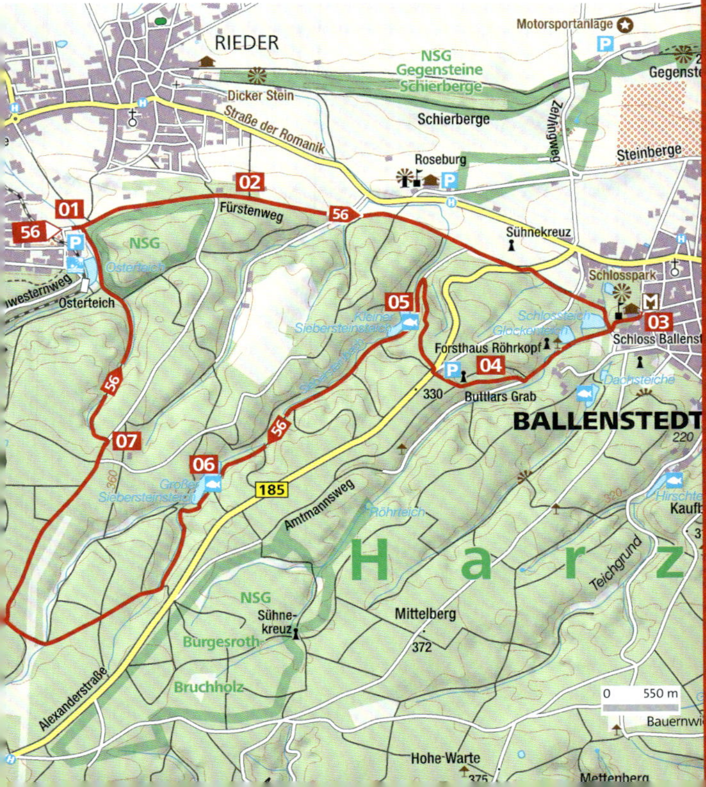

ZU DEN GEGENSTEINEN

Sagenhafte Naturwanderung bei Ballenstedt

8,2 km 2:10 h 75 hm 75 hm

START | Kostenfreier Parkplatz an der L242 unterhalb der Roseburg. [GPS: UTM 32 x: 651441.041 y: 5732917.919]
CHARAKTER | Einfache Wanderung auf Pfaden und auch breiteren Wegen. Trittsicherheit im Bereich der Gegensteine.

Der Kleine und der Große Gegenstein bilden die östlichsten Ausläufer der Teufelsmauer, einer außergewöhnlichen geologischen Sandsteinformation. Im Volksmund wird der niedrigere der beiden Felsen wegen seines deutlichen Echos auch der „Laute" genannt. Der Sage nach soll in seinem Inneren der Teufel hausen. Er bewirft jeden mit Steinen, der zu häufig das Wort an den Felsen richtet. Also nicht zu viel gerufen! Die Felsen werden auch im Märchen „Die Gegensteine" von Friedrich Gottschalck erwähnt.

▶ Wir starten am **Parkplatz Roseburg** 01 und laufen zunächst an der Landesstraße entlang Richtung Westen. Doch schon nach ein paar Minuten halten wir uns schräg rechts, am Bicklingsbach entlang. Der Pfad bringt uns rasch auf einen breiteren Wiesenweg und dann bis zu einem geschotterten Weg. Hier biegen wir scharf rechts ein ins **NSG Schierberge** 02. Leicht aufwärts wandern wir an den herrlichen Wiesen des Naturschutzgebietes entlang. Zwischendurch passieren wir einen markanten Felsbrocken, und schließlich senkt sich der Weg wieder und wir treffen auf die Straße **Am Zehling** 03. Wir queren sie schräg nach links, am Parkplatz

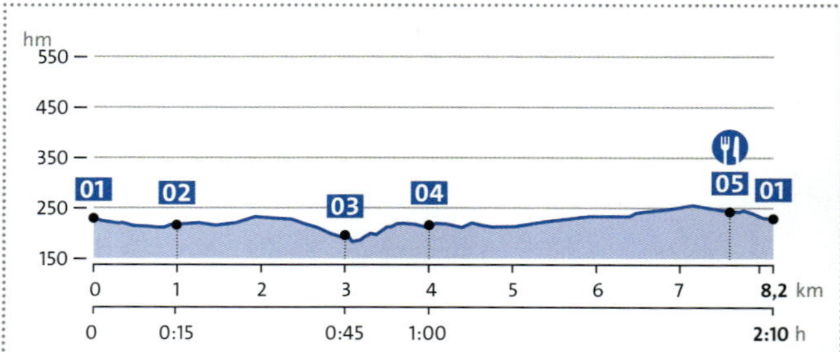

01 Parkplatz Roseburg, 229 m; 02 NSG Schierberge, 212 m; 03 Am Zehling, 205 m; 04 Gegensteine, 225 m; 05 Roseburg, 240 m

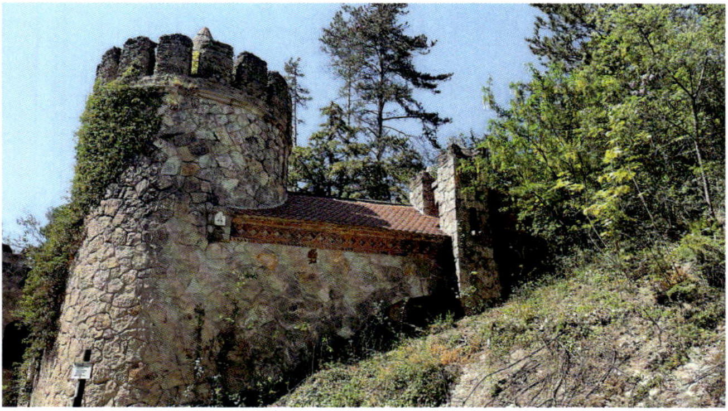

An der Roseburg

vorbei und bis zu einem weiteren, kleineren Parkplatz. Hier erwarten uns schon Infoschilder über die Felsformation. Wir halten uns rechts auf einen schmalen Pfad bergan zu den **Gegensteinen** 04. Auf sandigem Pfad geht's erst am Kleinen, dann gute fünf Minuten später am Großen Gegenstein vorbei. Den Großen Gegenstein können wir über eine Treppe besteigen. Von oben bietet sich eine tolle Sicht! Die Route bringt uns langsam über schmale Steige wieder abwärts bis an einen breiten Schotterweg mit Infotafel. Hier biegen wir rechts ein und wandern eine viertel Stunde hinab. An der T-Kreuzung geht's rechts unterhalb des Naturschutzgebietes stetig geradeaus zur **Roseburg** 05. Hier wartet ein Café mit Kuchen und Tee auf uns. Von der Roseburg laufen wir dann noch fünf Minuten zurück zum **Parkplatz Roseburg** 01.

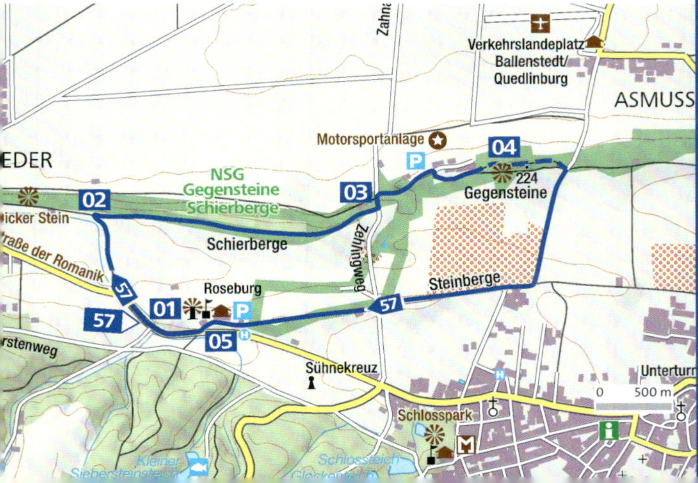

BURG FALKENSTEIN IM SELKETAL

Informative Runde auf schönen Waldwegen zur Burg Falkenstein

11,4 km | 3:15 h | 200 hm | 200 hm

START | Gasthaus Falken. Auf der L230 kurz nach Meisdorf rechts auf „Selketal“ einbiegen.
[GPS: UTM 32 x: 657290.272 y: 5728830.261]
CHARAKTER | Einfache Wanderung auf meist breiten Wegen. Gut markiert. Abstieg von Burg Falkenstein ist steil.

Burg Falkenstein ist die einzige erhalten gebliebene Burg im Harz. Bekannt wurde sie durch Eike von Repgow – er übertrug hier den Sachsenspiegel ins Deutsche. Der „Sachsenspiegel“ entstand zwischen 1220 und 1235 und war das bedeutendste deutschsprachige Rechtsbuch des Mittelalters. Das Burgmuseum zeigt eine Dauerausstellung zu Eike von Repgow und den Asseburgen. Oberhalb und unterhalb der Burg befinden sich die beiden noch in Form von Wällen erkennbaren Vorburgen. Auf Burg Falkenstein gibt es viel zu entdecken, hierfür sollten wir ein wenig Zeit einplanen.

▶ Für unsere angenehme Runde starten wir am Parkplatz des **Gasthaus Falken** 01 im Selketal. Zunächst folgen wir dem asphaltierten Weg Richtung Selkemühle. Erstmal über die Adelheidbrücke, dann an der Thalmühle mit den Ferienwohnungen vorbei und auf Schotter bald über

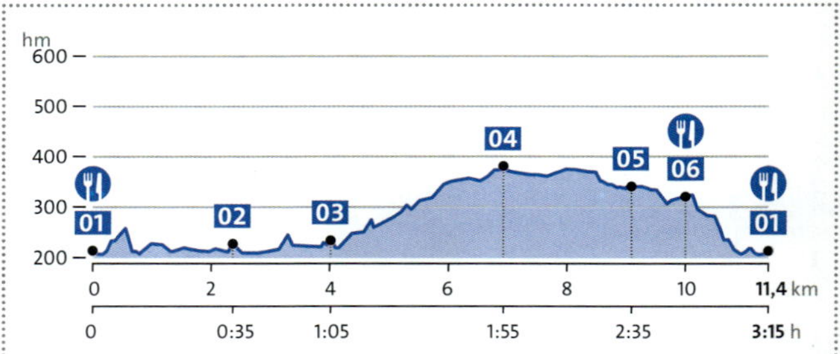

01 Gasthaus Falken, 225 m; 02 Akkeburgbrücke, 224 m; 03 Schutzhütte am Mettenberg, 227 m; 04 Friederikenstraße, 378 m; 05 Weiher mit Infotafeln, 333 m; 06 Burg Falkenstein, 307 m

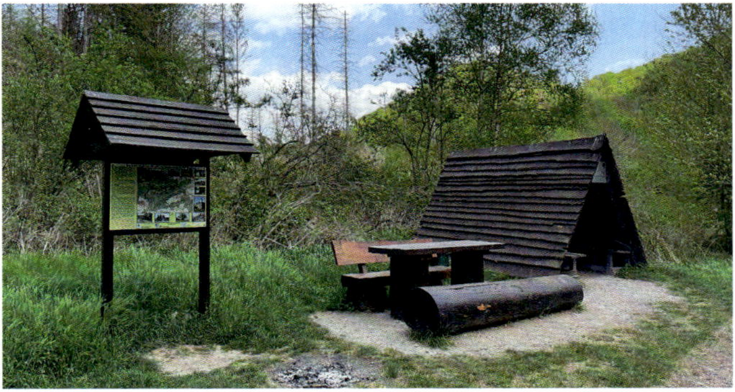
Schutzhütte am Mettenberg

die Thalmühlenbrücke. Zwanzig Minuten später queren wir am Rastplatz noch einmal die Selke über die **Akkeburgbrücke** **02**. Gute zwanzig Minuten später gelangen wir an die **Schutzhütte am Mettenberg** **03**. Wir wenden uns nach links, überqueren die Brücke Richtung Köhlerhütte und Burg Falkenstein und wandern über einen Wiesenpfad weiter. Am darauf folgenden Waldweg halten

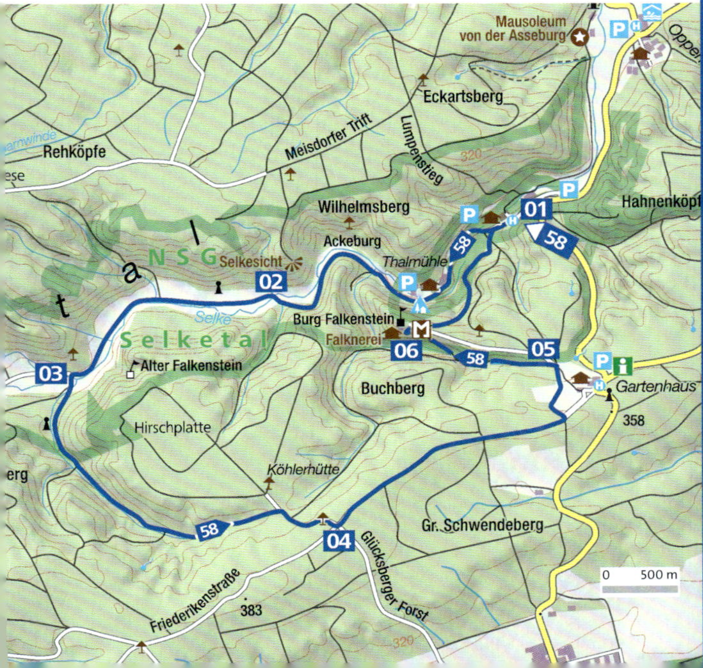

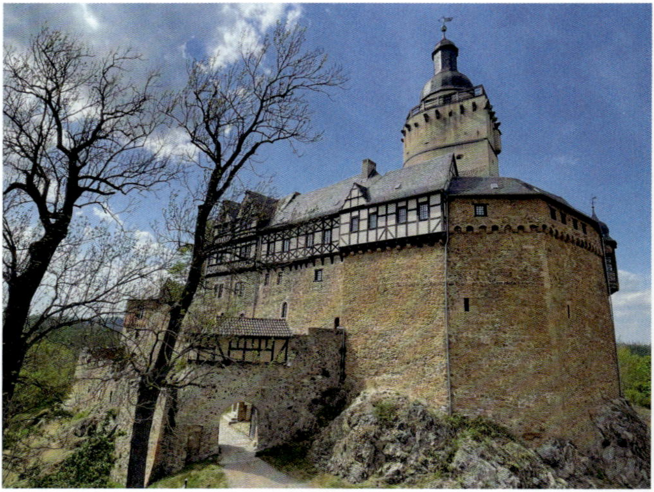
Erhaben steht die Burg Falkenstein da

wir uns geradeaus. Er bringt uns eine halbe Stunde bergan. An der T-Kreuzung biegen wir dann rechts ein, nochmals hinauf. Der Aufstieg ist trotz bequemer Straße anstrengend, besonders im Sommer, da es hier kaum Schatten gibt. An der großen Kreuzung biegen wir links ein und folgen nun der **Friederikenstraße** 04 auf breitem Weg. Nach nicht ganz einer halben Stunde weist uns ein Wegschild zur Burg auf breitem Schotter nach links. Halb gepflastert, halb geschottert geht's weiter. An der Gabel ca. 250 Meter hinter dem Infoschild über die Vorburg biegen wir nach links hinab ab. Nach der Falkensteinhütte und den **Weihern mit Infotafeln** 05 halten wir uns an der Gabel rechts. Nun auf direktem Weg zur **Burg Falkenstein** 06. Für das letzte Stück zurück wenden wir uns dem Eselsstieg zu: Er beginnt gleich nach den ersten Metern der Zufahrtsstraße hinab linker Hand. Ein paar Treppchen, dann ein Steig. Steil geht's hurtig hinab und über den Falkensteiner Weg in wenigen Schritten zurück zum **Gasthaus Falken** 01.

Info:

In der Burg Falkenstein gibt es die Gaststätte „Krummes Tor". Sie kann jedoch nur in Verbindung mit einem Eintritt zum Burgmuseum besucht werden. Die Gaststätte ist während der Öffnungszeiten des Museums nur mit gültiger Eintrittskarte erreichbar. Zudem bietet die Kulturstiftung Sachsen-Anhalt mit dem Falkenhof auf der Burg Flugshows an. Infos unter www.burg-falkenstein.de.

AUS DEM SELKETAL ZUM BISMARCKTURM

Unbekannte Wege zu zwei tollen Aussichtspunkten

14 km | 3:50 h | 270 hm | 270 hm

START | Gasthaus Falken. Auf der L230 kurz nach Meisdorf rechts auf „Selketal" einbiegen.
[GPS: UTM Zone 32 x: 657290.272 y: 5728830.261]
CHARAKTER | Gut markierte, meist breite Forst- und Waldwege. Aufstieg Lumpenstieg ist steil. Ebenso sehr steiler, schmaler Pfad zum Bismarckturm.

Heute besuchen wir fernab von den Hauptrouten im Selketal die Ackerburg und den Bismarckturm. Die Ackerburg mit der weitreichenden Selkesicht findet als „Sitz von Burgmannen des Grafen von Falkenstein" bereits Anfang des 13. Jh. Erwähnung. Das Geschlecht de Ackeborch ist jedenfalls für das 13. Jahrhundert belegt. Doch schon hundert Jahre später wurde die Höhenburg wieder aufgegeben. So sieht man heute nichts weiter als herrlich in die Weite.

Wir starten am **Gasthaus Falken** 01. Wir laufen über den Parkplatz am Gasthaus vorbei und über die Brücke. Ein paar Meter weiter weisen nach der Kegelbahn schon Wegschilder nach links, auf einen schmalen Pfad, dem Lumpenstieg, hinauf. Oben angekommen führt der Lumpen-

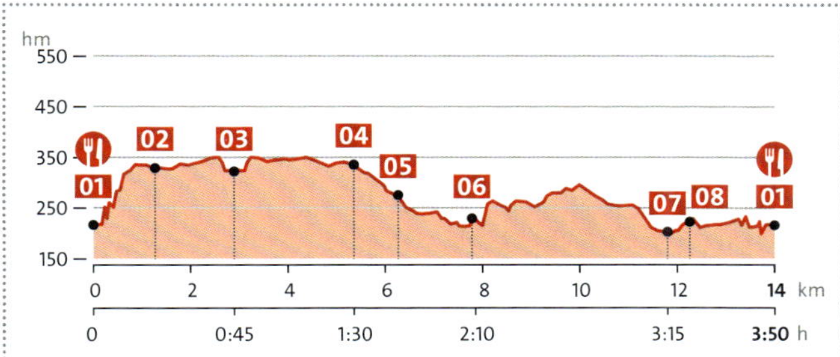

01 Gasthaus Falken, 219 m; 02 Schutzhütte Engel-Badeborn, 334 m; 03 Selkesicht, 313 m; 04 Harzklub Blockhütte, 333 m; 05 Am Kohlenschacht, 271 m; 06 Bismarckturm, 256 m; 07 Schlossanlage Meisdorf, 197 m; 08 Mausoleum, 194 m

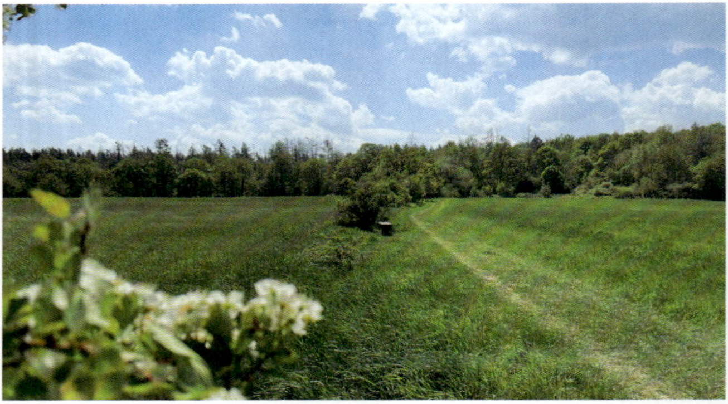

Über die Wiesen ins Selketal

stieg auf breiterem Weg weiter Richtung Meisdorfer Trift zu einer Kreuzung mit der **Schutzhütte Engel-Badeborn** 02. An der Schutzhütte biegen wir links ab und folgen dem gelben Punkt. An einer Gabelung mit einem Hüttchen geht's nach links Richtung Wallanlage Ackerburg. Der Weg führt ein paar hundert Meter hindurch erst durch Wald, dann über Wiesen und durch hohes Gras. Dann steigt er schmal und steil an. An der **Selkesicht** 03 bietet sich uns ein herrlicher Blick über das Selketal und auf die gegenüberliegende Burg Falkenstein. Wir kehren auf gleichem Weg zur Hütte am breiten Forstweg zurück (Anm. des Autors: Da wir versucht haben, nur ausgeschilderte Wege zu benutzen, müssen wir auf gleichem Weg zurück zur Hauptroute). Auf unserer Route folgen wir wieder dem gelben Punkt eine gute viertel Stunde geradeaus. An der großen Kreuzung biegen wir beim zweiten Weg, dem Gatterweg, rechts ab. Er führt Richtung Ballenstedt. In einer guten viertel Stund leitet er uns erst mit einer Links-gleich darauf einer Rechtskurve zur **Harzklub Blockhütte** 04. Daran vorbei, weiter geradeaus passieren wir die Kreuzung **Am Kohlenschacht** 05. Am Ortsrand schwenken wir nach rechts und bleiben dann geradeaus „Auf der Trift". Sie bringt uns an eine Kreuzung: Links ist der Ortsrand von Opperode, schräg rechts ein Wiesenhang mit einem Hüttchen. Hier führt ein schmaler Pfad steil bergauf. Er bringt uns direkt zum **Bismarckturm** 06. Wem es hier zu steil zugeht, der kann dem Sträßlein geradeaus folgen und dann nach links über einen Feld- und Wiesenweg den Stahlsberg besteigen. Nach einer kurzen Turmbesteigung wandern wir wieder hinab, am Waldrand rechts gehalten und bis zum Hauptweg. Wir folgen ihm nach links erst über Schotter, dann geradeaus auf einem Wiesenweg. Wieder im Wald kommen wir an eine Kreuzung „Kohlenschacht" mit Hütte und Rastmöglichkeiten. Wir queren den Waldweg leicht nach links auf dem Selketalsteig Richtung Meisdorf. Es geht durch den Wald hinab, an einer lichten Stelle vorbei und erreichen ein Wegschild:

Hier weist uns der blaue Punkt im 90°-Winkel nach links, durch den Wald weiter abwärts auf schlecht zu erkennendem Weg. Wir laufen den Petersberger Grund hinab. Nach 5 Minuten queren wir eine Lichtung, dann geht's auf einem Waldweg weiter. Beim Andachtsplatz bleiben wir noch geradeaus, kurz darauf laufen wir an den ersten Häusern von Meisdorf vorbei. Kurz über Schotter, dann auf Asphalt wandern wir hinab zur Hauptstraße. Uns gegenüber sehen wir schon die **Schlossanlage Meisdorf** **07**. Nach rechts gewandt laufen wir daran vorbei, am Ende des Wildgeheges und der Weiher halten wir uns rechts auf den Selketalsteig. Er bringt uns an einem **Mausoleum** **08** vorbei zurück zum **Gasthaus Falken** **01**. Das Gasthaus hat Do.-Fr. geöffnet.

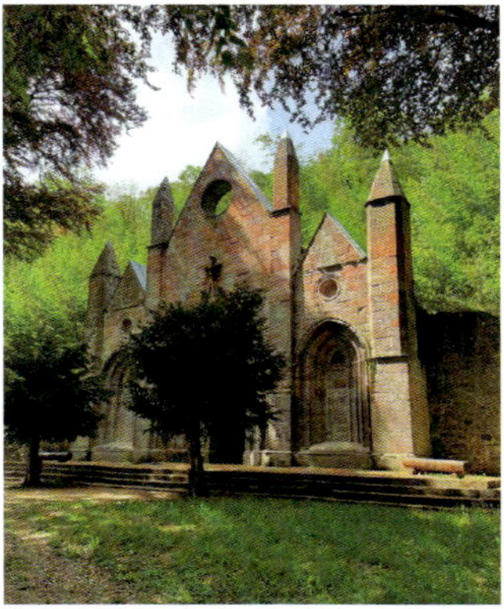

Mausoleum am Selketalsteig

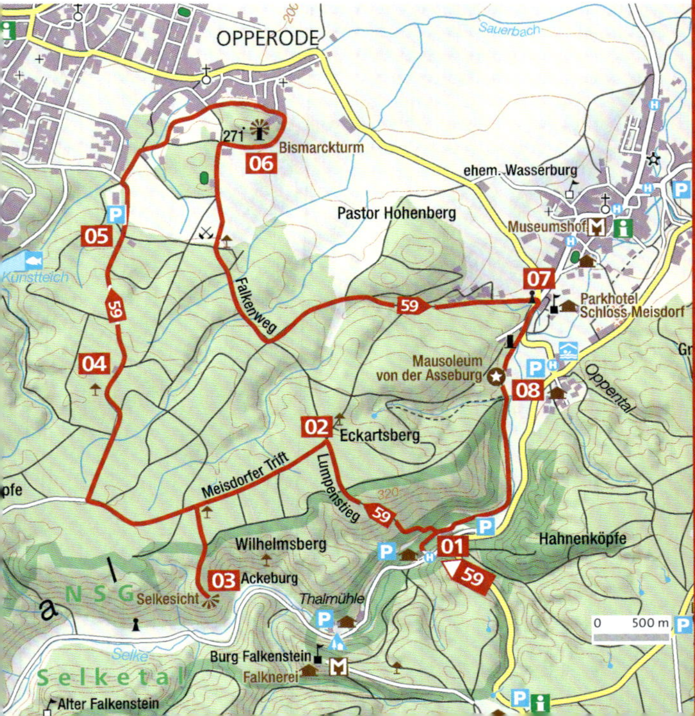

DURCHS SELKETAL ZUR RUINE ANHALT

Einsame Wege durch ein herrliches Bachtal

12,1 km 3:30 h 311 hm 311 hm

START | Parkplatz Selkemühle. Von Mägdesprung in die Untere Kreisstraße. Ins Tal hinein fahren bis zur Selkemühle. [GPS: UTM Zone 32 x: 651528.396 y: 5727083.929]
CHARAKTER | Einfache Wanderung auf breiten Wegen. Um die Ruine Anhalt etwas steiler.

Auf der heutigen Route genießen wir die Unverbautheit der Selke. Die Selke ist ein Nebenfluss der Bode und hat ihren Ursprung zwischen Stiege und Güntersberge. Durch ein herrliches, in allen erdenklichen Grüntönen strahlendes Flusstal wandern wir zur Ruine Anhalt. 600 ha umfasst heute das Naturschutzgebiet Selketal und 2271 ha das Naturschutzgebiet Oberes Selketal. Aber auch der Anfangsweg ist nicht zu verachten: Hier leiten uns wenig begange Wege durch das einsame „Lange Tal". Von der Ruine Anhalt ist nicht mehr sehr viel übrig, außer ein paar Mauerresten. Dennoch lohnt es sich, dort hochzusteigen, denn schließlich ist ja auch der Weg das Ziel.

▶ Vom Parkplatz **Selkemühle** 01 laufen wir ein kurzes Stück die Talzufahrtsstraße wieder zurück und biegen dann an der ersten Möglichkeit rechts auf den breiten Waldweg ein. Gleich darauf halten wir uns nochmals rechts und folgen der Leimuferstraße und dem roten Punkt aufwärts. Nach einer halben Stunde haben wir die **Hohe Warte** 02 mit ihren satten 375 Metern Höhe erklommen. Eine Schutzhütte lädt auch zur Rast ein. Wir aber

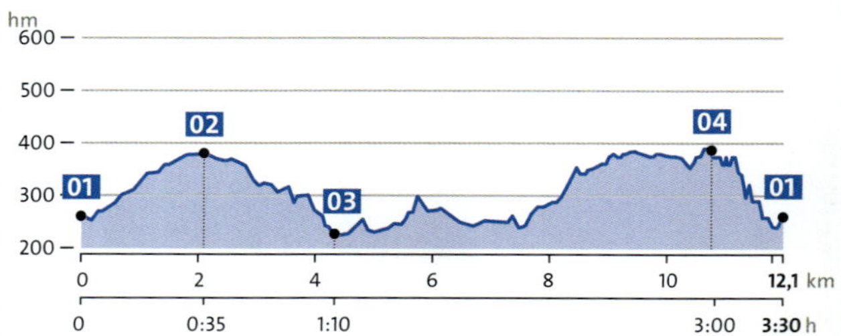

01 Selkemühle, 244 m; 02 Hohe Warte, 375 m; 03 Selketal, 232 m;
04 Selkemühle, 244 m; 05 Ruine Anhalt, 398 m

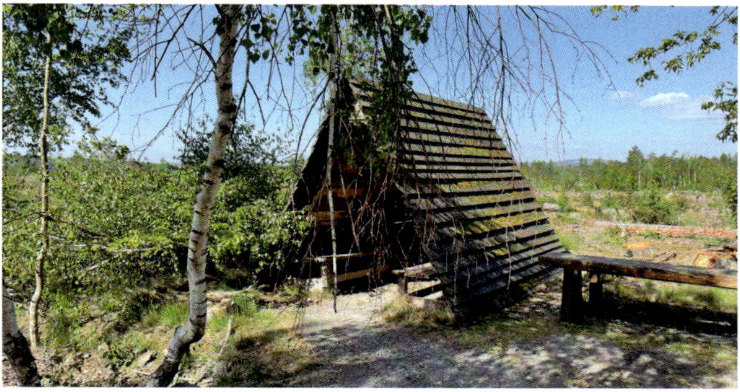

Schutzhütte auf der Hohen Warte

sind noch fidel und wandern nun mit dem blauen Punkt scharf nach rechts wieder ins Selketal hinab. An einer Gabelung, gut 100 Meter später, halten wir uns links hinab ins Lange Tal. Eine halbe Stunde wandern wir jetzt auf einem breiten, aber wunderschönen und sehr einsamen Weg hinunter. Wieder im **Selketal** 03 folgen wir der Selke nach rechts. Die sattgrünen Flussauen blenden beinahe das Auge. Wieder an der **Selkemühle** 01 folgen wir den Schildern Richtung Feuersteingrund. An der gleich darauf folgenden Gabel bleiben wir links auf dem roten und grünen Punkt. Wir gewinnen nach und nach mit dem Weg an Höhe, bis er nach fast einer halben Stunde in einen anderen Weg mündet. Er bringt uns nach links der Ruine immer näher. Bald erreichen wir am Infoschild einen Pfad, an dem wir uns rechts halten. Er leitet uns das letzte Stück hinauf zur **Ruine Anhalt** 04. Retour geht's dann wieder zur Infotafel und hier scharf rechts über einen schmalen Weg teils steil hinab und zurück zur **Selkemühle** 01.

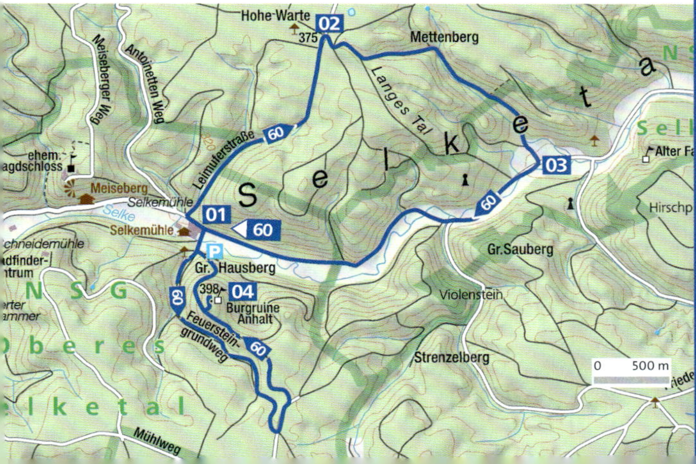

Baumwipfelpfad
Der Baumwipfelpfad bei Bad Harzburg bietet 18 Plattformen auf einem ca. 1 km langen Weg. Es gibt 50 Erlebniselemente und Ruhestationen, an denen sich der interessierte Besucher informieren bzw. rasten und die spannende Umgebung genießen kann. Thematische Führungen zu Insekten, der Natur oder Sonnenauf- und Sonnenuntergangsführungen sind dabei nur ein kleiner Teil des Jahresprogrammes. Sogar kulturelle und kulinarische Veranstaltungen werden in luftiger Höhe angeboten.
Baumwipfelpfad HARZ | Nordhäuser Str. 2b | 05322 8777920 | 38667 Bad Harzburg | info@baumschwebebahn-harz.de | www.baumwipfelpfad-harz.de | Copyright Bilder: Franziska Pönisch

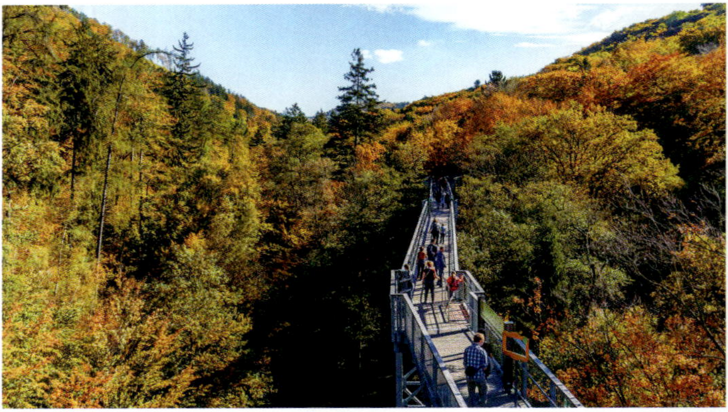
Herbst am Baumwipfelpfad bei Bad Harzburg

Brockenbad und Hexenkessel
Das Brockenbad ist Teil des Hasseröder Ferienparks. Gerade an nieseligen

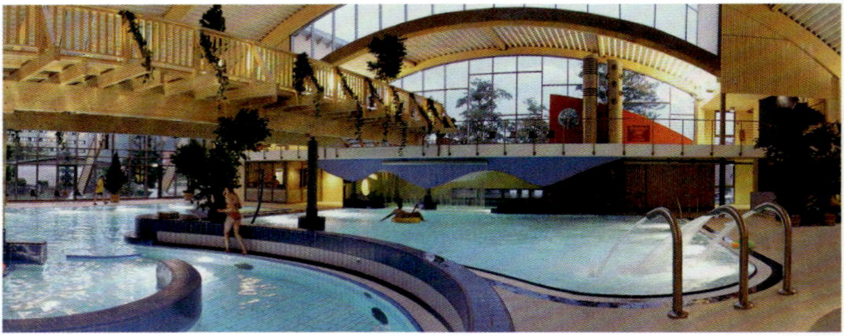
Badelandschaft im Brockenbad Harzburg

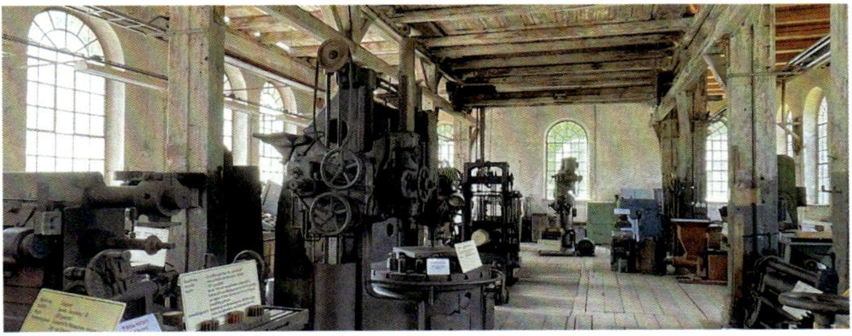

Das begehbare technische Denkmal Carlswerk

oder kalten Regentagen, die im Harz durchaus auch in den wärmeren Monaten mal vorkommen können bietet es eine ideale Alternative: Für Kinder gibt es neben einer 100 m langen Rutsche noch andere Wasserspiele. In der Saunawelt kann man sich bei mehreren Saunen einen entspannten Nachmittag gönnen.
Ferienpark Nesseltal Wernigerode GmbH & Co. KG | Nesseltal 11 | 03943 557041 | 38855 Wernigerode | www.hasseroeder-ferienpark.de | Copyright: Hasseröder Ferienpark

Begehbares, technisches Denkmal Carlswerk
Das Carlswerk liegt direkt am überregionalen Wanderweg Selketalstieg. Hier werden in authentischer Atmosphäre im Originalzustand befindliche mechanische Bearbeitungsmaschinen aus der ersten Hälfte des 20. Jh. gezeigt. Ein Holzkran von 1890 sowie Spinde, Werkbände und Urlaubskarten der Belegschaft veranschaulichen die Arbeitskultur dieser Zeit. Die Entwicklung und die Industriegeschichtliche Bedeutung des Standortes zeigen die vielen Dokumentationstafeln im Obergeschoss. Dienstag, Mittwoch und feiertags geschlossen.
Carlswerk | Kreisstraße 21 | 06493 Harzgerode OT Mägdesprung | 039484 7476123 | stadtinfo@harzgerode.de | www.harzgerode.de

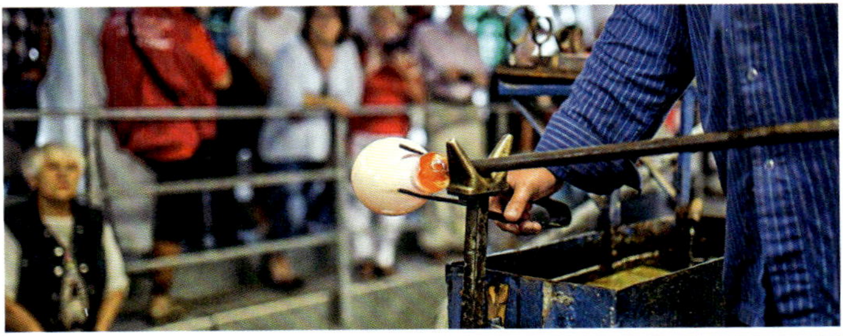

Noch echte Handarbeit in der Glasmanufaktur Harzkristall

Glasmanufaktur Derenberg
Die Glasmanufaktur Harzkristall in Derenberg ist eine der letzten aktiven Glashütten Deutschlands.
Hier erfährt der Besucher alles über die Entstehung und Verarbeitung des Rohstoffs Glas. Die Glasmacher und GlasbläserInnen können hautnah bei der Produktion mundgeblasener Glasprodukte begleitet werden. Diverse Kreativ-Angebote bieten die Möglichkeit, selbst mit dem Werkstoff Glas zu arbeiten. Bei einem Besuch nicht verpassen: Mit einem Durchmesser von 1,28 m und einem Gewicht von rund 500 kg ist „Küttner's Kugel" der größte detailgetreue Globus der Welt. In der Glasmanufaktur findet das größte, in kunsthandwerklicher Weise umgesetzte geographische Abbild der Erdkugel nun seinen finalen Standort.
Glasmanufaktur Harzkristall GmbH | Im Freien Felde 5 | 38895 Derenburg | 039453 680 0 | info@harzkristall.de | www.harzkristall.de | Copyright: Glasmanufaktur Harzkristall

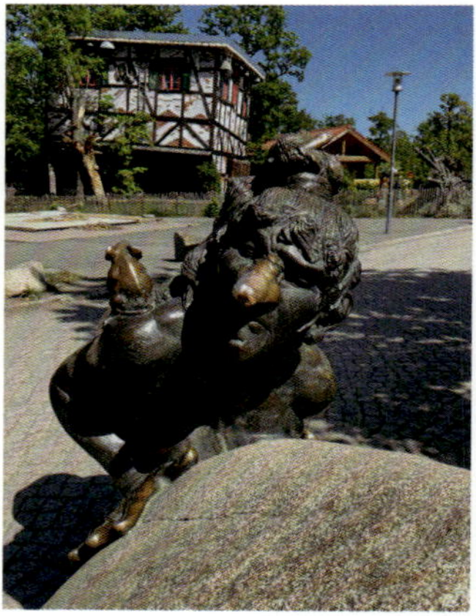
Die Hex gehört einfach zum Hexentanzplatz

Harzköhlerei Stemberghaus
Jährlich werden durch die Köhler des Stemberghauses ca. 50 Tonnen reine Buchenholzkohle in mühevoller Handarbeit produziert. In einer der letzten Köhlereien des Harzes wird dem Besucher Gelegenheit geboten, die traditionsreiche Verkohlung des Holzes vor Ort kennen zu lernen. Das einzigartige Köhlereimuseum informiert die Besucher über die Entwicklungsgeschichte der Köhlerei und zeigt die schweren Arbeitsbedingungen der Köhler auf.

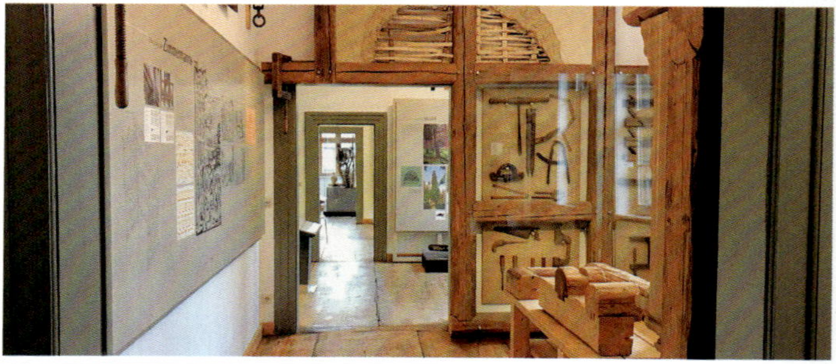
Das Harzmuseum Wernigerode

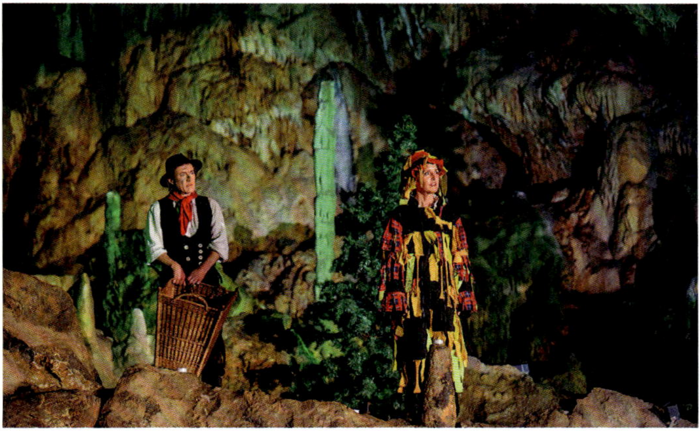

Theateraufführung in der Schauhöhle

Harzköhlerei Stemberghaus | Köhlereimuseum – Köhlerhütte | Stemberghaus 1 | 039459 72254 | D-38899 Hasselfelde | www.harzkoehlerei.de

Harzmuseum Wernigerode
Das Harzmuseum Wernigerode ist in einem ehemaligen Wohnhaus von 1821 untergebracht und informiert über die Geschichte der Stadt. Die Dauerausstellung gliedert sich in einen naturwissenschaftlichen und einen stadtgeschichtlichen Bereich. Neben Ausstellungsstücken zum Fachwerkbau, Handwerk, Mineralien, Gesteinen und Bergbau finden sich auch zahlreiche Exponate zu den Pflanzen und Tieren im Harz. In weiteren Ausstellungsbereichen werden Malereien und Grafiken von Künstlern der Wernigeröder Künstlerkolonie und anderen Vertretern der Harzmalerei gezeigt.
Harzmuseum Wernigerode | Klint 10 | 38855 Wernigerode | 03943 - 654 454 | harzmuseum@wernigerode.de | www.harzmuseum.de | Copyright: Harzmuseum

Hexentanzplatz Thale
Der Hexentanzplatz in Thale hält viele Möglichkeiten bereit, den Tag auch mal ohne Wandern zu verbringen. Eine Seilbahn bringt den Besucher hinauf zur Erlebniswelt, von der aus man wunderbare Ausblicke in das oft mystisch wirkende Bodetal genießen kann. Kulturelle Höhepunkte für Kinder und Erwachsene bietet das Harzer Bergtheater mit wechselnden Aufführungen. Sogar einen Tierpark mit über 70 Tierarten, die im Harz heimisch sind oder waren, gibt es. Mit der Allwetterrodelbahn kann man in kurviger Fahrt hinabsausen.
Hexentanzplatz | Informationen über Bodetal-Information Thale | D-06502 Thale | 3947 776800 | www.bodetal.de

Rübeländer Tropfsteinhöhlen
Ein besonders spannendes Unter-

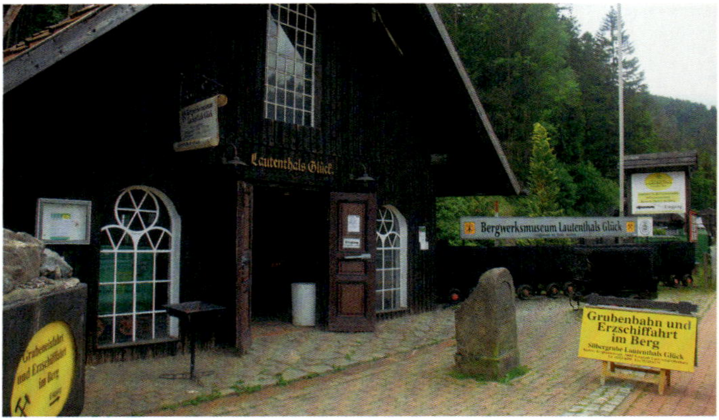

Bergwerksmuseum Lautenthals Glück

nehmen ist die Besichtigung einer der Schauhöhlen in Rübeland. Dabei hat man die Wahl – Baumanns- oder Hermannshöhle? Beide gehören zu den ältesten und bekanntesten Natur-Schauhöhlen Deutschlands. Nicht nur farbenprächtige Tropfsteine ziehen den Besucher in ihren Bann, auch hier beheimatete Höhlenbewohner wie die Fledermaus und der seltene Grottenolm kann man mit ein wenig Glück beobachten. Sogar Theater und Konzertveranstaltungen kann man in toller Höhlenakustik genießen. Tourismusbetrieb Oberharz am Brocken Geschäftsstelle | 039454 49132 | Blankenburger Straße 35 | 38889 Oberharz am Brocken | OT Rübeland | info@harzer-hoehlen.de | Copyright Bilder: Jan Reichel

Kaiserpfalz Goslar

Die monumentale Sehenswürdigkeit wurde unter Heinrich III. zwischen 1040 und 1050 erbaut. Der zweigeschossige Saalbau wurde nach einer jahrhundertelangen, wechselvollen Geschichte zwischen 1867 und 1875 erst baulich renoviert und anschließend mit einem historisierenden Bildprogramm im Kaisersaal geschmückt. Die Kaiserpfalz in Goslar ist Bestandteil des 1992 verliehenen UNESCO-Weltkulturerbe-Titels Bergwerk Rammelsberg, Altstadt von Goslar und Oberharzer Wasserwirtschaft. Im Zuge einer Führung kann dieser geschichtliche Schatz erkundet werden. Kaiserpfalz | Kaiserbleek 6 | 38640 Goslar | 05321 704 437 | www.goslar.de

Lautenthal's Glück

Das Bergbaumuseum Lautenthals Glück hat es sich zum Ziel gesetzt, die Traditionen der Bergleute und des Bergbaus lebendig zu halten. Auf dem Gelände des Bergwerks kann der Besucher eine große Auswahl geologischer Exponate, historischer Bergbaumaschinen und Bergbaumodelle bestaunen. Auf einer Grubenfahrt mit den Grubenbahnen begibt

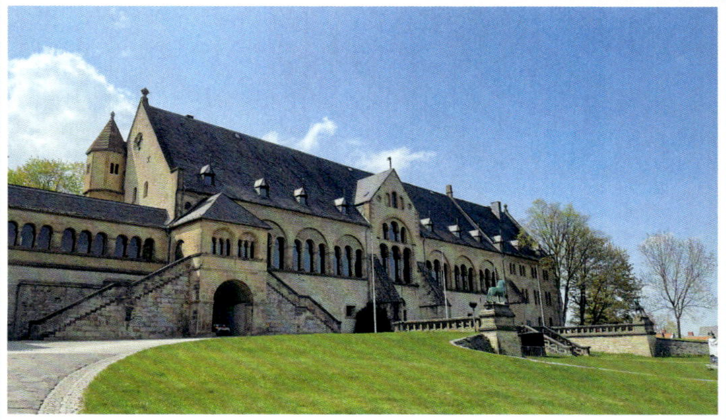

Kaiserpfalz in Goslar

man sich auf die Spuren der Bergleute. Die Grubenfahrt beginnt am übertägigen Grubenbahnhof. Von dort fährt man mit dem Grubenführer durch den Tiefen-Sachsen-Stollen ein. Vom untertägigen Grubenbahnhof geht's zu Fuß weiter durch die historische Silbergrube Lautenthals Glück. Den traditionellen Bergbau spürt man hier anschaulich und quasi „am eigenen Leib". Eine vorherige Anmeldung ist sinnvoll.
Bergbaumuseum „Lautenthals Glück" GmbH | Wildemannerstr. 15-17 | 38685 Langelsheim | 05325-4490 | info@lautenthals-glueck.de | www.lautenthals-glueck.de | Copyright: Sebastian Schuh

Nationalpark Harz
Nationalpark-Besucherzentren und Nationalparkhäuser informieren nicht nur die Wanderer über den Nationalpark und die Region. Hier erhält man Informationen zum Nationalpark und Veranstaltungen aus einem tollen Naturerlebnisprogramm. Daneben gibt es Ausstellungen mit jeweils anderen Schwerpunktthemen, so dass auch der Besuch mehrerer Häuser lohnend ist. In unterschiedlichen Filmvorführungen erlebt man den Nationalpark unter verschiedenen Aspekten und Themengebieten. Nationalparkhäu-

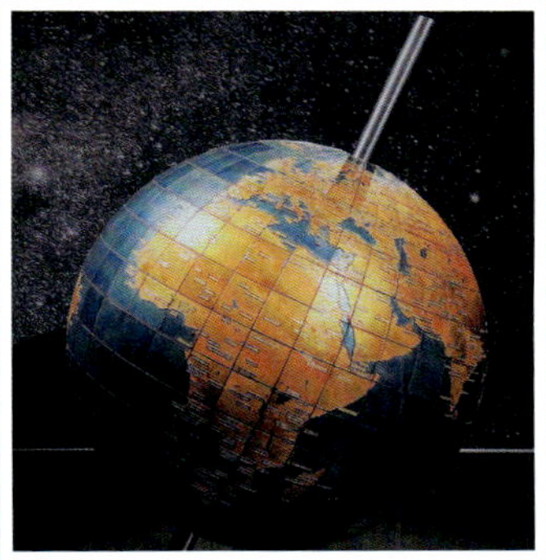

Größter detailgetreuer Globus der Welt

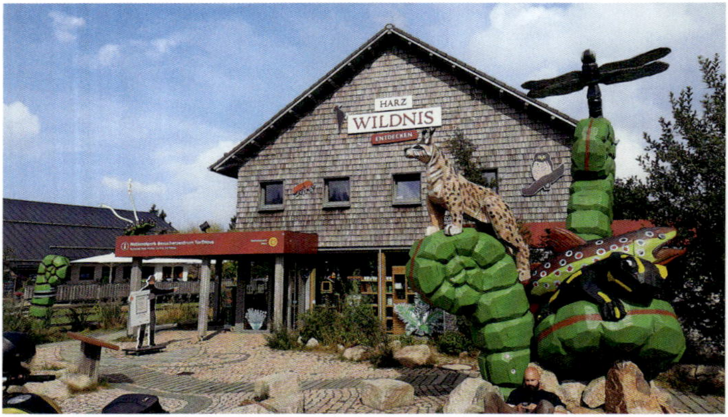

Nationalpark-Besucherzentrum Torfhaus

ser stehen in Ilsenburg im Ilsetal, in Schierke und St. Andreasberg. Es gibt das Besucherzentrum in Torfhaus und das Naturerlebniszentrum Hohnehof sowie das HarzWaldHarzHaus in Bad Harzburg. Am Brockenhaus oder der Rangerstation am Scharfenstein kommt der eifrige Wanderer ohnehin vorüber. Weitere Informationen unter www.nationalpark-harz.de | Coyright Bild: Heike Albrecht, Nationalpark Harz

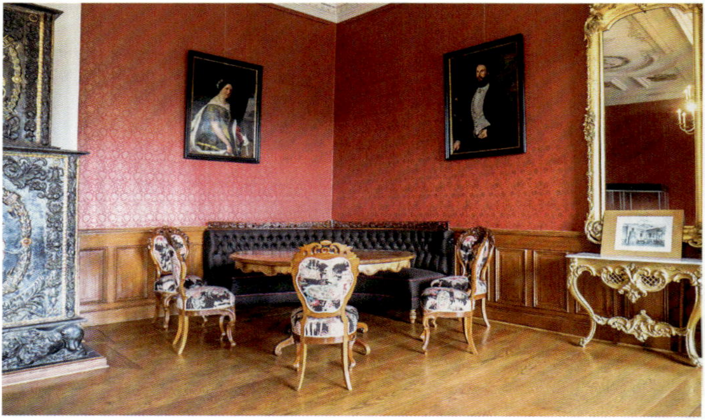

Schloss Stolberg: Großes Kirchzimmer, Sitzecke mit Porträts

Schloss Stolberg

Im Schloss Stolberg findet sich die Wiege der Oranier, denn in diesem Schloss im Harz erblickte 1506 eine Vorfahrin des niederländischen Königshauses, Juliana von Oranien-Nassau, das Licht der Welt. Die Räume sind detailgetreu restauriert, und auch Kunst- und Kulturinteressierte kommen hier auf ihre Kosten. Jeden Freitag Abend können auch Führungen für Einzelpersonen gebucht werden.

Tourist-Information | 034654 454 | Niedergasse 17 | 06536 Südharz | OT Stolberg Harz | www.gemeinde-suedharz.de | Bild Copyright: Sachgebiet Tourismus der Gemeinde Südharz

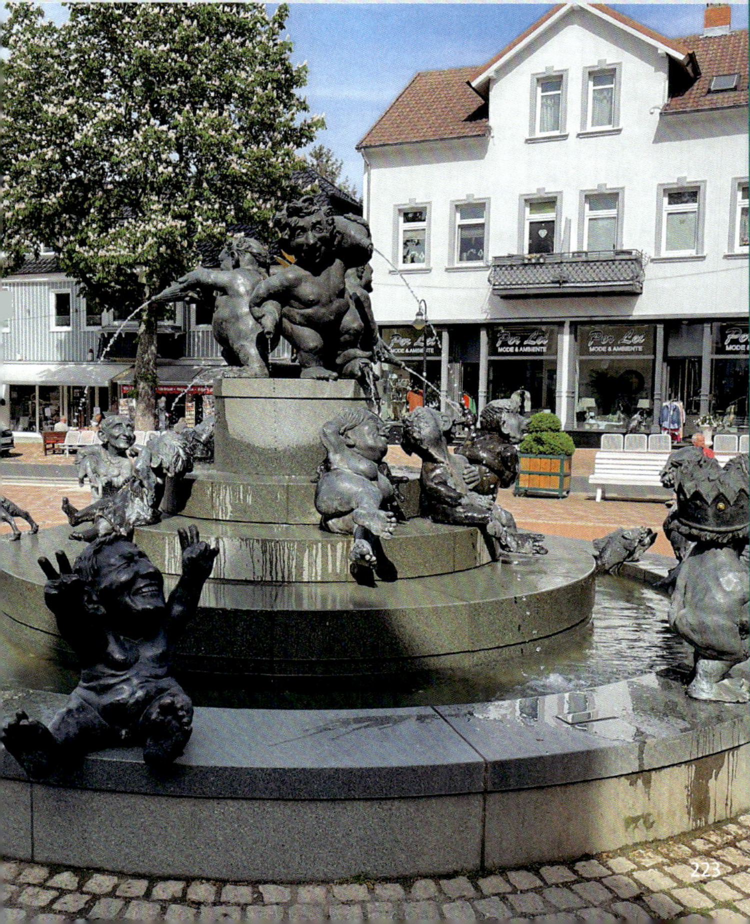

ÜBERNACHTUNGSVERZEICHNIS

€ unter 30 EUR €€ 30 – 60 EUR €€€ über 60 EUR
(pro Pers/DZ/incl. Frühstück)

Bad Harzburg .... Plz 38667, Tel. (0)5322
Romantik Hotel Braunschweiger Hof €€€, Herzog Wilhelm Str. 54, Tel. 7880, www.hotel-braunschweige-hof.de
Parkhotel Bad Harzburg €€, Hindenburgring 12A, Tel. 9569070, www.parkhotel-badharzburg.de
Hotel Victoria €€, Herzog Wilhelm Str. 74, Tel. 78050, www. harz-hotelvictoria.de
Stadtparkhotel Alexandra €€, Am Stadtpark 43, Tel. 9875414, www. stadtparkhotel-alexandra.de
Vitalhotel am Stadtpark €€, Am Stadtpark 2, Tel. 78090, www.vitalhotel-am-stadtpark.de

Bad Lauterberg .... Plz 37431, Tel. (0) 5524
Hotel Riemann €€, Sebastian-Kneipp-Promenade 1, Tel. 92790 www. riemann-hotel.de
Hotel am Kurpark €€, Sebastian-Kneipp-Promenade 4, Tel. 92450 www. harzhotel.net
Mühl Vital Resort €€€, Ritscherstraße 1-3, Tel. 85080
Kneipp Bund Hotel Heikenberg €€, Heikenbergstraße 21,Tel. 8570 www.heikenberg.de
Parkhotel Weber-Müller €€, Sebastian-Kneipp-Promenade 33, Tel. 9600 www.harz-parkhotel.de

Braunlage .... Plz 38700, Tel. (0) 5520
relexa hotel Harz-Wald Braunlage €€€, Karl-Röhrig-Straße 5A, Tel. 8070 www.relexa-hotel-braunlage.de
AHORN Harz Hotel Braunlage €€€, Am Pfaffenstieg 1, Tel. 8050 www.ahorn-hotels.de
Hotel Altes Forsthaus €€, Harburger Straße 7, Tel. 9440, www.forsthaus-braunlage.de
Hapimag Resort Braunlage €€, Herzog-Wilhelm-Straße 2, Tel. 94310 www.hapimag.com

Clausthal-Zellerfeld .... Plz 38687, Tel. (0) 5323
Hotel Goldene Krone €€, Kronenpl. 3, Tel. 9300, www.goldenekrone-harz.de
Zellerfelder Hof €€, Marktstraße 13, Tel. 3745, www.zellerfelder-hof.de
Hotel Zum Harzer €€, Treuerstr. 6, Tel. 9500, www.zum-harzer.de

Goslar .... Plz 38640, Tel. (0) 5321
Alte Münze €€€, Münzstr. 10-11, Tel. 22546, www.hotel-muenze.de
Hotel Kaiserworth Goslar €€, Markt 3, Tel. 7090, www.dormero.de
AKZENT Hotel Villa Saxer €€€, Mauerstraße 24-25, Tel. 39 89 9 000, www.hotel-villa-saxer.de

Hotel Niedersächsischer Hof €€, Klubgartenstr. 1-2, Tel. 3160, www.niedersächsischerhof-goslar.de
Hotel Der Achtermann €€, Rosentorstr. 20, Tel. 70000, www.der-achtermann.de

Herzberg .... Plz 37412, Tel. (0) 5521
Harzer Hof €€, Harzstraße 79, Tel. 994700, www.hotel-harzerhof.de
Hotel Englischer Hof €€, Vorstadt 8-10, Tel. 89690, www.englischerhof.de
Landhaus Schulze €€, Osteroder Str. 7, Tel. 89940, www.landhaus-schulze.de

Osterode .... Plz 37520, Tel. (0) 5522
Hotel Sauerbrey €€, Friedrich-Ebert-Straße 129, Tel. 50930 www.hotel-sauerbrey.de
Hotel Harzer Hof €€, Bahnhofstr. 26, Tel. 50550, www.hotel-harzer-hof.de
Hotel Haus Börgener €€, Hoelemannpromenade 10A, Tel. 90990, www.hotel-boergener.de
Zum Röddenberg €€, Steiler Ackerweg 6, Tel. 90540, www.hotel-zum-roeddenberg.de

Schierke.. Plz 38879, Tel. (0) 39455
Schierker Waldperle €€, Barenberg 7, Tel. 151 701 49 808 www.schierker-waldperle.de
Zum Holzfäller €€, Brockenstr. 24, Tel. 58899, www.holzfaeller-schierke.com
Hotel Brockenstübchen €€, Brockenstr. 39, Tel. 252, www.brockenstuebchen.de

St. Andreasberg ....Plz 37444, Tel. (0) 5582
Landhaus Fischer €€, Hangweg 1, Tel. 1311, www.landhaus-fischer-harz.de
Berghotel Glockenberg €€, Am Glockenberg 18, Tel. 219 www.berghotel-glockenberg.de
Hotel Rehberg €€, Clausthalerstr. 4, Tel. 1009, www.rehberg-hotel.de
Vier Jahreszeiten €€, Quellenweg 3, Tel. 521 www.vier-jahreszeiten-harz.de

Stolberg..Plz 06536, Tel. (0) 34654
Stolberger Hof €€, Markt 6, Tel. 320, www.stolbergerhof.de
Hotel Zum Bürgergarten €€, Thyratal 1, Tel. 8110 www.hotel-zum-buergergarten.de
Zum Kanzler €, Markt 8, Tel. 205, www.zum-kanzler.de

Wernigerode.. Plz 38855, Tel. (0) 3943
Hotel Alte Brennerei €€, Breite Str. 97, Tel. 5397171 www.hotelaltebrennerei.de
Harzer Kultur- & Kongresshotel €€€, Pfarrstraße 41, Tel. 9410 www.hkk-wr.de
Hotel Blocksberg €€, Harzstr. 53, Tel. 54710, www.hotel-blocksberg.de
Hotel am Anger €€, Breitestr. 92-94, Tel. 92320, www.hotel-am-anger.de

NATURPARK- UND TOURISMUSINFORMATIONEN

NATIONALPARKVERWALTUNG HARZ
Lindenallee 35
38855 Wernigerode
Tel: 03943 55020
www.nationalpark-harz.de
poststelle@npharz.de

REGIONALVERBAND HARZ E. V.
Hohe Straße 6
06484 Quedlinburg
Tel: 03946 - 96410
www.naturpark-harz.de
rvh@harzregion.de

NATURPARK HARZ/SACHSEN-ANHALT
Hegelstraße 40 - 42
39104 Magdeburg
Tel: 0391 567-01
www.sachsen-anhalt.de

HARZER TOURISMUSVERBAND E. V.
Marktstraße 45
38640 Goslar
Tel: 05321 3404-0
www.harzinfo.de
info@harzinfo.de

HARZCLUB E. V.
Am Alten Bahnhof 5a
38678 Clausthal-Zellerfeld
Tel: 05323 81758
www.harzklub.de
info@harzklub.de

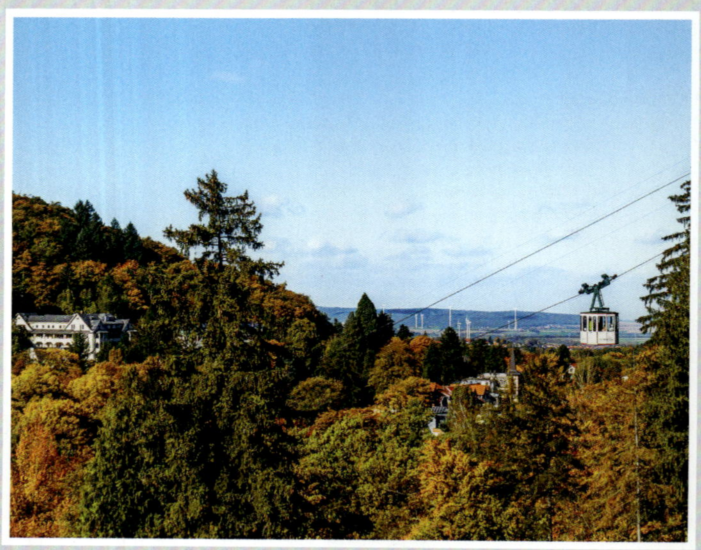

Burgbergseilbahn bei Bad Harzburg © Franziska Pönisch

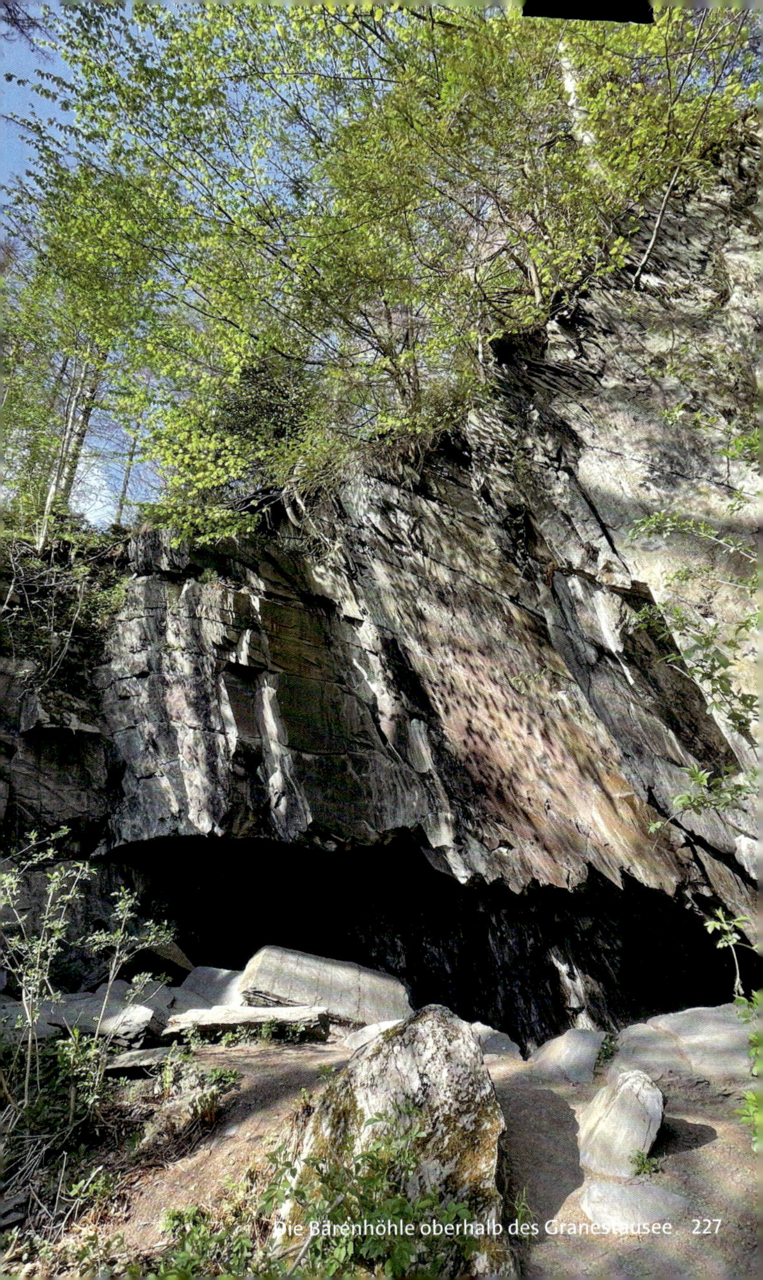

Die Bärenhöhle oberhalb des Granestausee

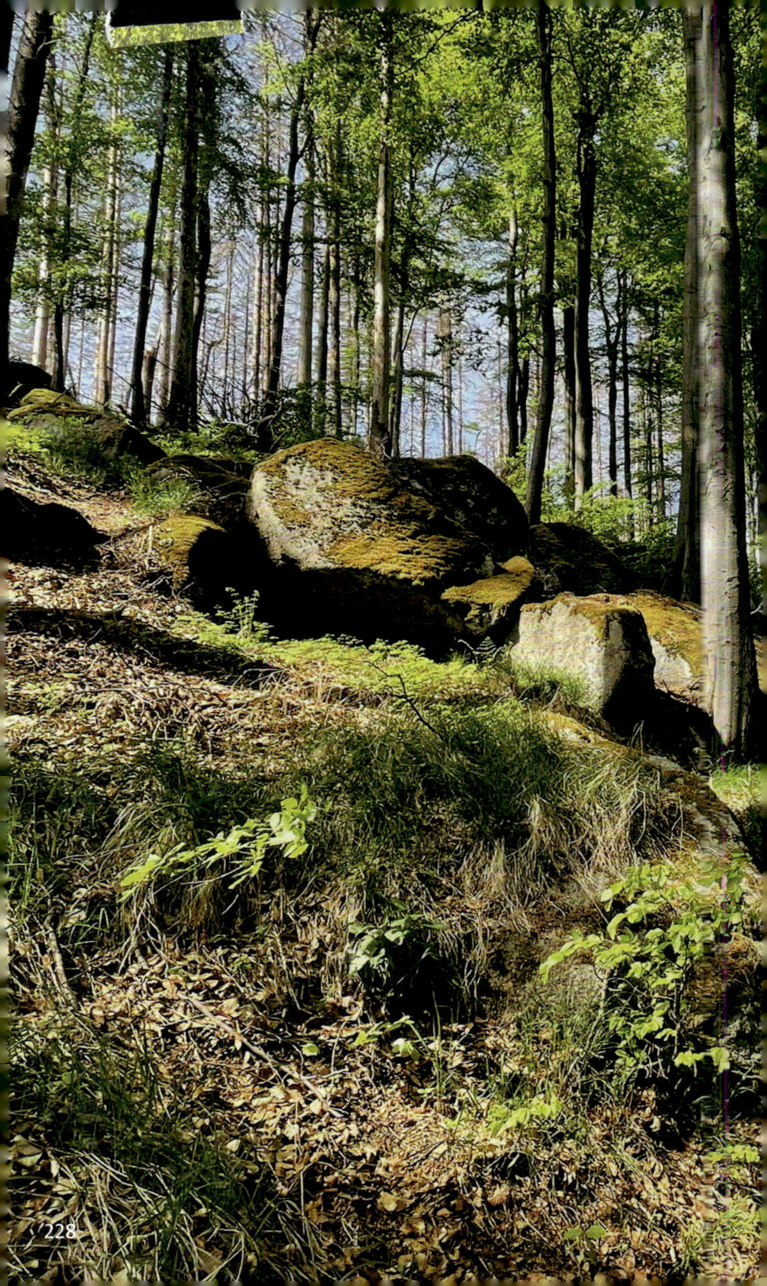